国家出版基金项目
NATIONAL PUBLICATION FOUNDATION

桑 兵　关晓红　主编

杨思机　著

近代中国国学编年史

第三卷

◎

1920
——
1922

北京师范大学出版集团
BEIJING NORMAL UNIVERSITY PUBLISHING GROUP
北京师范大学出版社

目　录

总序、凡例、总目、索引、参考文献
请扫二维码查看

1920年（民国九年　庚申）

1月1日　范峮诲主编的《青年进步》杂志载吴虞《过国学院》诗一首，为任教四川省立国学专门学校时所作，末言"今世薄儒家"，透露明显的非儒思想。

上年8月底，吴虞受廖平聘请，于四川省立国学专门学校担任中国文学课程之国文一部，与曾慎言、廖平、龚镜清、罗云裳、胡安澜、宋育仁、曾海敖、饶焱之等有所来往。因主张非儒，甚至在课堂上讲授墨子等非儒思想，与国学院的尊孔理念格格不入，10月中旬即决定"国学院决意辞去，俾稍为清闲""国校决意不去"，开始注意谋职北京大学，连考课出题也推荐马光瓒、胡安澜代替。阴历八月二十七日孔子诞辰，向"戊午日报社送去《过国学院》诗一首，寄范峮诲诗二首"。（中国革命博物馆整理、荣孟源审校：《吴虞日记》上册，四川人民出版社，1984年，第480—483、485、487、491页）诗云："风雨城南路，秋清石径斜。人存三古味，树老百年花。（院有辛夷一株，廖季平丈以为百年外物也）。台上宜观稼，门前学种瓜。（院为杨忠武时斋旧宅）叔孙徒制礼，今世薄儒家。"（吴虞：《过国学院》，《青年进步》第29册，1920年1月1日）

教员薪津菲薄，又分配不公，且内部管理不善，使吴虞对国学院彻底失望。校长廖平改为专聘吴虞，也没能打消其去意。12月12日，吴虞日记载："午刻，尹孟璱来谈甚久，言陈文垣因国学院束脩一元七折，复于七折后又打三折，过于菲薄，已辞职不去。曾少鹤下学期亦未聘。未开学季泽民即用九十元，胡安澜即用五十元，而廖可知矣。然曾海敫、饶焱之则又往往不能得钱，更惨矣。现继陈文垣者为冯春樵，尊孔之人办学如此，真可叹也。"（中国革命博物馆整理，荣孟源审校：《吴虞日记》上册，第570页）

1月10日　上海《民心周报》回应《南洋》周刊的批评，反驳后者关于几千年国粹不足以助长爱国心的说法。双方发生争论。

《民心周报》创刊于1919年12月6日，为国防会所办。发刊宣言揭橥六条宗旨，主要内容是提倡及研究发展国家自卫力之道，注重国民外交，发挥固有文明特长，唤起国民的国家社会责任心，以最精粹独立之眼光观察审断欧美输入之新思想及学说以得西洋文化之真粹，介绍和研究欧美日本工商业发达的原因。其中第三条是："根据吾国固有文明特长之处，以发挥而光大之，使人人知吾国文明有其真正之价值，知本国文明之所以可爱，而后国民始有与之生死存亡之决心，始有振作奋发之精神。遇外敌有欲凌辱此文明者，始有枕戈待旦之慨。"（《发刊宣言》,《民心周报》第1卷第1期，1919年12月6日）

唐文治、严修、张謇、聂其杰、范源濂、史家脩、黄炎培、王正廷、余日章、张伯苓、叶景葵曾联名为之介绍称："《民心周报》系留美学生及国内学者素具言论救国之志愿者所创办，思以达其淑世惠民之薪响，尽其为国服务之天职。同人等以其主旨健实，持论稳正，志愿坚苦，用敢乐为介绍于邦人。"（《介绍民心周报》，《民心周报》第1卷第2期）该刊除小说及一二来稿外，所载全用文言，不用白话，不用新式标点，吴宓把它列入回应新文化运动的几种杂志之一。

《南洋》周刊为交通部工业专门学校学生分会主编，该分会是五四运动时期上海学生界骨干力量之一，响应《新青年》的白话文改革等号召。（中共中央马克思恩格斯列宁斯大林著作编译局研究室编：《五四时期期刊介绍》第三集（上、下册），生活·读书·新知三联书店，1959年，第109、605页）第12期曾在"随感录"一栏评价《民心周报》，讽刺采用"旧时官场靠着奥援汲引的法子"办报。联名介绍的名人，"有的远在欧洲，有的远在北方"，刚出第一期，"怎么能预先晓得"。更批评其反对鼓吹社会主义学说，其实并未深究，妄为武断。对于固有文明的态度，则谓："我在这文明里，钻了十几年，觉得我国文明，确有特长。然而我国之所以可爱，决不在这点文明；我之所以爱国，也不在这点文明。""我的爱国，是为了这国家最可以给我发展本能机会，尽我服务人类的责任；并不是为了什么国粹，情愿和他生死存亡。"希望该刊主笔"能够做一篇文章，讲明究竟为什么爱国，为什么人民要和国粹生死存亡一起"，"千万不要在这宣言里，说笼统空泛的话"。（《随感录》，《南洋》第12期，1919年12月12日）

双方争论焦点除了新旧文学，还有国粹与爱国主义的关系问题。《民心周报》反指《南洋》周刊"头脑甚新，而不知其受病处"，强调："吾人欲作世界观，可以不必云爱国，爱世界可也。"世界其他国家尽可发展个人本能，不愿选择他们或移民做他国人，或请他国人统治中国，唯因自己是"中国人"，不欲使外人侵占

"我中国"，而中国与他国特异之处，即"国粹"。在西潮冲击下，国粹晦暗不明，亟待清理。

　　不过当此国粹未发扬光大之时，吾人不知其可爱之处何在，故爱之不切，不能因爱国粹之故，而连类及于爱国耳。美国为新起国，其语言文字，政治礼俗，多习用欧制。有识者忧之，于是近十余年来，提倡一种"美国粹"Americanism，即择其历史民情与欧洲特异处而造成之。此次在欧战中，美国人爱国热度，能若是之诚且挚，论者多归功于美国粹。夫美国本无所谓国粹，尚硬造成一种国粹，为其国人爱国之根据。乃《南洋》同人反谓我数千年之国粹不足为爱国之助，其见解之奇，我百思不得其解。（辑者：《评南洋对于本报之批评》，《民心周报》第1卷第6期，1920年1月10日）

1月31日，《民心周报》以《南洋周刊》误解"国粹"概念，再撰文商榷，力证国粹可以成为爱国心的原动力。首先，"国粹"概念问题。鉴于"国粹"二字已被"旧派"习用，含有"腐气"，且旧派无近世为学方法，对于旧学不能作有统系之研究，"新派少年"多厌弃，间有欲援用，亦以守旧之嫌而未敢，故《民心周报》主张眼光向外，"取欧美学者言其本国国粹之方法，以言吾国国粹。则国粹二字之解释，必能使吾国人有领悟之一日"。亦即借鉴欧美国家的爱国主义和国家主义，取广义文化观认识"国粹"。内称：

　　国粹二字，在英文为 National Culture。此意包括甚广，然可总言之，凡一国自有史以来相传之民德民智文学美术社会制度，其全国人民皆陶育感化于其中，与其国家有并立不朽之关系，又以其国之历史习惯地理有特殊之处，故其产出之民性民德民智文学美术社会制度，亦有特殊之处。而此种民德民智文学美术社会制度，在其本国人民视之为莫大荣誉，有保护发扬之价值，他国人民，亦公认之为有此价值，而对之生仰慕敬悦之概念者，皆可谓之一国国粹。欧美学者，不惮竭精劳神，以求其何者为英国国粹，何者为法国国粹，何者为德国国粹，何者为美国国粹。且非但研究其本国国粹，尤喜研究他国国粹。盖以人类者，历史的动物也。欲知其现在，必先知其过去。故欲知一国民情与现在文化，必先知其国粹。否则无根之谈，皮相之学，不足与言觇国之术也。

其次，"美国粹"与美国参战的关系问题。对于《南洋周刊》所谓美国加入第一次世界大战，根源于出于维护世界和平，打破强权的前提，与美国粹无关的观点，《民心周报》反驳指出，欧战期间美国共和党与朝野各界中坚人物，都属于"美国粹派"。美国自由制度（Free institutions），即彼等"美国粹"，以卸任总统罗斯福为代表，极力宣扬，以其"百分之美国人"（Hundred percent American）之说号召于众，美国人不容有其他国家认同，无不悬国旗、唱国歌、爱护国史和本国伟人。其他同盟国家作战时亦如美国，政学各界攻击"德国粹"崇尚强权、专制制度，纷纷鼓吹"本国粹"，宣扬爱国主义。如法人言法国为欧洲文化领袖，素来以喜爱美术文学著称，而轻视武功，是近世革新思想的出产地；英人言英国为民权主义、自由制度鼻祖，断无以强权侵犯他人之民权主义、自由制度之理。结果美国参战后，英、法、意各国学者到美演讲"本国粹"，与美国学者赴欧演讲"美国粹"，络绎于道。

最后，以"国粹"为作战鞭策力的利弊权衡问题。此涉及民族主义危害的规避，《南洋周刊》认为，Americanism 只能表明美国区别于别国之处，本身不能作为人民爱国精神的原动力，如果造出"国粹"使人民爱国，那么其爱国精神就是自私自利的。《民心周报》承认，战争期间提倡国粹，不免自私自利与杀伐性质，缺少冷静思想，情感动辄过激，结果自尊卑人。但人类当危急存亡之秋，要使人慷慨赴难，万死不辞，非有一种极大鞭策力（Driving Power），即信仰国粹之心，激发义愤血诚，使之视艰难痛苦如无睹，不能为功。盖人类战争多起于兽性，需要假借一种情感的理由或主张，外以自白世界，内以激动国民。最足激动国民者，莫如本国文化。本质上看，中国国粹全为和平文化。若人皆以其本国之文学美术等物能出人头地为光荣，而不以土地武力能出人头地为光荣，则世界有望和平与进化。（辑者：《论国粹再答某君》,《民心周报》第1卷第9期，1920年1月31日）

张东荪看到双方的辩论，秉持西方中心立场，来批评《民心周报》的"国粹"论，认为"国粹"是"在特殊民族态度中的人类文明"，必以后者为检验标准。否则即便是某一种特殊民族所创造，也不得算作"国粹"，只能名为"伪国粹"。理由在于，凡是一种民族所独具的思想文化必定要投到"世界共同的思想文化"的大炉里去，只能熔化，不能消灭。"伪国粹"终归不过是一时代的现象，时过境迁，立刻就失去效用。"换一句话来讲，就是一种民族的特殊文明必定要受过人类共通的文明的洗礼方能立得住，那没有受过洗礼的是野蛮的东西。所以国粹不必保存，因为不待保存而自存的方是国粹，待保存而方能存在的便不是国粹了。"（东苏：《国粹与保存》，《兴华》1920年第17卷第4册，1920年1月28日）

《民心周报》与《南洋周刊》的驳诘，延续了清末以来，国学关乎国性、国粹促进爱国的普遍言论，引发国学、国学激发民众爱国心的途径争论。4月1日，南洋公学学生恽震在《解放与改造》杂志发表《爱国与国粹》一文，批评《民心周报》的"国粹"定义混乱，认为"国粹是一国民族的聪明材智所创造出来的，助进世界共同文明幸福的结晶品"。[1]并从厘清爱国的内涵外延出发，拷问了爱国和国粹两者的意义及联系，试图做出独特回答。

至于爱国主义的理论阐释，恽震借鉴国家主义的思想，但更强调理性爱国。受常乃惪《爱国——为什么？》的国家主义观影响，即爱国心起源于空间接近、时间长久引起的同情心，代神权而起的宗教信仰心，传说和习惯，模仿与比较，[2]认为除第二点尚待商榷外，其余三点"尤其可以算做旧时一般人盲从的爱国心的原动力"。并且强调，爱国心分为两种，合理的出于互助生活、防御公敌、满足信仰，不合理的出于个人私利，好胜感情，无意识盲从。主张爱国不应盲从，须受"科学的洗礼"，经过"理性的解剖和究竟的观

---

[1]　恽震（1901—1994），字荫堂，别字秋星，江苏常州人。幼年在常州私塾读了四年书，于辛亥革命前夕进上海中西书院读中学预科。1913年春考入复旦公学，1917年考入大同学院，同年夏考取交通部上海工业专门学校电机系。受《新青年》《新潮》等刊物的影响，在五四运动期间参加了在复旦公学建立的上海学生联合会及少年中国学会，担任南洋公学学生分会会长，积极参与领导学生运动。

[2]　常乃惪：《爱国——为什么？》，原载《国民杂志》。

察"，免除一般误解，警惕养成虚荣心、好胜心、残忍心，最后被侵略主义所利用。从理性出发，恽震认为在实现大同世界之前，国家的存在是必要和合理的手段，爱国心就是爱全人类之心在国家范围之内的体现。在目标上，同样秉承共同价值观立场，反对把国粹定义为"一国有史以来相传的民德、民智、文学、美术、社会制度的特殊处"，进而批评《民心周报》的反驳存在诸多问题，首先是"国粹"概念定义混乱。

> 在我看来，国粹二字，可以说做一国民族的聪明智慧才力所创造出来的文化，那种文化一定要与世界共同趋势相合，能够适合现时代的需要，并且可以相助为力去促进世界将来的文化的。其余一切历史，风俗，制度，文学，美术的特殊处，无论在某时代曾经有过价值与否，假使不适合方才的定义，只可以算做一种特殊点，或是一种古董，不可以算做国粹。

如中国固有的女子守节、抱牌做亲、八股文章，外国都没有，但不是中国的国粹。因此，一国文化的特别之处不必一定是"粹"，"粹"也不必一定是特别之处，证明"国粹"两字不可轻易乱用。国粹只有自身具备进化的作用，才有保存价值，可惜不是人人都可了解。与中国对比，欧洲各国逐渐形成了共同分享的价值，即"欧洲粹"。

> 欧洲各国区域虽小，然而各国的风俗，地土，气候，习惯，都有分别，所以各个小民族都分头尽他们的聪明智慧才力，去创造他们自己的文化。等到各种文化一碰头，不分什么

国界，真的好的自然大家承认，坏的假的自然就淘汰了去。于是经过这一番洗练陶冶的文化，就留存下来成为一种欧洲粹。然而这留存是暂时的，不是永久的。欧洲各种情形不断的在那儿变换，这欧洲粹也不断的在那儿变换。变换里就有进化的作用，就时时刻刻有保存的价值。那每国所创造的文化，在欧洲粹里成立的，就可以算做法国粹，英国粹，德国粹，俄国粹等等。美国立国时候虽不早，然而他能在这短促的时期内努力创造文化，常常不断的加入欧洲文化里去受那共同的洗练陶冶，所以他也自有他的美国粹。在这种神圣的事业里，自有一班聪明智力超出常人的哲学家，科学家，文学家，美术家来做领袖代表，他们的对象都是遥遥贯注在世界文化的前提上，更不容一般无知识的人来把他们的成绩去增长各国的虚荣心，夸大心，好胜心，比赛心。所以假使将来世界进化到极步，那因地理关系而各自长成的欧洲粹，美洲粹，亚洲粹，非洲粹，澳洲粹，也许有一天大家团结拢来，再经过一番洗练淘汰，做成一种世界粹。世界粹成立的那一天，就是世界各民族聪明材智所创造的文化见面的一天。那时文化只管合流并进，至于各处地土，气候，生理所影响成的特别点，或存或灭，或合或分，与国粹洲粹世界粹毫无关系。

从固有文化的现代改造和欧洲国家主义思潮的未来理想双重角度，指出爱国主义的理性态度和文化创造的价值方向，进而批判那种鉴于国粹未得昌明，以致人民失去爱国信仰，以科学方法整理国故引起人民爱国的做法存在三大误解：一是误把国粹当作爱国的原动力，不明了爱国是为了争取生存自由，创造国粹是为世界文明进化尽力，两者对象截然不同，不可混为一谈；二是忘记中国闭关时代的立国之道和国粹现在失去效用，国故即使经过科学的整理和改造，文化遗产也很少，未来生活必须创造"新国粹"；三是犯了空羡和瞎猜的毛病，以外人称赞中国美术文学为根据，忽略时空变化，把环境完全两样造成的文明，胡乱换作现代国粹。从超越民族国家的世界主义理想来看，国粹是一国民族的聪明材智所创造出来，助进世界共同文明幸福的结晶品，绝对不许含有争胜比赛自夸的心理。其所有权应不分国界，而属于全世界，不必定要任何人都能了解，而对象却是全人类。"爱国心应当渐渐扩充，从小我到大我，到后来移行化成爱全人类的心。国粹虽然有个公共的趋势，然而却要不断的随着环境变迁进化，到后来渐渐移行合成世界粹。这两件事当然并没有绝对关连的必要。"（恽震：《爱国与国粹》，《解放与改造》第2卷第7期，1920年4月1日）

1月16日　《申报》登载上海同文图书馆影印《百川学海》广告，内称"国学之粹，坟典之集"。（《影明华氏覆宋〈百川学海〉预约广告》，《申报》，1920年1月16日，第4张第15版）

《百川学海》为宋咸淳间左圭所辑丛书，共10集100种。所收多唐宋时人野史杂说，成书虽较《儒学警语》晚72年，内容却较广泛，流传亦普遍，当时即经雕版，是我国最早刻印的一部丛书，影响远比《儒学警语》为大。明人吴永有《续百川学海》10集105种119卷，冯可宾有《广百川学海》10集132种156卷，都是仿照其体例编刻。（瞿冕良编著：《中国古籍版刻辞典》，苏州大学出版社，2009年，第184页）

2月1日　杨钟健在陕西调查期间，刊文批评陕西教育落后根源在于郭希仁任厅长的"复古教育厅"从中阻碍，成立"国学会"、修理"孔学馆"为其表现。

五四时期，郭希仁提倡尊孔读经，反对新文化运动，压制、打击青年学生的进步活动，受到陕西教育界的强烈谴责。据杨钟健观察："陕西的教育，说来令人伤感！陕西地处西陲，交通不便，文化本来不甚发达。所以我国兴学，虽然几十年了；陕西地面，却还是腐臭不堪的，教育莫有丝毫的发展。惟有辛亥革命后，六七个月，有个三秦公学和西北大学，虽然不算完善，还是一时的出类拔萃的。以后陆建章、陈树藩等，占据了陕西，就年年兵事，两个学校，都上了门；其他更无教育可言了。"军匪和恶吏的影响固然是一个大原因，热心教育者不少，却没有受新文化洗礼，亦为要因。陕西教育要发展，必先铲除阻力，改变方针，否则普及也不过"山西式"的教育。其中最大障碍，不是学生不用功，教员不尽心，而是教育行政机构的"复古教育厅"阻挠。陕西教育厅去年成立，厅长贾某因为督军反对没有到任，由陕西临潼人郭希仁代理。郭希仁在前清咨议局充议长，与民党巨子富平井勿幕相友善，组织同盟会，联络秦中志士，推翻满清，于民国甚有功。辛亥后供职都督府，运筹帷幄，屡操胜算，当时有"郭丞相"的徽号。迨陆建章督陕，郭希仁有欧洲之游，中途遭母丧，未克遂其远志。陈树藩逐陆后，郭希仁被任为禁烟督办，在西路枪毙了许多人，惹起非难。后来兼教育会长，旋又被推为农务专员，水利局长。去年代理教育厅长，今年除正。水利局、农务专员办公处均附在教育会内，与教育厅合在一处，陕人把教育厅叫"四合公"，把郭希仁叫四合公掌柜。

除此而外，尚有国学会、体育会、英文夜学，在教育厅门口各种点缀，郭一身兼七八个会长。教育会原先每礼拜请名人讲演科学，或郭自讲古学。现在因各种关系和困难，早已停止。"国学会"很有可以详说的价值，理由是：

> 郭氏是个理学先生，很关心古学的。常痛"斯道之将亡"，所以就发起了个国学会，专讲"小学""说文""孝经"等书，学生颇不少。郭氏又著了一本《说文》，——尚未付印。记者没有研究过《说文》，对于他那本书实在不敢评判。古人常云："上有好者，下必有甚焉。"郭氏既有这种行为，于是各县的高等小学全加上"经书"，初等小学你就不用问了。……这种阻碍文化的罪，郭氏实尸其咎。

上年各校停课的时候，郭希仁"大兴土木"，把那"道贯古今"的"孔公馆"，大大修理一次，以为"尊孔"的表示。杨钟健建议，以其几千元公款及郭自捐的两月薪水，移作教育经费。（杨钟健：《地方调查·陕西》，《少年世界》第1卷第2号，1920年2月1日）

1921年6月，郭希仁辞去陕西省教育厅长职务。

2月3日 报载叶恭绰条陈北京政府，就振兴中国文化提出八条建议，主张利用庚子赔款作为图书馆博物院及常年搜存图书古物经费，为其后来担任京师国学馆馆长埋下伏笔。[1]

叶恭绰向来热心中国文化的保存和发扬，条陈内称："窃维吾

---

① 《遐庵汇稿》所录条陈标记时间为民国九年，据目前所见最早报载《叶誉虎条陈兴文化》（《民意日报》，1920年2月3日，第3版），定于1920年2月3日。

华立国垂数千年，古代文明不在人后。自近百年间，皙种突兴，一日千里，吾犹自封故步，彼此相形，遂瞠乎后矣。骄慢自是足召侮亡，苟且偷安亦复无济，是宜淬厉精神，毅然奋发，尽力为新文化之运动，以求适合于世界之趋势。"所谓"新文化之运动"，主要不是吸收西学从而创造新文化，而是重在保存固有文化精华，避免文物损坏流失，为向外宣传中国文化提供基础。为此提出设立通儒院，经营国立图书馆，迅速影印《四库全书》，设法保存各省公私藏书，保存各省官书局书板及印刷器物，清理保存旧内阁大库藏物及军机处档案，广为搜集往代散佚典籍，速拟草保存古物法规提交国会等八条建议。尤其注重中国文化对外宣传，以为中外沟通，文明交融的基础。

抑恭绰更有陈者，吾国文化虽古，然以向不表扬之故，致世界迄今不审吾之真相，徒以粗略之游记，隔膜之报章，挟私之言论，引为确据，遂致吾国在外人心目中，永侪野蛮之列，耻辱固已，害莫大焉。今日之策，一面应极力用各种方法在世界上传播我国固有文明之真谛，一面应策励国民努力于近世文明之改进，弗令世人因藐视子孙而兼轻祖父，以全我文明先进之价值，浸假再进图东西文明之融化，为世界别开新纪元。此不得谓非我之大责任，倘承垂鉴及此，积极进行，实世界文化之福，非只我国受其赐而已。至办理上列各事，有并不需费者，有需费较巨者，一二两项，自可立见施行。其第三项比较为难，然苟上下同心，似亦非绝无办法。再，前此国人希望各国交还庚子赔款，其预定用途，尚无定准，窃意应将上列图书馆、博物院及常年搜存图书古物费，一并列入用途之内。事关文化，度国内外无不赞成。尚盼政府记注及之，以为进行基础。（《阐扬文化条陈》，《退庵汇稿》，上编公牍"条陈"，上海书店影印《民国丛书》第二编第94册，1990年，第87—90页）

北京政府饬交国务院暨内务、教育两部会核办理。（《国内专电》，《时报》，1920年2月3日，第2版）此事引起舆论关注。或谓："内务部拟编辑古物保存清册，呈请大总统派员编辑。闻已派定秘书刘宗彝，不日可见指令。此项古物，关系国粹，闻编辑完竣之后，即当慎重保存，藉垂久远。自元首以下，无论何人，概不得任意挪动云。"（《内务部之保存国粹》，《公言报》，1920年3月25日，第6版）或云："吾国近年古物，遗失湮殁，或被外人购运出洋者，着实不可胜计。当局为保护国粹起见，近始略加注意，除通令各省对于地方历史上古迹加以珍护保存外，近闻内部刻派员刘宗彝，会同古物陈列所人员，将现存古物辑列成册，以资珍存，而便考稽。并闻总统对于此节，亦颇注意，除嘱谕此后此项古物，当审慎保存，以垂久远外，并规定自总统以迄各机关，无论何时，不得提用此项古物云。"（《政府之珍护国粹》，《国是报》，1920年3月27日，第3版）内务部以曾厘定保存古物暂行办法，包括保存历代碑版及旧制书帖，与叶恭绰条陈"用意相同"，通咨各地保管公私藏书、官局书版及印刷器物。"并将官私所刻书籍目录，分别检送开送到部备查。又版片数目完全者，详细开列，残缺者亦查明开报。如系要籍，或设法补刊，冀免销沉。"（《保存各省公私藏书之部令》，《申报》，1920年5月16日，第3张第11版）

总统徐世昌日来"对于文化方面异常注意，除令朱启钤督理印行《四库全书》事宜外，近又通电各省长官，将本省风土志及金石图，凡关国粹者，一概汇齐呈报，以便中央印行发刊，以崇文化，而表国徽"。(《大总统注意文化》，《民意日报》，1920 年 10 月 16 日，第 3 版）翌年 5 月，再次通咨："案阅年余，各属道尹延未报办，现又奉部咨催，已严令遵照办理。"(《杭州快信》，《申报》，1921 年 11 月 27 日，第 3 张第 12 版）

2 月 4 日　四川彭县绅士覃育贤、薛鸿文等拟设存古学校，聘贺儒楷等为教员，以校款无着，终未开办。

成都《戊午日报》有追踪报道，事涉彭县绅学各界。上年 12 月 7 日，该报谓彭县所属九尺铺场有文昌会首事等，拟在该场文昌庙内创办一个存古学校，以"研究中国经史、文学为宗旨"，已于昨日组织就绪和开学。"并闻有县绅李道青，年逾七旬，捐水碾一座，年约收租十石，以作该校常年经费。朱知事见其热心校务，特赠该绅匾额一道，上书热心教育四字云。"(《创立存古学校》，《戊午日报》，1919 年 12 月 7 日，第 7 版）不久又谓彭县普照寺原办有高小一校，庙首士为"保存国故"起见，拟在庙内添办一个存古学校，以"提倡吾国文学"。"现正组织一切，不久可望成立云。"(《设存古学校》，《戊午日报》，1920 年 1 月 3 日，第 7 版）

存古学校实为彭县东二区绅士覃育贤等组织，觅定彭县文昌宫为校地，并聘订新繁向兰皋，彭县贺儒楷、王荫槐、廖梓宇为教员。"正在筹备书籍、校具，培修讲室，赶于明春开学云。"(《存古校觅定校址》，《戊午日报》，1920 年 1 月 14 日，第 7 版）彭县学绅薛鸿文等，为维持县城文昌庙宇，设立存古学校，并请委贺儒楷（即贺维翰）为校长。朱知事以此举"既免庙宇之旷废，兼谋国学之保存，一举数善，事属可行。惟经费问题，毫无着落，所有房舍之补葺，校具之设置，以及教职各员薪修，均不可少之款"，贺儒楷"何能独立担任"，希望"妥协筹商，再行延聘"。(《存古校款项无着》,《戊午日报》，1920年2月4日，第7版)

2月8日 《南开思潮》杂志刊载熊十力在南开大学国学班的讲演内容，主张系统翻译西书为先，反对整理国故。

熊十力在南开任教期间，学术思想从经学、子学向佛学过渡。1918年，熊十力弃政向学，专心学术。1919年，开始在南开学校大学部教授国文，暑假与梁漱溟初会于北京、广州。1920年上半年，继续在南开教国文，下半年经梁漱溟介绍，往南京欧阳竟无门下学习佛法。(郭齐勇、吴龙灿：《熊十力说儒》，孔学堂书局有限公司，2015年，第187页)

本次演讲由董绍昌笔记，首次系讲《淮南子·原道训》。(董绍昌笔记：《熊子真先生国学班讲演集》,《南开思潮》第5期，1920年2月8日)本年春，熊十力致函北京大学校长蔡元培，谈及对待欧化的态度，批评北京大学学生专务办杂志，而不务精深系统研究的做法，颇能反映其学术理念。函称：

> 今日优秀之才，多从事于杂志，以东鳞西爪之学说，鼓舞青年，对于精深之学术，不能澄思渺虑，为有系统之研究，默观今日各校学生，每日除照例上堂外，人人读杂志，人人做杂志（此举大数言，不能说无例外）。长此不改，将永远有绝学之忧。真以为欲革此风，必赖国外留学诸君，有刻苦自励，不求近效，专研究西洋学术，而斟酌社会之需要，以从事翻译；

又不可为没头脑之举例。如先译一部哲学史，而后取诸家专著视吾所急者，择尤［优］译出，余科准此，俾学者得为精深而有条理之研究，庶几学术有发达之望。

研究学问，应从翻译西学著作入手。严复译书之功，大于梁启超办《新民丛报》孙中山诸人办《民报》。借鉴佛学中国化之例，今日非输入欧化之本真，免除格义强附，不足拯救中国，而治理旧学并非当务之急，明确批评胡适鼓动的新思潮包含整理国故的环节。

今日稍有知识者皆知吾国之锢疾，非输入欧化不足以医之；然诚欲输入欧化也，则必取法于隋唐古德。真尝谓印度哲学之所以盛于中国者，即以其有决然舍旧，高掌远跖之精神。魏晋时玄释合流，及僧肇四论，始排除。观玄奘、窥基、智颐、宗密之伦并出，学穷内外，然皆拼命发挥佛道，不肯稍涉沟通。其结果使佛学成为中国之佛学，而后宋明儒者亦得所观摩，因即《大学》《中庸》，寻出孔门唯心说之系统；而吾旧有之学术，遂大放光明，此正玄奘师等以融通之业，誏诸后人之效也。吾国治西学者，从未有独往之精神。严又陵所译诸书，每以中西强相比附。最可笑者，如《穆勒名学》部甲按语中以孟子"万物皆备于我"一言，傅合特嘉尔（记者按即笛卡儿）所谓"积意成我，意恒住，故我恒住"诸语，不知其果何取义。今人渐反对融通之说，但求如奘师等之绝口不谈旧学，壹意输入印度化者，殆未见其人。《新青年》《新潮》诸杂志，号为极端的新派，然犹不舍其整理旧学之事业。（见《新青年》

第七卷第一号胡适之君《新思潮的意义》）夫旧学诚宜整理，特非主张欧化者所宜从事耳。诸君何不上追隋唐古德之风乎？夫以吾国政治之纷扰，学校之废弛，人民受教育者至少，而诸君日日空谈"新"，空谈解放与改造，不务涵养深沉厚重之风，专心西学而广事译书（昔奘师归自印度，总理译场，凡译经论一千三百三十余卷），则欧化未得入而固有之文化已失，欲无绝命可得哉？此真所为栗栗危惧者也。（《熊子真来信》，《新潮》第2卷第4号，1920年5月1日）

因为涉及学生所办《新潮》杂志，所以蔡元培交给主编罗家伦回答。5月28日，罗家伦在《新潮》回答熊十力，重点阐述了对于蔡元培"美育与宗教"观点的理解，回答"美育代宗教"指形式而非信仰，进而辩解"杂志与专书的效能Function不同，译专书固是要紧，而杂志也未可一笔抹杀。在西洋有许多专门的新发见的学说，往往先见于杂志。一则因为杂志要发表的期间快，一则因为杂志上讨论的机会多。"对于杂志"是主张有成熟的学说，系统的介绍，不在乎数的增多而在乎质的改善"。在对待"欧化"的态度问题以及"辟除强附"的取径方面，罗家伦十分赞同熊十力的主张，但坚持整理旧学的必要性，强调治学关键在比较的眼光、方法的新颖，不在对象的新旧。相应提出五点意见：一、治学与环境关系密切，现在的学问是活的，尤当能适应环境，而后有演化可言。二、现在研究学问的方法日新，而比较的方法尤为重要，但必须有两方面的材料，才有比较可言。三、因为有了比较的眼光，所以青年读起旧书来反而有趣，且是心理上自动的兴趣。"老实说，一般老先生以为我们谈新的人就不读中国书，是错误的；不知我们换了一付眼光，换了一套方法来读中国书，反而可以比他们多找出一点新东西来。"譬如"关关雎鸠"，直至胡适读到"坎坎伐檀兮"这首诗，才发现内含"古代社会主义"的思想；读到"纠纠葛屦"的句子，就可以悟到古代井田制度等。四、如同种牛痘的医生，必须先用痘毒，近代治梅毒的妙药，乃是以梅毒的死菌造成的，面对中国人说话，自然用中国材料容易了解，容易取信。所以吴稚晖有次对罗家伦闲谈时候说："新文学运动能够在旧社会免除许多无谓的攻击，适之先生的《中国哲学史》大有功劳，因为这是戴了红顶子演说。"五、很想东西洋文化接触之后，酝酿出一种"新文化"来。熊十力"以潜精旧学的国文教授而有这样积极的思想，谨为南开前途贺"。
（罗家伦：《致熊子真函》，《新潮》第2卷第4号）

2月　梁启超本年从欧洲回国后，重理学术事业，注重东方历史文化，开始在清华学校讲学，题为《国学小史》。

"一战"结束后，梁启超的欧游之行促使他转向东方历史文化，在《欧游心影录》中有明显体现。他认为，欧战意味着近代科学万能之梦破产，物质文明成为制造社会险象的根源，哲学和宗教势必复兴。欧洲思想家正沿着其"个性发展"思想开创的道路，调和各种看似矛盾的主义，借鉴东方文化，再造新文化。欧游途中，欧美思想家、新闻记者赞美中国文化，给梁启超极大刺激。其中以柏格森之师蒲陀罗（Boutreu）为最，在巴黎对梁说：

　　一个国民，最要紧的是把本国文化发挥光大。好象子孙袭了祖父遗产，就要保住他，而且叫他发生功用。就算很浅薄的文明，发挥出来都是好的。因为他总有他的特质，把他的特质和别人的特质化合，自然会产出第三种更好的特质来。你们中国，着实可爱可敬，我们祖宗裹块鹿皮拿把石刀在野林里打猎的时候，你们不知已出了几多哲人了。我近来读些译本的中国哲学书，总觉得他精深博大。可惜老了，不能学中国文。我望中国人总不要失掉这分家当才好。（梁启超：《欧游心影录》，《梁启超全集》第十卷，北京出版社，1999年，第2986页）

梁启超又同几位社会党名士闲谈，说起孔子的"四海之内皆兄弟"，"不患寡而患不均"，又讲到井田制度，及于墨子的"兼爱""寝兵"，大受赞赏，以为："近来西洋学者，许多都想输入些东方文明，令他们得些调剂。"期望中国人也跳出狭隘的国家主义，在世界转折时代具有充分的自觉，承担绝大的责任，不仅设法挽救和建设国家，而且还要对人类全体有所贡献，即"拿西洋的文明，来扩充我的文明，又拿我的文明去补助西洋的文明，叫他化合起来成一种新文明"。梁启超认为，从前西洋文明将理想实际分为两橛，唯心唯物，各走极端，最近要图个心物调和。中国先秦诸子和隋唐佛教诸师，就是中国祖先的重要遗产，有供西人借鉴的资格。孔、老、墨，虽然学派各殊，但是有求理想与实用一致的共同皈依。如孔子的"尽性赞化""自强不息"，老子的"各归其根"，墨子的"上同于天"，都是看出有个"大的自我""灵的自我"和"小的自我""肉的自我"同体，因小通大，推肉合灵。禅宗算得应用的佛教，世间的佛教，表现中国人特质，出世法和现世法并行不悖。即如文学美术各方面，中国也不曾让人。

国中那些老辈，故步自封，说什么西学都是中国所固有，诚然可笑；那沉醉西风的，把中国什么东西，都说得一钱不值，好象我们几千年来，就象土蛮部落，一无所有，岂不更可笑吗？须知凡一种思想，总是拿他的时代来做背景。我们要学的，是学那思想的根本精神，不是学他派生的条件。因为一落到条件，就没有不受时代支配的。（梁启超：《欧游心影录》,《梁启超全集》第十卷，第2986页）

与胡适主张整理国故，重新估定价值，偏向破坏不同，梁启超的落脚点在于化合中西文明，偏向肯定，因而希望中国青年研究旧学，可以得出公平判断，而不至于谬误。而要发挥中国文化，同样非借西洋文化的途径不可，因其科学方法精密，可以带来全新眼光。总之，希望中国青年第一步"要人人存一个尊重爱护本国文化的诚意"，第二步"要用那西洋人研究学问的方法去研究他，得他的真相"，第三步"把自己的文化综合起来，还拿别人的补助他，叫他起一种化合作用，成了一个新文化系统"，第四步"把这新系统往外扩充，叫人类全体都得着他好处"。（梁启超：《欧游心影录》,《梁启超全集》第十卷，第2986—2987页）

本年开始，梁启超在清华学校连续演讲五十多次，积稿甚多。学生们要求付印，梁只取《墨子》部分，略加删定，得六万言，名为《墨子学案》。（梁启超：《近著第一辑序》,《饮冰室合集》第五册文集之三十九，中华书局，1989年影印本，第48页）1922年，梁在演讲中提及："我前年在清华学校讲国学小史，曾有一篇论孔子的，差不多有三四万字，那稿子是也曾寄给哲学社（北京大学哲学社——引者）的，因为我对于这篇文章还有许多不满意之处，不愿意印出。"（梁启超：《评胡适之中国哲学史大纲》，《梁启超全集》第十三卷，北京出版社，1999年，第3990页）

国学小史讲演，听众反响前后变化甚大。蓝文徵记述梁启超欧游归国初期的演讲云："当五四新潮后，提倡科学的呼声，响彻云霄；同时整理国故，也被世人所重视。梁任公先生于民十及十一两年，应北京、天津、济南、南京、上海各大学及教育团体的邀请，连续讲演中国文化学术，不下二百次，学子景从，风气大开。"（蓝文征：《清华大学国学研究院始末》，张杰、杨燕丽选编：《追忆陈寅恪》，社会科学文献出版社，1999年，第78页）只是此就广泛影响而言。贺麟于1919年入清华学校中等科二年级，国文功底较好，对本国历史文化甚感兴趣，听过梁启超本次讲演。据说初时慕名听者达二百多人，但这些都准备出洋留学的学生对于国学十分轻视，最后听众只剩五名，贺麟即其一。（张祥龙：《贺麟传略》，宋祖良、范进编：《会通集——贺麟生平与学术》，生活·读书·新知三联书店，1993年，第52页）

于是贺麟撰文为梁启超本次讲演鼓吹，内称："'国学小史'，原名'中国学术小史'，包含哲学，伦理学，政治学，经济学等等，是一部书名，不久就要出版。""这个题目，范围极广，将中国学术的起源，和发展，自古至今，做一个有系统的研究。"本次讲演是"极有价值的，是于清华学生学问上，智识上极有补助的"。"定是先生研究国学的聚精荟萃的结晶。我们听梁先生的讲演，便可以明了中国学术的起源，和发展的大概。要是我们自己试去研究，恐怕一层能力不够，结果未必圆满。二层，时间不足，成效或者中辍。""梁先生讲演以来，已是三个星期。讲演的人，很热心。演讲者往往有种种笑话和有趣味的举例，足以引起听讲人的兴趣。决不是枯干，乏味的一种讲演，更不是一种带着催眠术的讲演。为便利听讲者起见，时间一再斟酌。使得愿听讲的人，可以抽出空［时］间去听。演讲时，分给演讲纲目讲义。使得听讲的人，可以参看。还有演讲纪录团团员，每次分工记录。预备日后刊印出版品。使得无论听讲的，未听的，都可以知道'国学小史'的大概。若使我们现在每次听演，同时又参看演讲的讲义，将来演讲录出版了，把他从头至尾细细看过一遍，结末'国学小史'这部书发行了，不妨备一部，揣摩揣摩。经过这几层手续以后，我们对于'国学小史'，决不至于'茫然无知'了。"希望清华学生珍惜此"不劳而获"的大好机会，切莫放弃，"同学个个抽出一点，二点钟的工夫，每次亲自去尝试尝试"。（麟：《听梁任公先生讲演之我见》，《清华周刊》第205期，1920年12月31日）

贺麟还听过梁启超在闻一多举办的文学会上连续讲中国文学六七次。此后拜访梁启超，受其影响和指导，开始钻研王阳明、戴东原、焦理堂的思想和著作。（张祥龙：《贺麟传略》，宋祖良、范进编：《会通集——贺麟生平与学术》，第52页）

3月13日　交通部上海工业专门学校（原南洋公学）举行图书馆开幕典礼，校长唐文治为保存国学，参考外籍，特在图书馆设立读经室，兼有学校图书馆和普通图书馆的双重功能。

唐文治执掌上海高等实业学堂校政十数年，在举办实学的同时高度重视对学生道德人格的培育，注重国文教学和学生人文素养的养成。1908年，在《咨呈重订章程和宗旨》中提出，以造就专门人才，振兴全国实业为主，"并极注重中文，以保国粹"。1913年11月，致函交通部，谓我国文化二千年来历代相承，全赖文字递嬗不息。

> 自西学东渐，恂愗之士，颖异标新，以为从事科学我国文字即可置之无足重轻之数，用是十余年来各处学校国文一科，大都摭拾陈腐，日就肤浅，苟长此因循，我国固有之国粹行将荡焉无存，再历十余年，将求一能文者而不可得。……科学之进步尚不可知，而先淘汰本国之文化深可痛也！本校长有鉴于斯，爰就本校国文一课特加注意，并于公余之暇，辑有高等国文讲义全部，首论国文大义，次及古人论文，并采取本原及乎阴阳刚柔各义，虽未敢信为足以问世，而就本校行之数年，固已略著成效。（《唐文治致函交通部论国文之重要》，《交通大学校史》撰写组编：《交通大学史资料选编》第1卷，西安交通大学出版社，1986年，第162—163页）

为上海工业专门学校制定章程，亦以蔚成高尚人格为宗旨，无论风气如何，决不变更迁就，制定"勤俭敬信"校训，把这种注重道德人格训练的精神贯穿于学校工作的每一个方面。南洋公学和工业专门学校均开设国文课，要求学生四年中都要学习国文课程。唐文治还亲自为学生讲授国文课，编撰了《国文阴阳刚柔大义》《工业学校专门学校国文课本》等国文教材，教员李颂韩、黄虞孙（名世祚）、黄子桢（名宗干）、邹闻磐（名登泰）曾予辅助。1936年，唐文治忆称："光绪丁未岁，余初掌南洋大学，淬厉工业，尤兢兢专以道德礼义为本原，他人迂笑之不顾也。"（唐文治：《国学专修学校十五周之过去与未来》，引自陆阳：《唐文治年谱》，上海三联书店，2013年，第362—363页）

　　国文教学除了训练语文表达能力外，本质上为道德和性情教育。据钱基厚之子，1929年考入交通大学的钱锺韩回忆：

　　　　唐先生是古文家，在工专树立了重视国文的风气。他于每星期日上午在学校大礼堂讲读文法、作文法，也讲经学。讲学也是他对学生进行道德教育、性情教育的重要方式。据老校友回忆，每当他朗读诸葛亮《出师表》、岳飞《满江红》、文天祥《正气歌》等诗文时，激昂慷慨，声泪俱下，学生们都深受感动。交大一贯重视中文，一年级有古代文学课，四年级有公文程式课（所授并不限于"程式"），这在工科大学中是并不多见的。（钱锺韩：《我所了解的唐文治》，全国政协文史资料委员会：《中华文史资料文库》第17卷"文化教育编"，中国文史出版社，1996年，第239页）

　　五四运动后，唐文治在校内举行祀孔典礼。（《什么话？》，《新青年》第6卷第6期，1919年11月1日）其文教事业重心，由"振兴实业"转为"修道立教"，由"救民命"转向"正人心"。（陈平原：《中国大学十讲》，复旦大学出版社，2002年，第72—79页；刘桂秋《无锡国专编年事辑》，中国大百科全书出版社，2011年，第9—10页）

　　本日，中外各界人士到者有程德全、沈宝昌、刘成志、陈家栋、王清穆、徐恩元、余芷江、任筱珊、黄炎培、温钦甫、穆藕初、陈锦涛、周舜卿、姬佛陀、谢碧田、瞿宣颖、康白情、林康侯、朱少屏等。"工程颇完固，部派刘君同仁名成志来验收。来宾约二千人，极一时之盛。"（唐文治著，唐庆诒补：《茹经先生自订年谱》，沈云龙主编：《近代中国史料丛刊》第三编第90辑，文海出版社，1986年，第

77页）下午二时许，行开幕礼演说，校长唐文治主席，先致感谢之忱，继述图书馆于1916年冬创议，翌年募捐筹备，得到中华民国总统府、交通部及其他各界与校同学会赞助。斯馆实为学校图书馆而兼有普通图书馆之性质，每星期土曜、日曜两日，可任校外人士来馆浏览。俟书籍渐次增加，尚拟酌提通常书籍若干种，另编书目，以便借出馆外。"斯馆之设，盖为保存国粹，参考外籍起见，重有感于国学之式微，爰特设一读经室，以资提倡。初基甫创，尚勉来兹云云。"

次由交通部代表刘成志致颂辞。[①]江苏省长齐耀琳代表、县知事沈宝昌致贺，并称："士大夫之新思潮，趋向社会方面，良以欧战为国家主义而败，故个人、家族、国家、社会四种主义，均不可有所偏重，若不能平均，则易致乱。如《大学》所谓修身、齐家、治国、平天下，即上述四者之谓，然必以正心诚意为先。可见唐先生提倡读经一事，实有至理，极表赞同云云。"任筱珊"详论图书馆之重要，如美国即竭力兴办此事，常来华购书。日本亦多庋藏中国古书，甚有吾人所不能购于国内者，亦可耻已。年来余（任君自称）考铁路练习生时，其科学犹可及格，对于国文，反多不能通畅者，故现必须提倡国学之保存，否则危殆"。继有沪海道尹代表余芷江演说。朱少屏接着演讲指出：

上海本无中国自设之图书馆，虽国学保存会及格致书院，尝有藏书，现已归于消灭。他如大马路、圆明园路、徐家汇数

---

① 当时上海工业专门学校隶属交通部管理，刘成志时任交通部佥事。

处，虽有图书馆，而仅藏外国书籍，无中国书，诚为憾事。今有斯馆之设，欢慰奚似。如美国之图书馆固多，且有频频交换之举，深望斯馆执事诸君，从开放与推广上进行，实为邦家之福云云。

黄炎培为南洋公学1902年学生，代表南洋同学会演说。除表达欣忭之情外，特别强调以提倡读书纠正五四以来的空疏学风，谓："惟念中国图书馆之少，视美国相去甚远，自五四学潮以来，益觉提倡图书馆之不可缓。盖以民知太低，固需补救，而新旧学派之争，尤多无真见解，一味胡闹者，诚不可不先请此辈入图书馆用功几年，方得出而骂人也。"闻者为之首肯。最后有穆湘瑶、徐恩元二君演说。

演说毕，唐文治、柴芷湘、胡粹士、孙景苏诸君，邀各来宾登楼参观各室，布置井井。国文部系照四库书目分类，外国文部则照杜威小数分类法，国文计二万卷，外国文五千卷。职员有董事会会长唐文治，董事有柴芷湘、沈叔达、徐守五、刘汝梅、胡粹士、张松亭、张贡九等七人，馆长兼外国文部主任胡粹士，国文部主任江霄纬，馆员有柴芷湘、李章民、金志守、张松亭、刘汝梅、许叔明、孙邦俊、孙景苏、黄惠夫等九人。参观之后，举行茶点、摄影，复有该校中院学生演兵式操。晚间，由周石僧介绍钧天集社员，奏音乐，并有昆曲。教员李松泉继演幻术，小学部生徒演剧，剧名"化顽"。大奏军乐，主宾尽欢而散。（《南洋公学图书馆开幕礼纪》，《申报》，1920年3月14日，第3张第10版）

3月24日　教育部答复同善总社姚济苍、施肇曾、陆起、王芝祥、李时品、叶乐民等人，称所请设立的国学专修馆不在政府学制系统，无庸备案。

同善总社国学专修馆以"精研古学，阐扬文化"为宗旨，分文学、武学、理学、医学四科。教员则延聘中国专门宿学充任。姚济苍领衔，在国学专修馆立案呈文内称：

> 窃以中华国于大地，文化最古，孔孟集其大成，周秦灿然美备。降及后世，浸失其真，继述无人，薪传几绝。际兹列强崛起，众学争鸣，物质精神，双轮并进，而圣神绝学，反就沦亡，凡属有心，能无悚虑。苍等同是国民，久濡教泽，眷怀旧籍，良抱杞忧。用是不揣冒昧，集合同志，发起国学专修馆于京师。分科讲习，提倡学风，意在即物穷理，温故知新，阐发文明，临观万国，以为我国家尊重国学，作育人材之一助。
>
> （《国学专修馆立案呈文》，《奉天公报》第3532号，1921年12月29日）

计划先在京城择地建设，随进行程度，于京外各省埠县开设预备科。学生经考试合格，可入馆肄业。毕业以试验及格为准，不定年限。经费由发起人担任筹集。（《国学专修馆简章》，《奉天公报》第3532号）

文学预备科首先开办，以"专修文学"为宗旨。从国文根底入手，将童年必读书悉编课程内，为本科基本教育。分甲乙丙三班，丙为初班，乙为中班，甲为高班。凡未曾历过丙乙两班者，不得插入甲班。本科收取乙丙两班学生，须在八岁以上、十八岁以下。为敦劝正学起见，不论贫富，概予免费。其有愿助馆款者，收入经费项卞，年终汇刊征信录。预备科组织，馆长一人，总教一人。教授、助教额数，分别以学生班次、多寡为标准，由馆长总教酌定。正额学生人数，试办期间暂定为16人。此外加设文学专修师范生一班16人，二年毕业，以应各处分设文学预备科教员之急需。文学专修师范生，资格要求有高等国文程度，品学兼优；科目分经史子集四门，细则由馆长另定；必须住在馆中，酌贴膳费，月季甄别，由馆长择优给奖；优异者总教应随时令其兼充预备科教员，但须支配于适宜时间，以免妨碍其听讲及自修功课；课程表归总教支配核定。总教及教授、助教的薪水由学董规定。奖励经费在经常费内规定。开办费由同善社社员自由乐捐。经常费由学董担任筹备。经费预算由学董核定。所有办法非奉师尊核准，不得施行。

文学预备科各班课程、书目及递年支配表情形如下：一、经义。读经必先讲后读，故用经义核之。有必须熟读者，如《孝经》《论语》《孟子》《礼记》《周礼》《诗经》《尔雅》《书经》等书。有仅通大义，学年内不能责以熟读者，如《春秋》《仪礼》《周易》《公羊》《穀梁》等。《左传》释经，而文法尤适用以选读法，列文法内授之。课本有《孝经》《尔雅》《大学》《中庸》《论语》《孟子》《礼记》《周礼》《仪礼》《诗经》《书经》《春秋》《公羊》《穀梁》《易经》。二、字学。自教授单字起，至辨别六书，能解能书。习楷法，以便应用，讲说文，以便通经。单字教授法，采用初级课本《字学举隅》《养蒙针度》《文学蒙求》、许氏说文、段注说文、楷法帖。三、文法。兼读法、作法而言，所读之本，不必全读。惟采取片段检择名篇，须按照学年支配时间，务使佳文不漏。所作文法，自缀字起至作论止。课本有《三字经》《弟子规》《幼学》《古文观止选》《左传》《国语选》《庄子选》《史记选》《汉书选》《古文词类纂选》《温公通鉴参阅》。四、修身。分讲演、熟诵、实行三法。初班注重讲演家庭格言。中班注重熟诵三圣经。高班实行功过格。课本有日记故事、家庭格言、朱子小学、三圣经、功过格。五、算法。以适用为主。课本有加减乘除歌诀、笔算数学。六、诗歌。儿童性质须以声音发扬志气，诗律尤可证明平仄。乙班一年以后温书，课重从缺。课本有《正气歌》《五言古诗》《法戒诗律》《古乐府》。七、体操。由武科拟定。课程有柔术、剑法。

京兆国学专修馆先行开设文学预备科，宗旨是"培国学根基，端儿童志趣"，科目有经义、字学、文法、修身、算法、诗歌、体操。年龄在八岁以上，十八岁以下，曾经读书识字者皆可投考。名额共32人。共分甲乙丙三班，丙班二年，乙班、甲班均三年，以次升级。现先开设乙丙两班，毕业后有愿益加精进，造就文学专长，再升入国学专修馆文学科肄业。馆址设在北京北城鼓楼东寿比胡同五号。学费免收，但膳宿及书籍、纸墨等费，均由学生自备。有因道远，不便往返，需要代办膳宿者，必须报名时预先声明。报名处设在北京东城东帅府胡同同善总社。报名时间，阴历辛酉三月十二日起至二十五日止。入学试验，阴历三月二十六日午前九点，试验及格者，三十日榜示馆门。四月初三日开学。开学礼节采用明朝时期的四拜礼，即四叩礼，以期返本还原。（《奉天公报》第3532号）

北京政府陆军部总长靳云鹏曾于3月15日询问简章第四项科目中"武学"究系练习何项武事，下令另呈声明，再行核办。3月17日，姚济苍呈称："武学一门，系为考古武备、柔术击技等事，意在温故知新，阐扬国学。"3月24日，教育部次长、代理部务的傅增湘批云："该发起人等眷怀国学，创设专馆，发挥吾国固有文明，以期风俗人心日趋正轨，孤怀闳诣，殊堪嘉尚。惟部定各学校规程并无此项规定，尽可自行开办，无庸由本部备案。"（《教育部批第一六六号》，《奉天公报》第3532号）4月1日，靳云鹏下达指令，称既然武学科目"于中国武技既可藉资研究，于国民体质亦可益进康强"，可予备案。（《陆军部指令第□□号》，《奉天公报》第3532号）

4月1日　陈独秀在《新青年》发表《新文化运动是什么？》一文，强调新文化运动的宗旨之一是用科学方法补旧文化的不足，破除物质与精神两分的二元论，以科学研究一切学问，包括国故。

文章从澄清流行名词"新文化运动"的内容疑问出发，首先指出："文化是对军事、政治（是指实际政治而言，至于政治哲学仍应该归到文化）、产业而言，新文化是对旧文化而言。"内容包含科学、宗教、道德、美术、文学、音乐等，"新文化运动，是觉得旧的文化还有不足的地方，更加上新的科学、宗教、道德、文学、美术、音乐等运动"。科学有广狭二义，狭义指自然科学，广义指社会科学，后者是以自然科学的方法用在一切社会人事的学问上，为科学最大的效用，像社会学、论理学、历史学、法律学、经济学等。就方法论而言，必须破除物质与精神的二分，接受自然科学的洗礼。

我们要改去从前的错误，不但应该提倡自然科学，并且研究、说明一切学问（国故也包含在内），都应该严守科学方法，才免得昏天黑地乌烟瘴气的妄想、胡说。现在新文化运动声中，有两种不祥的声音：一是科学无用了，我们应该注重哲学；一是西洋人现在也倾向东方文化了。（陈独秀：《新文化运动

是什么？》，《新青年》第7卷第5号，1920年4月1日）

就社会功能而言，西方各国政治家资本家利用科学做了许多罪恶，但这不是科学本身的问题。中国人不仅物质生活需要科学，而且精神生活离开科学也很危险。"哲学虽不是抄集各种科学结果所能成的东西，但是不用科学的方法下手研究、说明的哲学，不知道是什么一种怪物！"所谓"科学"概念，兼"新文化"的内容和方法而有之。以杜威演讲《现代的三个哲学家》为例，美国的詹姆士、法国的伯格森、英国的罗素这三个代表现代思想的哲学家，把哲学建设在心理学上或数学上，无不采用科学方法。

陈独秀强调科学的基础性地位和意义，实质上批评胡适、梁启超等整理国故的主张客观上引起了东方文化复兴的"怪论"。

　　哲学是关于思想的学问，离开科学谈哲学，所以现在有一班青年，把周秦诸子，儒佛耶回，康德、黑格儿横拉在一起说一阵昏话，便自命为哲学大家，这不是怪物是什么？西洋文化我们固然不能满意，但是东方文化我们更是领教了，他的效果人人都是知道的，我们但有一毫一忽羞恶心，也不至以此自夸。西洋人也许有几位别致的古董先生怀着好奇心要倾向他；也许有些圆通的人拿这话来应酬东方的土政客，以为他们只听得懂这些话；也许有些人故意这样说来迎合一般朽人的心理；但是主张新文化运动的青年，万万不可为此呓语所误。"科学无用了""西洋人倾向东方文化了"这两个妄想倘然合在一处，是新文化运动一个很大的危机！

主张"新文化运动要注重创造的精神"，"创造就是进化"，无论新旧文化，还是东方文化西洋文化，都要不满足。"我们固然希望我们胜过我们的父亲，我们更希望我们不如我们的儿子。"（陈独秀：《新文化运动是什么？》，《新青年》第7卷第5号）

与陈独秀从自然科学推到社会科学不同，刚到美国留学的冯友兰认为，科学以事实为准绳。研究事实之后，再用系统的方法去记述，像西方道理去解说，"这记述和解说，就是科学"。记述和解说自然事实，即自然科学；记述和解说社会事实，即社会科学。记述解说可能会错，但事实不会错。中国对于世界的贡献，是"四千年的历史，——哲学，文学，美术，制度……都在内——无论怎样，总可做社会科学，社会哲学的研究资料。所以东方文明，不但东方人要研究，西方人也要研究，因为他是宇宙间的事实的一部分"。职是之故，冯友兰反对熊十力"不许所谓新人物研究旧学问"的主张。"因为空谈理论，不管事实，正是东方的病根，为科学精神所不许的。中国现在空讲些西方道理，德摩克拉西，布尔色维克，说的天花乱坠；至于怎样叫中国变成那两样东西，却谈的人很少。这和八股策论，有何区别？""要研究事实，而发明道理去控制他，这正是西洋的近代精神。"（冯友兰：《与印度泰谷尔谈话》，《新潮》第3卷第1号，1920年9月）

4月3日 北京大学国文系自教授刘师培死后，《国故》派教员受新派排斥，纷纷离去，不时传出聘请新教员的消息。年底，吴虞受邀任北大国文系教授。新闻媒体对北大国文系教员动向颇多关注，笼统地指称为"国学教授"。

本日，报载北大国文系教员动态云："中国国学系教授文学教员，自刘申叔死后，尚未聘到适当之人。顾某仅到校一次，即翩然辞去。而拟聘之张尔田氏，尚留滞上海，已经许聘，忽又毁约。现在一二三年级三班，均已久经缺课。此则一缺点也。"（野云：《北京通信》，《申报》，1920年4月3日，第2张第6版）"顾某"不知何人。张尔田曾经受聘，但屡次请假。1921年1月13日，北大注册部通告："国文系教员张尔田先生因事南归，自一月十六日请假四十五天，所授功课，暂行停讲。"（《注册部通告》，《北京大学日刊》第786号，1921年1月14日，第2版）翌年5月，张尔田重回北大，其所授国文系三年级（文）、史传之文、赋的功课，定于5月18日、5月20日、5月22日考试。（《注册部布告》，《北京大学日刊》第1030号，1922年5月18日，第1版）

　　本年7月11日，报载北京大学下学期新聘教员中，极多著名学者。"关于国学方面，则添聘王国维为中国文学教授，罗振玉为古物学教授。"（申江：《北京通信》，《申报》，1920年7月11日，第2张第7版）此言空穴来风，未必无因。王、罗两人均享誉国内，尤其王国维。樊少泉以笔名抗父，在《东方杂志》发表《最近二十年间中国旧学之进步》一文，阐述了晚清以来学术演变的脉络，内称：

　　　　旧学者，因世俗之名以名之，实则我中国固有之学术也。今人辄谓中国无学术；或谓中国虽有学术，绝无进步；或谓中国学术虽有进步，至今日则几衰息者：皆大谬不然之说也。中国义理之学，与书画诸技术，及群众普通旧学之程度，在今日诚为衰颓。然昔人所谓考证之学，则于最近二十年中，为从古未有之进步。特专门之事，少数个人之业，世人鲜有知之者，而阅杂志之少壮诸君则知之者尤鲜。然今日专门旧学之进步，实与群众普通旧学之退步为正比例——此奇异之现象，殆遍于世界，不独中国为然。（抗父：《最近二十年间中国旧学之进步》，《东方杂志》第 19 卷第 3 号，1922 年 2 月 10 日）

中国旧学二十年来的进步，虽然有传统经史之学的孙诒让《周礼正义》、柯劭忞《新元史》、王先谦《汉书补注》、杨守敬《水经注疏》等前此未见过的"大著述"，但主要表现在以罗振玉、王国维为中心的古器物古书籍之发见及其带来的研究进展，包括殷商文字、汉晋木简、敦煌千佛洞所藏古写书。"罗君以学者之身，百方搜求新出之材料，而为近百年文化之结集，其研究之功，乃为其保存流通之功所掩。王君以精密之分析力与奇异之综合力，发见旧材料与新材间之关系，而为中国文化第二步之贡献，遂使群众旧学退步之近二十年中，为从古未有之进步。"（抗父：《最近二十年间中国旧学之进步》，《东方杂志》第 19 卷第 3 号）

早在 1917 年底，北大校长蔡元培首次委托马衡与王国维联系，欲聘请王任教北大。王国维犹豫不决，曾征求罗振玉和沈曾植的意见，沈认为此举可以相助研究或著述。（袁英光、刘寅生：《王国维年谱长编》，天津人民出版社，1996 年，第 245 页）王国维辞谢。1920 年 6 月，报载北大暑假后将"特聘王国维氏为国文系教授"。"王氏原为中国专攻哲学文学最早之人，著书颇多，现由该校蔡校长请其教授中国文学等科。闻王氏已允其请，下学年一准到校。"（野云：《北大之现在与将来》，《申报》，1920 年 6 月 20 日，第 2 张第 7 版）1921 年初，马衡受北大委托再次邀请王国维出任北京大学文科函授教授，王国维又拒绝。2 月 6 日，王国维致函马衡云："来书述及大学函授之约，孟劬

（张尔田——引者）南来亦转述令兄雅意，惟近体稍屡，而沪事又复烦赜，是以一时尚不得暇晷，俟南方诸家书略正顿后再北上，略酬诸君雅意耳。"（孙敦恒：《王国维年谱新编》，中国文史出版社，1991年，第78、82、103页）

桐城派被排斥，刘师培去世，黄侃离校，王国维不来，使得本有新旧兼容理念的国文系主持人马裕藻在聘人方面眼光向外。本年12月20日，远在四川成都的吴虞收到吴君毅北京来信，谈及马裕藻欲聘吴虞为教授，准备进军北京学界，对章门弟子及其著述加多了解。20日，吴虞记载："君毅来信，（十一月廿五日）言北京大学有聘予教授文学（国文部）之议。北大教授马幼渔（名裕藻、浙江鄞县，曾留学东大文科选科）君，曾来君毅处言及，嘱为致意，不知予有意否，见信后，乞速赐复。束脩大致为一百五十元，多则二百元，假定北京教育不即时破产，以现在财政状况之下，将来薪水恐亦不能按时给发。"吴虞决定赴京任教，询问好友意见。21日日记云："发复群〔君〕毅信，言模范文、学术文之类，予即能讲，高深之学，则不能胜任。又问每周钟点若干，可否阅国文卷。路费由自备，或由校出。……饭后，过省中，以君毅信示（夏）斧私、（陆）香初。旋至公学，以信示陈正刚，正刚言北大束脩以月计者为教授，束脩以钟点计者为讲师，教授率月二百八十元，讲师率每钟五元，预科讲义与本科大致相同，不过本科每周钟点多，预科每周三钟点而已。然预科四十余班人，则所需讲师不少也，谓予担任恢恢有余云。归家后，复将正刚所言及公学章程寄君毅。"23日，又"发君毅信，嘱交涉妥后，即寄聘书来，附去陈彦征信"。翌年1月5日，收到吴12月15日来信，谓："北大教授马幼渔欲聘予来北大教授文学事，乞速见示，以便转达前途。予当作书复之，去钱六十九文。"（中国革命博物馆整理，荣孟源审校：《吴虞日记》上册，第570—571、575页）

在此期间，吴虞经常读《国粹学报》，"所收知识甚多"。2月11日，收到吴1月24日来信称："今日过马幼渔处，接洽兄事，知已通过北大聘任委员会，以教授聘任。月薪至少一月二百元，（通常初到北大当教员者，须试讲一年半载，不发生问题者，始可升任教授，亦有竟不能任教授者，兄开首即任教授，实异例也）。聘书日内即可送来，当由弟处转致。"2月14日，收到吴君毅寄来聘书，代理北大校长蒋梦麟署名盖印，路费由北大或马裕藻径寄。2月18日，致函马裕藻，称等候路资寄来，即行"料理就道"。2月26日，收到吴君毅2月5日来信，称："昨夜马幼渔电话云，路费二百元，已由北大会计课直汇成都。以后则由薪水中分月扣除，因北大聘教员，曩无送路费之例也。月薪则定为二百六十元。按北大教授，月薪最高额为二百八十元，初作教授者，大概为二百元，以后乃按年迭加。兄初作教授，便得二百六十元，又为异例矣。"（中国革命博物馆整理，荣孟源审校：《吴虞日记》上册，第578、581—584页）

4月12日　报载穆藕初因纺织业日就发展，花行营业，亦有迎机拓展的希望，培育人才为急务，遂在上海穆公花行设立学校，以国学、西学、武学为必修科，均请"纺绩学士"担任教授，[①]俾行中诸生，及厚生、德大两厂实习生，有修习各种学术机会。（《棉质考验科成立》，《民国日报》，1920年4月12日，第3张第10版）

---

①　一说各科均请"绩学士"担任教授。（《棉质考验科成立》，《申报》，1920年4月12日，第3张第10版）

4月16日　北京大学预科一年各班"国学置要"课程仍由沈士远担任，于下星期起并为两班，在大讲堂上课。(《第二院教务处布告》,《北京大学日刊》第583号，1920年4月16日，第2版)

此"国学置要"或即"国故概要"。北大预科分甲乙两部（甲部预备入理科，乙部预备入文科、法科），为大学本部打下基础。据北大史学系主任朱希祖的儿子朱偰回忆，预科主任先是关振伯，后来是沈士远。国文教授有郑奠（字石君，浙江诸暨人，1895年生）、张煦（字怡荪，四川蓬安人，1894年生）、朱洪（字汇臣，浙江海盐人，1894年生）；国故概要教授有沈士远、单不厂（浙江萧山人）；历史教授有李泰棻（字革痴，河北阳原人）；地理教授有郑天挺（字庆甡，福建长乐人，1900年生）；逻辑教授有屠孝实（字正叔，江苏武进人，1893—1932）；数学教授有赵淞（字雨秋，四川阆中人，1896年生）、罗惠侨等。(朱偰：《五四运动前后的北大》,全国政协文史资料委员会：《中华文史资料文库》第17卷"文化教育编"，第394页)

据北京大学预科国文门毕业生高兴亚回忆说，北京大学预科毕业考试相当严格和紧张，不过还有可以留级退路。单不庵的"国故概要"课程，教得相当好。"他是讲汉学考据的，对于诸子百家，颇能有条理地讲出要点和各家相比较的异同，又能分析材料、著述的真伪，学生对这门功课有兴趣的很多。"可是乙部预科毕业考试时，此门功课差不多有四十个人不及格。在考试前，单不庵以功课包括太广，为了便于学生准备考试，主动给学生勾选范围，并且准许带书籍进试场。学生们自然高兴异常。但是指定考试范围为孔、老、韩、墨四家，仍很辽阔。考试题目大意是：《易经》十翼中的文言、说卦、杂卦、序卦，已经证明为伪造，但叶水心、欧阳修对上象、下象也提出怀疑，上象、下象究竟是真是伪，试举证以说明之；黄老主无为，法家主法治，法治应是有为，何以申、韩之学出于黄老？"这两道题，使四十来人不及格。补考结果我不知道，但足以说明预科毕业考试，也是一个难关。"（高兴亚：《北大拾零》，中国人民政治协商会议全国委员会文史资料委员会编《文史资料存稿选编·教育》，中国文史出版社，2002年，第62页）

　　5月5日　郑奠、黄建中等创办《唯是》杂志，主张学问不分中西新旧，应以真理为准，提倡研究国学，尊古同时亦须变通。仅出一期。

　　五四前后刘师培、黄侃、林损等人在北大国文系的影响很大，新派师生和舆论常以新旧区分看待。远在四川的吴虞由友人吴绍伯告知："北大中学教习，如吴瞿安、黄晦闻、朱希祖、钱玄同等皆可。观北大学生中主选派及申叔、季刚一派者居多数，其主桐城派者亦有，然不盛也。大别北大党派则为新旧二派，细别之，则多矣。"（中国革命博物馆整理，荣孟源审校：《吴虞日记》上册，第585页）《申报》记者"吹万"认为，近时北京各种新出版物，一时云蒸霞蔚。旧式定期杂志，如《国故月刊》已以经费不足暂停，虽其中旧人物尚有重兴计划，不知何日方能实现。女子高等师范文艺会《文艺汇刊》，第一期本与《国故》同形式同内容，第二期（4月1日所出）则内容已为新旧兼采，而形色则同《新中国杂志》。"然在此时期中，乃突然有一《唯是》杂志之组织。是志之内容，实为全旧。其发起人皆北大旧派国文教员，如林损、陈怀等，余多国文门学生。其经费皆由林、陈负担，不日将出版，是亦第二国故也。"（吹万：《北京通信》，《申报》，1920年4月27日，第2张第6版）

　　同为北京大学学生新社团的新潮派与国故派交恶，竞争和纠纷延续到《益世报》（编辑主任成舍我为北大中国文学门学生，近于"国故系"）和《晨报》。北大校长蔡元培反对罢课，声言如果学生罢课，则唯有辞职。罗家伦、康白情等以罢课之功未见，先牺牲一位全体同学爱戴的校长，故与《晨报》关系密切的罗家伦反对罢课，恐成舍我赞成罢课，结多数学生欢心，日以电话劝令作文反对罢课。成舍我不允，请彼自作为之具名发表。罗家伦复不语，不久《晨报》对《益世报》遂施攻击。（吹万：《北京通信》，《申报》，1920年4月25日，第2张第6版）《国故》月刊被新派视为"旧潮"。（《北京大学之旧潮》，《民国日报》，1919年3月18日，第2张第6版）二者水火不容。"惟新潮社自傅斯年出洋后，精神已渐减。罗家伦近以南北奔驰，且又尽力平民讲演事业，因之对于编辑事，颇有不能兼顾之势。自第二卷第二期出版后，第三期迄今未能发行。其他《国故》一方，萧索之气象，亦复与之相同。盖《国故》之主干为张煊，张自毕业后，服务于女高师，且在《新中国杂志》颇为宣力，因之对于《国故》，亦不甚感其兴味。其代《国故》而兴者，近乃有《唯是》一种，纯为该校中国文学系三二年级学生所组织，其中所有思想学术，有科学，有旧式诗词，现才出第一期。"（静观：《北京通信》，《申报》，1920年5月20日，第2张第7版）

　　《唯是》宣言批判五四之后愈演愈烈的新旧之争，指出新旧乃具有时空性质的相对名词，没有绝对界限。学术应以追求真理为衡，真理所在即是非所在。真理有相对、绝对之分，相对真理随时地变异，易于知晓，绝对真理具有普遍、常住、唯一的特点，难以求取。判断是非真伪的标准，主要有神教、国宪、圣言、时论四者，各胶执成见，出现庄子所谓随其成心而师之的现象。尤其今人，竟尚时论，以二三名流之是非为是非。支持者盲目应和，尊为真理，实则卤莽灭裂，反抗者激于党派意气之争，不辨是非，适取顽陋之诮，真理日就晦霾。真伪是非之辨，归根到底应诉诸本心，以良知为根基，而非戴着有色眼镜的成心。因此，相应提出"泯新旧""明是非""求真理""新本心"四大号召。

今请掬诚以告海内外之学人君子曰：学无分乎今古东西，人无分乎愚智贤不肖，凡能自成一说，而自树一义者，必一一穷究其原委，而反求诸本心。先之以疑问，继之以思辨，申之以比较，终之以评判。毋武断，毋迷信，毋盲从，毋冥行。迨灼然见其为真理，然后信而行之，未晚也。本心确以为是者，虽举世非之而不沮，本心确以为非者，虽举世誉之而不动。（但误认成心为本心者，不得以此为藉口）与其信时论，不如信本心。与其从名流，不如从真理。与其辨新旧，不如辨是非。天下无所谓新学术、旧学术，无所谓新思想、旧思想，无所谓新道德、旧道德，新文艺、旧文艺，但有真学术、真思想、真道德、真文艺，亦曰求真而已矣，亦曰求是而已矣。新云，旧云，调和云云，皆戏论也。世有以斯恉为然者，盍兴乎来。（《宣言》，《唯是》第1期，1920年5月）

国故派的郑奠本年毕业，因成绩优异，留校先后担任预科讲师、教授、预科主任、中国文学系教授，讲授"中国文法""先秦散文""传记文研究""中国文学批评""古书读法举例"等课程。

（郑鹤德：《郑奠传略》，晋阳学刊编辑部编：《中国现代社会科学家传略》第3
辑，山西人民出版社，1983年，第312—313页）郑奠在《唯是》发表《国
学研究法》长文，欲为侧重新学的背景下初学者学习国学提供门
径。其《序例》云：

> 新学竞进，足以利用厚生，而为国人所宜从事者，方日
> 新而月异。学者分功并骛，力有未逮，更复责以浩如烟海之国
> 学，向若兴叹。即有志者不得其门而入，亦厌苦繁赜，卒归于
> 废弃国学而已。今思振之，宜示以津逮。大师宿儒学以名家为
> 归，其撰著非初学所能骤窥。间涉修习之方，言焉不详，又或
> 以为浅陋不足道，卒令学者旁皇，无由自进。

以前有张之洞的《博约篇》及《輏轩语》言修学方法颇详，但
今人未能尽从，故分论书籍，宗旨是"目治之之法为主，非提要目
录类"。上篇总论研究方法，约为六事：学之界义、国学之封域、
国学之类别、修国学之宗旨、研究之方针、研究之方法。方法论尤
为旨趣所存，具体有四。一是修学之旨趣：知要、责实、循序、持
恒、专精、闳通。二是致力之方法：浏览、诵读、深思、讲论、札
记、著述。三是研究之态度：考正、整理、评议、发明。四是观察
之方法：分析、综合、比较、参稽。且以成学之助、修学之阻，学
之功候附后。下篇分论研究各学之法，包括治文字学法、治文学
法、治经学法、治诸子学法（"经与诸子暂仍旧称，以便研寻"）、
治史学法、治魏晋玄学法、治宋明理学法、治清代汉学法。总论
研究之法，叙述分为三端，先陈其理，次述其法，终举例以明之，

有不备者，则骤难举。分论研究之法，亦分二端述之，首列举其学之纲领，次述治之之法。而研寻要籍以究其学，如治文字之学以《说文》《广韵》《尔雅》为据者，则治三书之法附焉。并且强调，"以研寻国学为宗旨，而于修学方法，亦兼采科学，此盖理之当然，非口舌所可争也"。（郑奠：《国学研究法·序例》，《唯是》第1期，1920年5月）

与新派的新旧之分不同，国故派大多反对强分新旧。郑奠阐明国学的定义，指出"学"有觉悟和效法两义，相反相成，主张尊古的同时须知变通，凡"域内固有之学"，只要有理可究，有法可守，有益于民，都是"国学"。

学术以天下为公，初无国界可守，此言取善之资则然耳。学不徒生，必有所因，民族殊则思想亦异，地域隔则政制不同，更历年累世，相传相承，自各有所长，岂一朝一夕之故哉。我国文化昌明之早，初冠万邦，五千余年，巍然独存。西学东来，出与相衡，诚多谢短者，而趋新博异之士乃欲尽弃所固有，以为与世相违，理宜屏之。守旧者怒目奋臂，起而与之争，然察所执持，或拘拘文墨之间，以为道在于是，有以知其必败也。愚谓国学之范至广，凡域内固有之学，无间于心与物皆隶焉，即至方技艺术，有理可究，有法可守，有益于民者，亦得被此称，固非词章之士所能专也。至于远西学术，足以参镜，苟善用之，自今而后，国学昌明，必过于前。吾人诚有志于此，谓宜各择性之所近，力之所能及者，始以整理，继以发挥，共赞斯举，务令国学之封域无不扩，真际无不明，而后是

非短长，大显于天下。虚言相竞，甚无谓也。（郑奠：《国学研究法总论》，《唯是》第1期）

国学分类，暂时保留经史子集的旧名，随着方法不同，整理后自与前各异。亟须解决问题有二："一则经子之名，虑难确守，为腹为目，旨趣各殊。二则探索前籍，当暂仍旧绪，以省凌乱之烦。若研寻之法既异，则所得者自与曩昔殊致。整理有成，即更为部署，亦无不可者。要之分类析观，以便探讨，与家法流别之部次有殊，并行不悖，义相成焉。"（郑奠：《国学研究法总论》，《唯是》第1期）

学术宗旨在于穷理致用，唯是之从，无分中外新旧。至于如何用，则可各取所需，不能强求一致。国学是先哲留遗，有其短处，亦有其不可磨灭之处。因此，反对新旧之分，主张共同努力研究国学。

或曰，今新学争雄于域中，国人方以不类远西为耻，废阁旧籍，鬻为败纸，时适然耳。汝竭区区之知，欲讲以所闻，为治国学者津逮，亦有说乎？余答之曰：学唯其是，无间中外，人各有心，尽其所能。方今国日衰颓，见陵东人，莘莘学子，奔走呼号。静言思之，国为吾国，是则先哲之所留遗，何忍使之湮没。昔人研精累世，吾侪生其后而不能为之发挥光大，为过已宏，安有尽弃所有以从人者？况于国学不肯致力，妄自菲薄，辄谢曰无有，其谁之过欤！至以学术大同为言，则趋诣真理，唯是之从。我国国学与异邦相较，诚有谢短者，然所自得，岂少也哉？是故诚欲爱国，宜知国学英华之所存，诚爱真理，亦宜知本国学术之精义，发怀旧之蓄念，以增国人爱国之心，阐明国学之精英，以与世人相见而共趋于真理，必将有事乎此矣。（郑奠：《国学研究法总论》，《唯是》第1期）

研究方针有八：一、务实求是，利用厚生，以为学鹄。二、解去一切拘挛，无复中外古今之见，唯理之是从。三、以自修自悟自证自得为归。四、条理旧绪，使秩然有统。五、剪除杂说，标举大义。六、补苴罅漏，张皇幽眇。七、研精覃思，钩发沈伏。八、应用科学之法，以为方术。（郑奠：《国学研究法总论》，《唯是》第1期）

至于治学门径，可分八个级别，各有参考书目。第一级国学门径类书。《汉书艺文志》《隋书经籍志》《八史经籍志》《四库全书提要》《四库全书简明目录》《书目答问》《汇刊书目》《续汇刊书目》《古今伪书考》《輶轩语》《劝学篇》《日知录》《十驾斋养新录》《东塾读书记》《无邪堂答问》《文史通义》《国故论衡》。第二级文字学书。《文字蒙求》《说文释例》《说文解字》《中国文学教科书》《文字学形义篇》《文字学音篇》《黄季刚先生与友人论小学书》《小学答问》《切韵考》《切韵考外编》《广韵》《说文解字段氏注》《说文通训定声》《音学五书》《古韵标准四声切韵表》《音学辨微》《声韵考》《声类表》《六书音韵表》《说文声类》《诗声类》《尔雅义疏》《尔雅正义》《广雅疏证》《方言疏证》《新方言》《释名疏证》《经籍纂诂》《文始》《小学汇函》《小学考》。第三级词例文法书。《经传释词经义述闻通论》《助字辨略》《古书疑义举例》《释三九》《章太炎先生订文》《马氏文通》。第四级文学书。《文心雕龙》《诗品》《声调谱》《谈艺录》《乐府指迷》《词源》《词旨》《词律》《曲品》

《传奇品》《曲录》《顾曲尘谈》《楚辞王逸注》《文选李善注》《乐府诗集》《全上古三代秦汉三国晋南北朝文》《唐文粹》《古诗纪》《全唐诗》《宋诗钞》《词综》《宋六十名家词》《元曲选》《古文辞类纂》《骈体文钞》《七十家赋钞》《八家四六文钞》《经史百家杂钞》《十八家诗钞》《八代诗选》《词选》《词辨》《绝妙好词笺》。第五级经学书。《经解入门》《汉学师承记》《汉学商兑》《经学史讲义》《经学通论》《九经浅说》《今古学考》《新学伪经考》《章太炎先生清儒篇》《章太炎驳皮锡瑞三书》《经义述闻》《群经平议》《经义考》《十三经古注》《十三经注疏》《古经解汇函》《经典释文》《正续经解》《大戴礼记》《国语韦昭注》《周礼正义》。第六级诸子学书。《庄子》天下篇，《荀子》非十二子篇、解蔽篇，《韩非子》显学篇、定法篇，《淮南子》要略，司马谈《论六家要旨》，《史记》老庄申韩列传、孟荀列传、管晏列传、商君列传、司马穰苴列传、扁鹊仓公列传，《子略》《诸子通考》《荀子》《庄子》《老子王弼注》《韩非子》《管子》《墨子》《尹文子》《公孙龙子》《尸子》《慎子》《商君书》《邓析子》《孙子十家注》《吴子》《吕氏春秋高诱注》《淮南子》《列子》《鬼谷子》《论衡》《潜夫论》《新论》《中论》《人物志》《抱朴子》《金楼子》《颜氏家训》《谭子化书》《关尹子》《读书杂志》《诸子平议》《札迻》《庄子解诂》《管子余义》《百子全书》《汉魏丛书》。第七级宋明清理学书。《宋史》周敦颐传、程颢传、程颐传、张载传、朱熹传、陆九渊传，《明儒学案》王守仁传，《颜氏学记》颜元传、钱大昕戴先生传，《近思录》《传习录》《宋元学案》《明儒学案》《国朝学案小识》《颜氏学记》《孟子字义疏证》原善，《周子通书注》《二程全书》《张子全书》《朱子语类》《象山语录》。第八级史学书。《史通》《史略》《古今纪要》《二十二史札记》《汉书补注》《二十四史》《资治通鉴》《续通鉴》《通鉴纪事本末》《宋史纪事本末》《元史纪事本末》《明史纪事本末》《绎史》《历代纪元编》《历代地理志韵编今释》《读史方舆纪要》《史学丛书》《通典》《通志》《文献通考》《历代地理沿革图》。（郑奠：《国学研究方法总论》，《唯是》第2期，1920年5月）

陆达节发表《论今日治国学者所应改良之十大方针》一文，从心态和方法两个方面提醒国学研究者注意采纳西方新说。他指出，二十世纪是人类进化最关键时期，研治国学须知世界潮流，顺应社会趋势，否则必被淘汰。一国学术即一国立国精神所寄托，虽然含有不可磨灭的道理，但只有随时改良，循序渐进，才能使其适合世界潮流。

乃今之治国学者，则尚昧乎是。不知世界潮流，不问社会趋势，一意守旧，罔敢或变。方法犹是数千年来相传之法，态度犹循数千年来相传之态。食古不化，固执不通。日惟痛心疾首于新说之日出不穷，而不知改良方针，以图竞进。律以物竞天择，优胜劣败之理，诚岌岌乎其殆哉。顷来宿儒凋谢，国学衰微，靡特难期继长增高，而且不能保存固有。今已如此，将来可知。此非天然淘汰之见端乎。然则居今日而治国学，亟宜改良方针，变更态度，以应世界潮流，期与百科竞进。

从世界潮流看，国学研究有厌世主义、异端主义、轻视科学、轻视欧化、没有科学方法、不知裁汰、存古观念、态度谦退、闭关自守、缺乏科学常识等十个弊端，互相牵引，必须改良，尤以端正态度和讲求科学方法为关键。研治国学首先要破除低人一等的心态，鉴于"维新以来，国学退步，一落千丈，老师宿儒，日就零落，后生小子，又不愿学，再过数十年，吾恐国学扫地已尽，无复孑遗"，目前必须采取竞进方略。"人有攻国学者，吾则辨之。国学有缺点，吾则补之。自立自励，任重致远。结集同志，竭力传播，设学会，建学校，办杂志，立讲坛，为种种之鼓吹设施，望收尺寸之效。久而久之，庶国学赖以盛乎。"不过，国学须借鉴科学，才能重焕光辉。科学常识是指学术先普通而后专门的通则。妥善处理国学与科学的关系乃方法之重点，必须排除中学为体，西学为用的旧说和自尊心理，欢迎和尊重欧化，进而取长补短。晚清以来，形上形下、物质精神、道艺等二元论，成为正确接纳科学的观念障碍，亟须排除。

　　不知二者虽有不同，而实互相为用，并重则两美，偏废则俱伤，乌可妄为抑扬，取此舍彼哉。而况乎今之世界，一科学之世界也。举凡一切精神界物质界，咸支配于科学中，稍有常识者，皆能道之，尤不容其诋諆也。乃治国学者，尚以村学究眼光，目科学为一种奇技淫巧，无裨大用，深恶而痛疾之，其愚诚不可及。今犹不悔，则必为科学界所唾弃，莫能自存矣。

科学之所以最为重要，根本上是因为可补国学没有条理系统的缺陷。

　　盖吾国学者于为学之方，素不讲求，故学无系统，无次序，无一定之范围，无明晰之义例。零星破碎，散漫支离。神怪之谈，谬悠之说，谶纬之言，迷信之事，穿凿傅会，连篇累牍。又无论理学以为思想言论之规则，任凭胸臆，妄为渺茫之谈，恣请［情］爱憎，多生主奴之见。以是之故，数千年间，圣哲代出，文化不昌。今幸际环奥大通之会，西学次第东来，亟宜师合良规，理我国学。以科学方法求国学之真相，明统类，立界说，辨同异，穷因果。凡一切悖于科学之原理原则，公例公式者，皆当去之。则不确实之知识，可一扫而空矣。至辨论学术，则以逻辑为标准，不容参门户之见。凡事务求真是非，真得失，从客观之存在，切实研究，不由主观之见解，妄为抑扬也。（陆达节：《论今日治国学者所应改良之十大方针》，《唯是》第2期，1920年5月）

金毓黻反对外界有关北大师友所办《唯是》"守旧"的说法，7月9日在日记中写道："黄离明（建中）、郑介石（奠）在京与友人办一学报，定名曰《唯是》，出版已届二期，均移赠余及惕庵（孔惕庵——引者）各一册。观其内容及主张，系以科学方法整理国学，立言醇正，与一般竺旧之士拘执成见，而绝鲜变通者大异其趣，此可谓难能而可贵矣。"（金毓黻著，《金毓黻文集》编辑整理组校点：《静晤室日记》第1册，辽沈书社，1993年，第71页）10日，又谓林损《述古篇》"论泥古诬古之非，一指竺旧，一指骛新，二者各有所失"，"颇欲持二者之中"。"寻其所言，述古者，乃取古事以为今镜，犹孔子因夏、殷礼而损益之意，取舍之权，仍以宜于今不宜于今为衡，是其立说，与现世潮流思想并无乖违。述古之职，由斯而明，不图林氏竺守古学，反以持论自陷，且真理因之愈彰，此林氏之所不及料也。"陆达节之文，"持论阂通，足针泥古不知变通之失，学者所应取而法守也"。（金毓黻著，《金毓黻文集》编辑整理组校点：《静晤室日记》第1册，第72页）8月29日，金毓黻以《唯是学报》"导扬国学，而以适合时势为归，亦出版界之佳品"，"获阅两期，未窥全豹，拟去信订购"。（金毓黻著，《金毓黻文集》编辑整理组校点：《静晤室日记》第1册，第99页）

5月15日《中正月刊》创刊，抨击以白话取代文言的做法偏激，主张"古学与时务兼营，文章与科学并习"，并开设"国学"门，辑录古学之文。仅见出版一期。

该刊为青年学子所编，主旨是反对白话文。栏目分通论、修养录、国学、科学、文员、大事记、丛录七门，多有刊载阐发颜李学派文章。创刊号叙言批评清末以来杂志或重论政，或重西学创新，均有稽古不及的偏向，客观上导致国学危机的结果。

> 吾国曩昔无所谓新闻报纸也，而杂志益晚出。始英人创《万国公报》于沪上，久之吾国乃有《时务报》论政治之杂志，学报犹阒如也。《农学报》《医学报》继兴，顾皆重创新，未皇稽古。独《国粹学报》《中国学报》能阐发经旨，掇拾佚籍，以维持国学之一线，久亦相继停刊。好古者希，人心益漓，今日为极矣。甚者至欲以白话易文言，诋古学为迂腐，弃礼教而不顾。己之不学，而思举古昔先哲之遗文而大弃之，惑世诬民，于斯为甚。学者不察，鼓海内之人而从之，不亦异乎。

根据进化道理，有白话而后才有文言。圣人恐后世言语有变，故而去鄙语，辞尚体要，所谓"言而不文，行而不远"，以此保存国粹。从学术史看，东晋以降，文人学者摈弃古学，侈为艳丽词文，文义渐晦；唐宋以迄，科举取士，儒者从事帖括，古学益敝。"今徒惩帖括之虚靡，而蔽罪于吾国之国粹，谬倡怪说，簧鼓青年，猥曰借此以统一国语也。吾又惑焉，山川之阻隔，水土之异宜，习俗方言，天然界画，有未易以人力沟通之者，则白话非特传世不可，亦未见其能普及也。"鉴于白话即使普及，亦仅限于中国，他国以汉文较西文繁难，必然不会效法，引用吴汝纶"诸国贤俊竞趋哲学，若吾国文字，岂非宇内哲学之至大者乎"，"若哲学大兴，即吾国之文字必有远行欧美之一日"之说，强调学必稽古，当今应当"古学与时务兼营，文章与科学并习"，避免偏激，才是学者应有的"中正之道"。《中正月刊》取法孔子中庸和孟子经正则庶民兴的古训，"上采群经诸子之绪余，兼及海内外之名论"。（《中正月刊》第1期，1920年5月15日）

第一期国学栏载《姚叔节先生尺牍义例》《古纪年》和柯昌泗《鲁学斋金石跋尾》三文。柯昌泗题词。柯昌泗（1899—1952），字燕舲，号谧斋，山东胶州人，柯劭忞长子。国立北京大学文科国文学门毕业，曾任东北大学文学院教授，北平郁文学院国文系主任兼教授，北平大学、北平师范大学、辅仁大学、中国学院讲师，精于史学及金石研究，主要著作有《后汉书注》《谧斋印谱》《鲁学斋石金记》《传习录注》《三国志集释》《朔方刍议》《瓦当文录》等。郁文学院曾短暂设立国学系，亦由柯昌泗担任系主任。①

①　1936年，柯昌泗任察哈尔省教育厅长，主张教育方针必须适合民族性、时代性、地域性。"历观古今中外，凡是具有悠久历史的文化，必定是适合本国民族性的。""我们中华民族有悠久的光荣历史，在世界上是被认作优秀民族的。我们有五千年的文化，有广阔的地域和众大的人口，这样古老国家的存在，必定有其能够存在的原因。"而"维系着四万余万人民心理的道德观念，也就是我国民族性寄托的所在"。（《柯厅长就职演说词》，《察哈尔教育》第1期，1936年1月31日）

5月　武昌高等师范学校国文历史地理学会主办，黄侃担任编辑主任的《国学卮林》杂志由该校文史部出版，仅出一卷。

黄侃辞去北大国文系教职后，于1919年9月任教于武昌高等师范学校，授《说文略说》《声韵略说》《尔雅略说》三种。（司马朝军、王文辉合撰：《黄侃年谱》，湖北人民出版社，2005年，第149—150页）

在黄侃等人影响下，该校成立了国文历史地理学会。特别会员主要是学校行政和教员，如校长谈锡恩，代理校长吴景鸿。特别会员和普通会员，籍贯多为湖北、湖南地区，个别为京兆、直隶、四川、江苏、浙江、江西、河南、安徽、广西、陕西、贵州、山西等省区。（《国学卮林》创刊号）具体见表1、表2。

表1　武昌高等师范学校国文历史地理学会特别会员录

姓名	字别	籍贯	住址	通信处
谈锡恩	君讷	湖北宜昌	武昌城内黄土坡	黄土坡上街二十号
吴景鸿	劭先	湖南桃源	本县城内	城内南街耕心书社转
钟正楙	稚琚	四川永川	城内泸州街	同左
黄福	翼生	湖北沔阳	本县仙桃镇	仙桃镇南岸善堂街十三号
黄侃	季刚	湖北蕲春	武昌长湖街	长湖正街十五号
童序坝	伯超	湖北黄陂	武昌三道街	三道街九十五号
吴竞	葆之	江苏灌云	本县板浦薛巷	同左
王海铸	冶山	京兆大兴	江苏泰县城内正定王寓	同左
曾韵松	心畲	湖北汉阳	武昌操家塘第七号	同左
艾华	一情	贵州贵阳		贵阳公立法政专门学校
熊会贞	固之	湖北枝江	宜都江北安福乡	宜都县白阳义盛铭转
申文龙	悦庐	湖南石门	石门新关本宅	同左

表2 武昌高等师范学校国文历史地理学会普通会员录

姓名	字别	籍贯	住址	通信处
罗汝恭	瘦生	江西丰城	京山村	江西高安县三皇墟罗正兴号
阙本嵌	衡峰	湖南桃源	县城正西街	本宅
韩道之	芸文	湖北汉阳	本县蔡甸下集贤村	县城西门外北首巷内樊福兴转铁铺墩韩福记
魏盛周	尊洛	湖北黄陂	本县北乡夏店	湖北广水转二郎店傅义昌号转
戴成龙	焕文	湖北荆门	沙洋	沙洋熊复兴交
谢廑南	素民	江西雩都	北乡禾溪布	北乡水头墟谢盛发号转
龙成敏	子聪	云南昆明	云南省城大西门荃麻巷	荃麻巷三区九巷三号
钟自毓	子英	湖北孝感	本县三里城	湖北广水转三里城交钟致和收
龙正中	斌锋	湖南武冈	本县西路高沙市	本县高沙镇正街陈德义号转李家渡
卢绍曾	肖舆	浙江永康	游仙儒堂	永康城内山川坛义丰药店转
蒋芳钜	孟刚	湖北天门	下沙团	汉川田二河南岸蒋时顺号
蒋作裘	宝生	湖南祁阳	东乡挂榜山	本乡城外久大达记转
蒋元龙	月潭	湖南零陵	东乡哲里口	本县东乡产芝坪邮政分局交
钱明德	柏青	湖北荆门	荆门东南乡曾家集	荆门沙洋河街鸿源镒转曾家集
诸光照	子容	江苏江都	扬州东关街马总门	同左

续表

姓名	字别	籍贯	住址	通信处
钱学修	逊之	浙江嵊县	本县长乐镇	本县长乐镇中段老祠堂间壁
欧阳晃	宏康	江西宜黄	崇乡	景德镇湖南码头祥福行
欧阳新	春仁	湖北公安	东大垸西五里上半	江陵郝穴朱庆丰号转
刘银銮	洲屏	河南光山	东乡砖桥集	光山砖桥集三合树行
刘攀桂	求真	湖南耒阳	本县东乡江头洞	本县城内刘氏宗祠代收转交江头洞
刘维国	蓝田	湖北大冶	本县刘忠木排墩	本县城内勒头卢亿中转
刘国藩	亚平	湖北随县	本县北乡吴山店	本县唐县镇严福记转
刘绍元	光昶	湖南沅陵	本县永平乡刘家坝	本县通河桥梁恒泰号转
刘人骥	超之	湖北安陆	本县城北关刘家巷	同左
熊楚翘	子远	湖北黄冈	但店	武昌团风团蔡家院孔明冲
廖安世	瀛澄	湖南常宁	邑东上悟隘小湖	城内廖氏宗祠转交小湖
凤天毓	絮层	湖南桃源	城北漆市	常德城内老鸦池凤先发栈
郑业建	勋仲	湖南长沙	尊阳都金井市	省城种福源汤种德堂转
廖镛	莘耕	湖南岳阳	东南乡大山廖	岳州梅溪桥县立高等小学校
郑先宽	宏卿	湖北江陵	荆州城内南门大街郑宅	同左
廖立勋	西平	湖南沔阳	本县西乡廖家滩	湖北天门县彭市河源泰德号代收转沔阳西乡东家刘涂大生药店转交
熊心赤	筱崮	湖北枝江	宜都江北安福乡	宜都县白洋义盛铭转
郑鹤春	萼邨	浙江诸暨	本县上北乡泰南	本乡江东同顺酱园转
郑鹏冲	凌汉	浙江嵊县	本县湖头庄	本县石黄镇一大号寄湖头

续表

姓名	字别	籍贯	住址	通信处
杨蕙□	薰陶	江西上饶	上饶八角塘	同左
杨绳武	念孙	江西宁都	安福镇会同	本县易恒丰药栈转
杨景炎	顾鑫	湖北鄂城	葛店	葛店牛永昌转
涂峻	照亭	江西高安	北城高家巷	北城石桥头伍义发号转
曾庆霄	书古	湖南衡阳	西乡琥翰堂	衡西洪市德丰号转
曾龙文	天衢	江西石城	大猷坪	本城游三茂号转交
冯举鹤	皋九	湖北南漳	西乡板桥	城内宜家巷冯宅转
彭国珍	凤昭	湖北黄陂	邑南乡羊堰角社彭家岗	黄陂西乡方家集转五头庙刘太和药局交
冯德进	龙阶	湖北黄安	冯家畈	黄安城内东正街冯义顺转交
黄成霖	慰苍	江苏丹徒	镇江城内	本县西门城内三道城根左首转湾第一凹道
程凤墀	冰篾	安徽怀宁	安庆工业学校前本宅	同左
傅立纲	纪方	湖北天门	天门石河开石家庙西李家湾	本县朱吉祥米行送石庙双河转交
覃章哲	潏生	湖北长阳	本县双古墓乡	本县资丘姜君伯乾转
程发轫	子云	湖北大冶	本县东乡申明堡	本县黄石港庆祥号转交
童傅鏒	善存	湖北黄陂	县东乡	本县城内天吉成转
贾策安	修龄	湖北大冶	东乡申明堡贾家堡	本县黄石港庆祥号转
张光长	行素	湖南安化	五都坪口	益阳二堡楚宝纸行交
张文训	铸英	广西宾阳	南镇武陵墟	南宁城外槟榔街宾发号
盛泽沛	之涛	湖南长沙	龙喜乡	长沙司门口义升庄转
梁士械	桢幹	广西北流	波二里塘坪村	本县新丰墟广济号
崔继隆	述周	直隶晋县	城南南寺吕村	本城邮局交南寺吕村崔家街

姓名	字别	籍贯	住址	通信处
张主权	伯欧	湖北当阳	清溪河邵家巷	本县清溪河尚全盛转
张中钧	文衡	湖北钟祥	城北洋梓	本宅
张四维	健民	湖北蕲春	永福乡策山	蕲水县万和号转姜复昌再转张笃庆堂
许祖谦	品珊	湖北汉川	本县南乡南河渡	本县系马口转南河渡邮局交
张峻极	中藩	湖南宁远	南乡西弯	本县南门外吉利生转
张蕃	屏周	湖南汉阳	城内府学东斋对面巷内	同左
张士琯	宪廷	湖北武昌	武昌豹澥镇北牌坊村	湖北汉口药王庙大巷晋大祥交
张允一	汝受	湖北秭归	本城内	本县内张恒泰住宅
张泽鳌	占先	湖北孝感	南乡赤土坡	城内宪司街同丰纸号转
徐筠	字生	湖北汉川	邑南涂家滩	汉川城外胡全盛转
徐彦魁	梅村	陕西华县	西北乡雷家斜	本县赤水镇祥盛荣转
陈家敏	慎之	湖北汉阳	蔡甸镇	武昌协和师范学校转
陈树棠	芾卿	湖北天门	大佃围	潜江张截港朱永兴转蒋家场陈永益桂记
陈祖典	贻孙	贵州平坝	白云庄	本城邮局转
唐铸庆	西庚	安徽桐城	本邑钱家桥镇	安徽庐江县罗昌河镇唐同泰号转
陈正方	观祥	湖南宁乡	同文镇	本县大西门文正兴转
高扬勋	聘三	湖北当阳	北乡鸿桥总陈家冈	当阳清溪河吴谦泰号转
陈国谟	劲夫	湖南石门	北乡竹家河	本县城内云惠丞宅转
袁正僖	悦鑫	江苏灌云	板浦大寺巷	同左

续表

姓名	字别	籍贯	住址	通信处
郭永年	松龄	河南郑县	司庄	城内义泰昌转
陈常	达璋	湖南茶陵	本县十三都鼓角石	县城腰陂市移兴隆转
郭宪章	冰忱	湖北沔阳	本县仙桃镇河北荷花池	本县仙桃镇正街游宏发衣庄转
陈奠球	鹄人	湖北黄冈	本县阳逻松湖	汉口下阳逻同昌祥花布行周容臣君转位甲嘴
袁哕鸾	九成	湖北圻水	本县南关外麟角塘	本县城内万和烟号转
陈荣铨	荻承	湖北汉阳	本县蔡甸王家塘	王家塘临远巷对门
涂永毅	海澄	湖北黄陂	东乡涂家大湾	本县城内涂复泰转
胡遇春	少遵	湖北松滋	笔架寺	洋溪市邮局转
胡叔尼	际虞	湖南湘乡	城内	本城胡声和
段青云	凌辰	河南汲县	西乡官庄	汲县桥北街润生楼转
段兴泉	龙渊	湖北利川	厚坎石朝门	利川汪家营袁式楷转
徐树芳	薰涛	安徽宣城	东乡沈村镇七里寺	本县东乡沈村镇转
易春熙	竹勋	湖南醴陵	东乡三区水口	东乡浦口市邮局转易仁茂堂
林芳蒸	云轩	湖北汉川	邑西卧步头	本邑田二河熊义丰转
周正中	虚若	湖南桂阳	南乡湾塘	本邑正街全福堂转交
周佐鼎	铁刚	湖南衡阳	西乡金兰市	本县城内堰塘巷周氏试馆转
吕景贤	盘铭	安徽阜阳	东北乡永兴集吕家圩	本城内古楼北中西大药房转
朱宗武	伯健	安徽桐城	东乡城隍庙镇	义津桥邮转城隍庙镇高恒生号
李宗伊	仲尹	湖北安陆	城内	县署前街三号

续表

姓名	字别	籍贯	住址	通信处
杜庭钱	选青	四川江津	朱沱场	本场高等小学转
汪益谦		湖北光化	汪州	老河口台头冈厚生元粮行转
吴毓鳌	海钦	江苏吴县	苏州荠濂溪坊	濂溪坊白蜕桥南
吴有聪	上达	江西高安	高安南乡石溪吴宅	高安南城新街巷永和兴
沈开益	望三	湖南长沙	河西镇观音岩	长沙富雅里连庄
沈昌佑	佐诚	浙江奉化	栖凤	宁波宫前协泰转
吴劲	仲侯	安徽桐城	县署西辕门下首照壁	本宅
吴锦芬	芝圃	湖北黄陂	北乡横山集	本县横山集田家湾转
程云蓬	海岑	陕西华县	本县赤水积庆长	同左
何钦明	蕴口	湖北夏口	武昌	武昌水口关帝庙十九号
吴寄云	汉宗	湖北建始	凉水埠	本县三里坝吴双泰号
李伯华	傲寒	湖北黄陂	张家店	张家店李保和药局
任协邦	刚中	湖南湘阴	塾塘乡唐家桥	长沙中和街王登云履转
李文蔚	启生	山西解县	县城武城巷	同左
李振华	萃庭	湖南平江	本县北乡南江桥李家大屋	本县北乡南江桥森茂号转上江背李家大屋交
吕贤钰	衡秋	湖南沅陵	本县和平乡吕公坪	城内上南门吕益泰转
王丙南	隐滨	河南罗山	九约蔡家楼	湖北广水三里城黄顺兴转
王益昶	楙先	湖北武昌	武丰乡	武胜门下傅家蟹行马路东三十二号住宅转
王凝度	亮仪	湖南衡阳	西乡三湖町王诒毂堂	本县西乡渣江玉春酒局代收转黄息林君再转
王忠敬	钦斋	河南新乡	南新庄	本县小冀镇全泰公

续表

姓名	字别	籍贯	住址	通信处
王用中	伯华	湖北襄阳	西乡	本县城西街中西学校刘子芳君转
王福寿	赓尧	河南新乡	县城	本县城书院西边路北本宅
王渐康	尧衢	湖北蕲水	团溪	汉口转团风陂王绳成堂
王韩康	棹生	湖北沔阳	县城柏门正街	同左
方逢时	西屏	湖北荆门	小秦沟	当阳县观音镇杨望兴药局转
方授楚	则之	湖南平江	长寿乡	长寿街义昌号方钦夔君转
左其昌	麟阁	河南潢川	南乡	本县城小南头罗敦善堂转
史焕章	坤侯	湖北汉阳	县城双街集家嘴下首本宅	
毛国垣	亚藩	四川忠县	永丰乡	拔山邮局转
丁中俊	叔修	湖北应山	骆家店	骆家店吴茂昌转

6月16日，黄福撰写《发刊词》，批评了无论尊崇还是贬损，对于中学都不深谙的现况，尤其是新文化运动中新旧学派分歧引发不良后果。毁誉均不能给学问损益，只要有益于学术，新旧应当平正看待。《国学厄林》的名字，取《庄子·寓言》"厄言日出，和以天倪"之语，寓意言以载道，是非相对而存，需待自然调和。

世之刊杂志者多矣，务为新说，宗恉不纯。迩日变本加厉，歧中有歧，识者病之。夫无论何学，皆道所散见。心苟不平，言遂易放。欲救偏驳，解纷纠，必先自立于不败之地。中国之书，涵道最多且真，不善学之流弊亦伙。或博而寡要，或华而不实，或泥古鲜通，或师心自用。辨惑晰伪，此事正费商榷。不然，终日尊中学，中学不为之加崇，即终日贬中学，中学不为之加坅。盖其道之贯澈天人，通达古今者，初不以毁誉为损益也。世之新儒厌薄中学，侮圣废经，适以自愚，不能愚人。其号为负荷国学者，务求精心毅力，明体达用，提纲挈领，建诸实事，庶不至以空谈经史性理，受各方面之指摘。然文者实之导也，言者行之渐也。兹编之辑，意重阐明国粹。大义微言，固所崇拜，六艺支流，不妨搜讨，要在有益学术，无与人争执之见。（黄福：《国学厄林发刊词》，《国学厄林》创刊号）

黄侃赋诗两首，讽刺新文化派以新旧之争掩盖为学浅薄的本质。

新旧本来无定相，是非何用苦相争。要从言象荃蹄外，尽泯人吾正负名。惠子多方成驳道，田巴高拱谢洪声。维能悟彻环中理，一任天钧运两行。

梧台燕石裹重绵，散帛千金理亦奇。道术终为天下裂，民情本自古今迷。妄心各类蝇钻纸，曲说谁防蚁溃堤。百虑殊途特相齿，何妨东向不知西。（黄侃：《国学厄林付刊感题二首》，《国学厄林》创刊号）

钟正楙主张，在西学日盛，国学日非的情势下，抱残守缺的必要。题辞曰：

夫学固不隘于国，而国固不可无学。国学者，将以葆存旧
贯，诏之后昆，是非诚伪，如其本状，而治学者无所加焉。至
于沧海横流，殊智来袭，始学之子，有轻蔑宗邦之心，则保残
守缺者，于事势尤不可少。余辈承乏而已，岂曰能贤。当世明
哲，或有匡弼其违，而无惜齿牙余论，以成其美者乎，是余辈
之所甚幸也。（钟正楸：《国学厄林题辞》，《国学厄林》创刊号）

《国学厄林》分设通论、专著、杂纂、艺文、校雠、通信六
部。暂定年出二卷，五月底和十二月底各出一卷。职员有编辑主任
黄侃，编辑兼收发干事为郑业建、王凝度、李伯华、卢绍曾四人，
校雠干事钱明德、廖镛、唐铸庆、冯举鹤四人。王况斐（1893—
1971，学名宁度、凝度，字况斐，号绿野，又号蓬累，湖南衡阳
人）其时正在武昌高等师范学校史地部学习，积学优异，被黄侃赏
识，推为执行主编。（刘绍唐主编：《民国人物小传》第7册，生活·读
书·新知三联书店，2017年，第5页）

创刊号通论有阙本钦《论中西学术升降之由来》、方授楚《蔡
君元培所谓国文之将来献疑》、袁正僖《立本篇》、陈国谟《原名》。
专著有丁以此《毛诗韵例》、刘师培《丧服经传旧说》（未完）、黄
侃《音略》《周礼行于春秋时证》，钟歆《老子旧说上篇》。杂纂有
黄侃《释公士大夫》、廖立勋《国音学》、沈昌佑《汉书十二纪钩
沉》（未完）、郑先宽《韵学略论》、王凝度《阮王两刻经解纂人小
传》、刘银銮《本国山川纪略》。艺文有章炳麟《与吴承仕论哲学
书》、刘师培《答黄侃问孔子生卒月日书》、刘师培《老子斠补卷
上》等，此外多载黄侃等人诗赋。阙本钦认为，学术有道术与方术

之别。道术即今哲学，方术即今科学。哲学为科学之根源，科学为哲学之事实。哲学必以科学之事实为对象，而后能真确实现。科学必依哲学之引导，而后能进步发达。两者关系至密，相因相质。中国今日科学不及西洋，爱国之士欲图中国学术进化，非扫尽中国故纸不为功，斯言似是实非，不明中西学术进化之源。其实，中西学术本源殊途同归，如伦理学蕲国家治平，法律学图社会秩序安全，不同者仅枝叶。比较中西文化史，可知中国学术由实入虚，西洋学术由虚入实，为中西学术升降的大势。其中关键因素，则为政教合一的不同演变。政治因学术而兴，中国从三代政教合一，自战国政教分离，黜小康而尚大同。泰西自罗马分裂而后，政教合一，舍大同而就小康。尚大同者必言王道，重小康者必重霸道。王道之治，不外礼乐。霸道之治，不外功利。纯用礼乐，则思想道德，必趋于消极，结局流于虚伪。兼用功利，则思想道德，必趋于积极，结果归于真实。学术升降，致国家盛衰分野，均非一朝一夕之功。而所谓新派人士，缺乏理性，虚浮浅妄，与清末顽固派同一弊病。

　　盖凡无论何种学术，欲求其进步发达，必先就其所学，上溯皇古，下寻昭代，前后左右，比较观察，穷其究竟，核其类似，既得于心，又必斟酌时论，征验事实，弃短取长，舍小就大，自忖而今而后，能否公世，能否实用，如此审慎周密，然后发而出之。如康德之原性论，达尔文之进化论，皆根据哲学之法则，始可以言发达进化也。如拾他人之唾余，作自己之牙慧，吞几卷教科书，食而不化，既不虚心，又不好学，虎皮羊质，变本加厉，漫云新理，漫云进化，是犹以西邻妙药，使东家子滥饮之也。自欺欺人，适足杀身，补于何有哉。（阙本嵌：《论中西学术升降之由来》，《国学厄林》创刊号）

黄侃的弟子金毓黻8月31日拜访旧友钟骏丞，见到《国学厄林》，认为"选择精采，故可观之作极多"。比较重视章太炎、黄侃、廖立勋、郑先宽等之文，谓："黄师自作以论音韵及文艺者居多，《讽箍》一章，有如亲覯。余不获亲教大师者已四年矣，雩游之乐，师友之情，无日忘之。伯平侍游汉上，朝夕过从，其乐何极，余不如也。安得余金，挟以游学，蹇裳而往，固所愿也。"（金毓黻著，《金毓黻文集》编辑整理组校点：《静晤室日记》第1册，第101页）

6月25日　商务印书馆影印上海涵芬楼《四部丛刊》，在《申报》登载初编发售预约广告，宣扬国学。

王秉恩、徐乃昌、蒋汝藻、沈曾植、张一麐、刘承幹、翁斌孙、傅增湘、葛嗣浵、严修、莫棠、郑孝胥、张謇、邓邦述、叶景葵、董康、袁思亮、夏敬观、罗振玉、陶湘、孙毓修、叶德辉、齐耀琳、瞿启甲、张元济在广告署名。内云：

睹乔木而思故家，考文献而爱旧邦，知新温故二者并重。自咸同以来，神洲几经多故，旧籍日就沦亡，盖求书之难，国学之微，未有甚于此时者也。上海涵芬楼留意收藏，多蓄善本，同人怂愿景印，以资津逮，间有未备，复各出公私所储，恣其搜揽，得于风流阒寂之会，成此《四部丛刊》之刻，提挈宏纲，网罗巨帙，诚可云学海之巨观，书林之创举矣。（《空前

之大丛书〈四部丛刊〉》,《申报》, 1920年6月25日，第1张第1版）

《四部丛刊》是商务印书馆张元济主持影印的第一部大型古籍丛书，酝酿于1918年，起初拟名《四部举要》，高梦旦建议改为《四部丛刻》，最后定名为《四部丛刊》。四部即经史子集，丛刊收录书目，由张元济的助手、版本目录学家孙毓修提出，经张元济审定。张元济为此与傅增湘、刘承幹等南北藏书家有很多通信，广泛征求意见。除了利用商务印书馆涵芬楼藏书外，《四部丛刊》初编主要利用了南京江南图书馆，北京京师图书馆，常熟瞿氏铁琴铜剑楼，浙江湖州乌程刘氏嘉业堂，乌程张氏适园，海盐张氏涉园，江安傅氏双鉴楼，江阴缪氏艺风堂，长沙叶氏观古堂，乌程蒋氏密韵楼，南陵徐氏积学轩，上元邓氏群碧楼，平湖葛氏传朴堂，无锡孙氏小绿天，闽县李氏双櫏斋，秀水王氏二十八宿研斋，常熟铁网珊瑚人家，以及嘉兴沈氏、德化李氏、杭州叶氏、日本岩崎氏静嘉堂文库等，基本网罗了当时所存的珍本秘笈。所有这些珍本秘笈，都缩印为体式整齐的开本，又将原书的宽狭大小，载在每书的首叶，以存旧本面目。以版本来区别，其中宋本四十五，金本二，元本十九，影写宋本十三，影写元本四，元写本一，明写本六，明活字本八，明校本十五，日本、高丽旧刻本七，释道藏本四，其余没有旧刊本的，也都是经过精选的影抄、传抄和明清两代的精校精刻本。初编共出6批，共收入古籍323种，共8548卷，装订为2112册。还编有《书录》1册，记载书名、卷数、著者、借自何家所藏何种版本以及版本的特点和收藏家的印记。1926—1930年，重版一次，更换了21种图书的底本，另有44种增补了缺卷和缺页。初编前后两次共印行5000套。1934年、1936年，分别出版续编、三编，分别收书81种1438卷、73种1910卷。（王绍曾：《近代出版家张元济》增订本，商务印书馆，1995年，第62—63页）

7月26日　奉天省长张作霖批准教育厅厅长谢荫昌呈改奉天国文专修学校为文学专门学校，以养成专门国学人才为宗旨。

土匪出身的张作霖，本年跃升就任东三省巡阅使、奉天督军兼省长。张作霖任用王永江掌财政、翟文选掌监政，任用杨宇霆、姜登选、郭松龄扩军讲武，任用谢荫昌掌教育，兴办学校，造就人才。为实现其政治野心和复古主张，张作霖下令成立奉天公立文学专门学校。

3月8日，谢荫昌呈称："前奉钧谕，将外国语专门学校改为存古学堂，速议办法。"当即会同孙秘书核议。"前清存古学堂之设，即与奉天前设之国文专修科无异，拟遵训示，将该校改为奉天国文专修学校，招汉文明顺之学生八十人，分为二班，四年毕业，不收学费，并照师范学生成例，每名每月发给膳宿费大银元三元，以示优异。"校长拟聘请前翰林院学士世荣为正教员，月薪240元。此外各分教，均聘请省内外学问优长之士充任。定于本年暑假后招生开学。未开办以前，由教育厅先期负责筹备，各项章程另订呈核。3月28日，张作霖批云："照此筹议。其分教员等，应访聘中学素优之人充理为要。"（《谢荫昌为将外国语专门学校改为奉天国文专修学校及聘请教员给张作霖签呈》，辽宁省档案馆编：《奉系军阀档案史料汇编》第3册，江苏古籍出版社，1990年，第472—473页）

本年3月，奉天外国语学校"自各级学生毕业后，曾有将该校改为存古学校之说，迄未实行，兹据可靠消息，现经教育厅谢荫昌厅长呈请，拟将该校改为国文专修学校，已蒙张使照准，令即组织一切"。(《改设国文专修学校》，《盛京时报》，1920年3月20日，第3版）地点设在奉天城大南关。(杨佩祯、王国钧、张五昌主编：《东北大学八十年》，东北大学出版社，2003年，第33—34页）

谢荫昌呈请更改校名一文，述及张作霖创校之意和改名缘由。内云：

查大帅改设斯校，本意原以西学东渐以还，一般学子厌故喜新，关于西洋艺术各科，争趋若鹜，语以国粹，群视为土饭尘羹，毫无研究之必要，长此以往，势必国学日就荒芜，数十年后老成凋谢，求一稍明国学人材而不可得，故特设斯校，以为养成专门国学人材之计。揆其宗旨所在，较之高等师范之国文部，旨趣纯乎不同。现本校拟定各学科如经史诸子，皆在必修之例，若只定名为国文，殊嫌挂漏。或又谓，斯校既以养成国学专门人材为目的，即宜改称国学专门学校，抑知国学种类甚繁，国文之外如经史、诸子、政典、艺术，皆在国学之例，必一一设科而研究之，非为势所不能，而为求适用学问起见，亦有所不必。本校现订各科，纯以研究文学为范围，以此命名，又失宽泛。为名实相符计，似宜改称为文学专门学校，较为允当。

由于世荣不愿担任校长，所以改聘奉天省议会议长白永贞兼任。其人"国学湛深，道高德重，素为士林钦仰，钧座深以知之"。7月26日，张作霖批令照办。(《谢荫昌为拟将奉天国文专修学校改名文学专门学校给张作霖呈》，辽宁省档案馆编：《奉系军阀档案史料汇编》第3册，

江苏古籍出版社，1990年，第528—529页）

奉天文学专门学校（简称奉天文专）由清末仕学馆演化而来，世仁甫、金毓黻曾在该校任教。4月24日，金毓黻日记载："沈阳世仁甫先生为文苑泰斗、学海明星，余早耳其名，直至前年共事文学专修科，始遂瞻韩之愿。迩来闻先生颇以提倡国学，干城斯道自任，虽以六十之年，其所造述，愈久愈厉，直晚学之模楷也。"（金毓黻著，《金毓黻文集》编辑整理组校点：《静晤室日记》第1册，第28页）8月，拜世仁甫为师。

金毓黻认为，晚近东北当得起讲学之称者，首推奉天文学专修科。"是科有学生二班，百余人。修业三年，后并入沈阳高等师范学校，始得各毕所业以去。是时沈阳世仁甫先生，以胜朝遗彦，归老故乡，肩教授之任，不异王仲淹之教于河汾，胡安定之教于湖州也，故是科得人最盛，盖有由云。"（金毓黻著，《金毓黻文集》编辑整理组校点：《静晤室日记》第4册，第2474页）

因未在教育部立案，故奉天文专聘用人员不受限制，亦不受奉天教育厅领导。名义上由张氏主办，实际由校长负责。任教者多是科甲名宿、当代"国学巨子"，或有名门望族。师资待遇从优，每月三百至四百元。主持人有世仁甫（即刘世荣，沈阳蒙古旗人）、白永贞（即永佩珩，辽阳满洲旗人）、张书坤三人。世仁甫为晚清翰林院学士、国史馆编修，曾两任顺天府乡试主考官。主程朱理学，在招考文专学生时，第一命题"管宁在辽东讲诗书，明礼让，非学者勿见"。第二命题"姚姬传谓学问之义，义理、词章、考据三者并重，试申其义"。主张尊孔读经，明经致用。尝谓古今治道，备于五经，传统道义，载于四书，而维持道统莫过于礼。唯经可以致用，唯礼可以化俗。要在身体力行，然后发为文章，乃其余事。世仁甫精研小学，从事考据，专依注疏，少有发明创作。而涉及经史，发为文章，讲究意法，泛滥辞章。当时学生明经致用者列为第一科，求学者虽寥寥无几，然世仁甫有求必应，每遇学生指经问难，则循循善诱，启迪唯恐不至，因材施教，颇有名声。白永贞为晚清贡生，署海龙府知府，曾两度连任奉天省议会议长。系张作霖亲信，曾在帅府教授张学良，任文专校长。文专在奉张列为东北第一学府，标榜复古，保存国粹。张作霖为重视该校，将未毕业生吴钟秀，委为盘山县长，将毕业生刘焕文，委为机要秘书，授衔陆军少将。因此，文专威望不只精研古学，挽救颓风，进而学优则仕，为张氏培养统治骨干。张书坤为辽阳大地主，日本宏文师范毕业，与白永贞有袍泽关系，任训育主任。

　　教员还有陶犀然（明浚）、马宗芗、陈慈首、萧怀锦等。陶明浚为沈阳旗人，赋性颖悟，才气畅发，受教于世仁甫，后投考北京国内大学。攻读之余，接洽章太炎、蔡元培、黄侃等。主讲文选、诸子科目，博于经史，精于词汇，竭尽所学，广为介绍，学生静听不懈。马宗芗为晚清拔贡，北大文科毕业，高等文官考试优等。精于汉字，专攻小学，为章太炎再传弟子，受业黄侃之门。主张研究文字，知其来源，从事考据，以证真伪，引训诂以正经传，释音义以解文字，广览汉魏以求词章。陈慈首年二十中乡试，历任广东、浙江各县县长，所历县志，皆一手编纂。所作碑铭、札记、序跋及应酬文字，闻名江南。任教文专之后，将其广为搜集历代碑铭、考据、海内珍藏，交付图书馆，任凭学生观摩，影响学生信而好古。萧怀锦系广宁四老之一，性情疏狂，不修边幅，授课时言不由衷，语多谩骂。往往借题发挥，滔滔不绝，学生如坠五里云雾中摸不清头脑。在校半年即被辞退。所著《珠隐庐文钞》，尚为学生所称颂。

课程有词章学、经学、文字学、诸子学、文学史、哲学、历史学、教育学八门。词章学首要古文，由世仁甫根据姚姬传《古文词类纂》选择三百篇，编成讲义，定为必修读本，课堂讲授，其次陶明浚讲授文选。经学中，白永贞讲授《易经》，马宗芗讲授《诗经》《书经》，苑先生讲授《左传》《国语》《国策》，赵先生讲授《四书》。文字学由马宗芗根据北大文字学讲义印刷讲授，附许氏《说文》。诸子学有《管子》《荀子》《庄子》《老子》《墨子》，均由陶明浚讲授。文学史由马宗芗根据北大姚永概所著文学史印刷讲授。哲学由周达夫根据北大哲学讲义编就付印讲授。历史学由苏先生、景昌极讲授。教育学由卞宗孟、姬先生讲授。具体方法，先生作辅导，指示方向，学生凭自修，全在课外补充学习。学生自成学习小组，有疑难时，就教于各科学生。

学生来源主要有师中毕业及修业学生、各大专馆学生、一般贫苦学生及纨绔阔少。1920 年前后，东北师中学生课程，按教育部国文一科规定，采用商务印书馆及中华书局出版国文读本，内容纯系唐宋古文。教育师资又多对古文有所研究，故一阅奉天文专招考简章，则奔走相告，纷纷投考。师中学生约占百分之四十。各大专馆系地方士绅名门开设，专请宿儒造就子弟，也有城乡经学老师，此等学生约占百分之三十。贫苦学生因文专食宿书籍均由学校供给，每季又有会课奖励，能在勤俭中养成朴素作风，多在高小毕业后以同等学力投考，约占百分之二十。纨绔阔少以文专校舍是高楼大厦，办学人员皆东北名人，故稍解文字者亦薰入校，约占百分之十。

学校录取严格，待遇从优。学生伙食费由学校供给，学生组成伙团，选出委员，轮流承办。每日三餐，早晚大米粥、馒头、两个肉菜；中午大米干饭，三个肉菜，一个汤。每星期改善一次，八个肉菜、两汤。学校发给讲义，以资攻读，不收费用。先生的随笔、作文、博古心得等，亦经学校印发给学生自由阅读。学校设有阅览室和图书馆，广备全面书画，碑版雕刻，国内大学之学刊，商务、中华两书局的周刊、杂志无所不备。张作霖嘱托省长王永江，每季度在教育会，汇考一次。甄别甲乙，赋予资金。甲乙揭晓共二十名。贫苦学生在校攻读四年，奖金之补助获益良多。（韩开复根据韩魁武遗稿整理：《对奉天公立文学专门学校的回忆》，辽宁省教育志编纂委员会编：《辽宁教育史志资料》第2集下，辽宁大学出版社，1990年，第515—518页）

8月1日　傅斯年在英国致函胡适，称在欧留学的俞平伯回国，请胡适多加劝勉，使其成为整理国故（中国文学）的人才。

俞平伯1915年秋考入北京大学文科国文门，1916年与由预科升入文科国文门的傅斯年、由英文学门转入文科国文门的许德珩为同班同学。在黄侃指导下，于正课外开始读周邦彦的《清真词》，为后来研究《清真词》打下了良好基础。1917年，选定研究科目为小说，与傅斯年志向相同，指导教员为周作人、胡适和刘半农。"其时虽肄业于中国文学门，而求学志向未定，一心以为有鸿鹄将至，对于古文词殊不属，……似于政法、东文深感兴趣。来往密切皆法科诸君。"其间，积极参加新潮社和平民教育讲演团。1919年12月中旬毕业，获北京大学文学学士学位，月底经上海，与傅斯年等一起赴英国留学。1920年3月初，因为英镑上涨，自费筹划尚有未周，决定回国。他晚年回忆称："余方弱冠，初作欧游，往返程途六万许里，阅时则三月有半，而小住英伦只十二三日，在当时留学界中传为笑谈。岂所谓'十九年矣尚有童心'者欤，抑亦所谓'乘兴而来，兴尽而返'者耶。"（孙玉蓉编纂：《俞平伯年谱》，天津人民出版社，2000年，第8—9、13、16、23、26—28页）

傅斯年致函胡适，惋惜俞平伯太过"想家"，"又中国文先生的毒不浅，无病呻吟的思想极多"，结果未学成即返国，但认为回国"未必就一败涂地"，可从事整理国故。

> "输入新知"的机会虽断，"整理国故"的机会未绝。旧文学的根柢如他，在现在学生中颇不多。况且整理国故也是现在很重要的事。受国文先生毒的人虽然弄得"一身摇落"，但不曾中国文先生毒的人对于国故的整理上定然有些隔膜的见解，不深入的考察。在教育尽变新式以后，整理国故的凭借更少。趁这倒运的时期，用这一般倒运的人，或者还可化成一种不磨灭的大事业。所以我写信劝平伯不要灰心，有暇还要多读西书，却专以整理中国文学为业。（王汎森、潘光哲、吴政上编：《傅斯年遗札》第一卷，社会科学文献出版社，2015年，第11页）

虽为俞平伯辩护，但不改出国前"国故的研究是学术上的事，不是文学上的事"的理念，（傅斯年：《毛子水〈国故和科学的精神〉识语》，《傅斯年全集》第一卷，湖南教育出版社，2002年，第262页）慨叹在北京大学六年，"一误于预科一部，再误于文科国文门"。（王汎森、潘光哲、吴政上编：《傅斯年遗札》第一卷，第12页）

俞平伯归国后，受胡适影响参与《红楼梦》考证，仍时有出国留学之想。顾颉刚致函俞平伯，赞扬其诗超出思想文字之外，勉励率性而行，做文学家的生活，不必做学问工夫。"文学家不懂得学问，原无可羞；文学家因为弄学问而思想受了学问的限制，不能一任天机，乃大可悲。"（顾颉刚：《顾颉刚书信集》第二卷，中华书局，2011年，第71—72页）

9月1日 曾琦在法国致函王云生，劝其整理国学必须采用科学方法。目前应学英文，设法出国游学，以期将来能直接读西书，作为整理国学的辅助。

曾琦到法国后，"日习蟹行文字，卒卒无须臾之暇"，眼界大开，写信给在四川主教国文的王云生，既佩服其"邃于国学"，又提示研治国学不当再用旧日章句腐儒的陈法，而应以科学方法整理。其中，懂得西文，直读西书，是关键因素。函称：

> 弟往在东京，见日人之治汉学者，其见解之精确超妙，多非吾国老师宿儒所及。如《易与自然科学》《杜甫与弥耳敦》《诸子新释》等书，直非吾国学者所能梦见，当时为之惊叹不已。及考其所由，皆缘彼邦汉学家，类能通西文，解科学也。日人尝自夸谓二十年后中国之欲治汉学者，必转而求学于彼邦。其言虽近妄诞，然实可引为警惕。吾国最近仅胡适之著《中国哲学史大纲》，可谓能以科学方法整理国故。余则治国学者多不通西文，通西文者多不解国学，不能不引为缺憾也。

曾琦建议上策是仍治英文，设法出国游学，将来能看西书，通一门科学，便可为整理国故之助。中策则若经济时间势有不能，则设法赴日本游一二年，通日文后，一方面可看新书，一方面可购阅彼邦学者对于汉学之出版物，以资参考。下策若两者皆有所不能，则不妨大购近时国内新出版物，以为借探世界学术门径之一助。"总之，弟意吾兄治国学不可徒处古本，必须广阅新书，然后可以融会贯通，有所发明。将来吾兄治国学，更有心得，能用科学方法整理，著为专书，以饷国人，本会必能代为出版，弟亦极愿拜读也。"（《少年中国学会消息·会员通讯》，《少年中国》第2卷第5号，1920年11月15日）

9月7日　上海圣约翰大学开学，国学科主任由蔡正华接替陈海萼。

圣约翰大学创办已四十余载，顾维钧、颜惠庆、施肇基、吴任之、严鹤龄、余日章、俞凤宾、刁鹏力、朱友渔、周诒春、朱成章等，均系该校毕业生。与英文教育的成功比较，上海圣约翰大学的国文教育向为时人诟病，1890—1920年正处于该校"英语运动"兴起、国文教育较受冷落的阶段。五四运动后至1929年，处于整顿和改革国文现状的阶段。1920年，校长、美国人卜舫济在备忘录中表示，当中国民族主义精神高涨之时，人们自然对本国的语言文字更加感到自豪。圣约翰大学将尽力使其毕业生在中、西学全面发展，从而鼓励这种精神的增长。（熊月之、周武主编：《圣约翰大学校史》，上海人民出版社，2007年，第246页）是日开学，9月9日上课，学生五百六十余人。教职员中，"国学科主任陈海萼离校，由教授蔡正华升任"。（《圣约翰大学近讯》，《申报》，1920年9月12日，第3张第11版）

其时圣约翰大学设有"文科、理科、道学科、医科、大学院、中国文学哲学科"。（徐以骅主编：《上海圣约翰大学》，上海人民出版社，2009年，第29页）所谓"国学科"，或即"中国文学科"。本年6月26日下午五时，举行毕业礼，同学会会员及来宾到者数百人。"宣读中学校国学、西学毕业生姓名"后，颁发大学毕业学位证书。"国学"和"文科"分开，"国学毕业生"有张恩衔、陈世达、蒋云鹤、钱辉庚、冯建维、顾耀鎏、马崇淦、沈维楚、沈永保、屠琳、王敦庆、汪英宾、翁长熙、杨润成等十余人。（《约翰大学举行毕业礼纪》，《申报》，1920年6月28日，第3张第10版）

9月16日　《无锡新报·思潮月刊》创刊，分为"国故论衡"和"西学介绍"两部。钱基博负责编辑，宣称前者在于温故，后者在于治新，试图兼容新旧。1924年停刊。

1917年，钱基博开始任江苏省立第三师范学校国文教员兼读经科，并兼教务主任。"国文老师钱基博老师（后当大学教授）学问渊博，可是晚上读书至深夜，还研读外文。"（徐滋：《忆母校》，引自傅宏星：《钱基博年谱》，华中师范大学出版社，2007年，第47页）钱基博出任其中《文学月刊》和不定期刊物《思潮月刊》的主编，曾介绍钱穆前来任教。钱穆忆称："全校应有国文教师共四人。余应聘时，四年级国文教师为钱基博子泉。余之去三师，即其所介绍。子泉提倡古文辞，负盛名。曾私人创一定期刊物，忘其名，按期出一纸四面。余读其创刊，即投稿解释易坤卦直方大三字，获载其第二期。"（钱穆：《八十忆双亲　师友杂忆》，生活·读书·新知三联书店，1998年，第127页）"国故论衡"栏目先后载有钱穆《与子泉宗长书》，伍叔傥《中国古诗人对于和平之呼吁声》，陆仁寿、钱松岩、江源岷《读易阐微》，钱基博《论语"士不可以不弘毅"章今诂》《我之读经教学之旨趣及学程》《孔道真诠谈》，顾实《与钱子泉论春秋左氏传通考书》等。

有学生提出"无书可读"的疑惑，钱基博批评只是"不知何书可读及书之如何读"。遂用十二日，提出一份书目，计有郑樵《校雠略》《四库书目叙》、章学诚《校雠通义》、曾国藩《圣哲画像记》、黎庶昌《周以来十一书应立学官议》、郑孝胥《读书浅言》、沈同芳《经史国文补习科答问》《昂特鲁博士之读书法》、胡适《一个最低限度的国学书目》、梁启超《国学入门书要目及其读法》、徐剑缘《评胡梁二先生所拟国学书目》。有言读书法，亦有言校雠，学生仍不知所措。钱基博不得不以经史子集为例，提供最低限度书目及其读法，并解释道：

> 夫所谓群书之要者，近儒胡适所谓"最低限度的国学书目"也。虽然，最低二字，殊亦未易论定。胡氏所云，或为大学而发，本校诸子，已有仰之弥高之叹。博在本校言本校，卑之无甚高论，就国文言国文，所志有其专鹄。盖要之中，有其最要者焉。最低限度之下，又求低焉。于经曰《四书》，于史曰《通鉴辑览》，于子曰《诸子文粹》，于集曰《古文辞类纂》，则庶几要之又要，低无可低者也。（《三师群书治要叙目》，《无锡新报·思潮月刊》第 16 号，1923 年 12 月 16 日，第 1 版）

钱基博有中西融合的思想，但入古太深，实践中温故为主。本年，北京政府教育部通令国民学校教授语体文。时任无锡县署三科（即以前学务课）科长的钱基厚，草拟了一份致江苏省教育厅长的呈文，提出无锡国民学校教授语体文的暂定施行办法。作为其中的一项措施，乃兄钱基博编著的白话文教材《语体文范》由无锡县公署三科于本年7月出版发行，引发了钱基博与裘可桴的两次书信往还和文言白话问题的论战。裘可桴函称：

> 篇篇都好，但都是用文章家眼光去选的，所以你的批评，都是文章家的批评，你对于社会上说语体文容易做的人，很不以为然。对于教育部改用语体文的部令，及大学堂内一般学者，和现在几个有名的白话文家，你更加不以为然，词气间时时露出愤愤不平的态度来。（裘廷梁：《与钱子泉书》，傅宏星编著：《钱基博年谱》，第55页）

陈澹然致函钱基博，则谓："近时以白话为文，于鄙志殊异。足下才能入古，何乃效之？孔子有言：'言之不文，行之不远。'过求深古，诚非所宜，故流浅俗，亦乖大雅。质之君子以为何如？鄙人有言：文非经世，不足言文。言而不文，终难永世。"（陈澹然：《与钱子泉书》，傅宏星编著：《钱基博年谱》，第56页）

钱基博复信裘可桴称，"我数十年来，就是最近新文化呼声日高的二三年，治中国古代的经部子部，自信确有心得，不但不是现在一般'抱残守缺'的国粹先生们所能梦见，也与康南海、章太炎和胡适之许多新国故家的阐发不同"。从前没有理会中国古代学说的真价值，原因一是："古人著书，原是自道他经历世途的感想。我从前涉世太浅，所以没有亲切的体会。"二是："西洋的历史哲学、伦理哲学，我从前的研究功夫也还不够，没有参互比较的材料。"现今大不同，原因亦有二，一因"总算略尝世味，所以旧书重温，得着我许多现实的涉历做参考"；二因"治西洋的历史哲学、伦理哲学，功夫也比从前进了，有了许多参互比较的材料；因此格外显得出中国古代学说的真价（值），所以我'信而好古'的情绪一天浓挚似一天"。"'信而好古'的思潮是和现在新潮澎湃一同起的"，决不像一般国粹老先生。"社会普遍一般人用的文言也与国粹无干，不过是人生一种应用技能。然而要教我学您老人家一样迷信语体文，我却也办不到。"（《复裘保良先生》，傅宏星编著：《钱基博年谱》，第 55—56 页）

钱基博编辑《语体文范》，虽说抱定"知我罪我，任人评说"之志，但仍不免处于两难境地：求新者不以为是，守旧者亦以为非。在当时的历史情势下，钱基博努力寻求一种照顾新旧文言的学术规范，的确是一件很困难的事情。（陈澹然：《与钱子泉书》，傅宏星编著：《钱基博年谱》，第 56 页）

△　钱基博《我之读经教学之旨趣及学程》一文，针对张东荪《读经问题与国文教授》"诋毁读经而发"，旨在阐明读经教学几经修整，自信非"随便乱读"，从而"为吾国国故学者如张君所称太炎、任公诸君子者，稍分涓滴之劳"。

钱基博自入江苏省立三师，即以本科一年级国文教员身份兼读经。"其时高级同学请加入旁听者十六人，以听者之醰醰有味，而基博因亦娓娓不倦。"面对外界有关该校读经科程的质疑，钱指出读经教学并非如张东荪所说"国文教授之容纳古典"而已。师范学校读经的法律依据是，民国元年教育部令第三十四号，民国六年修正的《师范学校规程》第二十八条（规定预科及本科第一部各学科目）、第三十一条（规定本科第二部各学科目），皆规定有读经一科。"经"本训"径路"，圣贤相传之法言，与今人以共由者，遂谓之"经"。"师范学校之读经，其旨趣与大学文科之治经不同。盖大学文科治经之所以，在讲学，在董理国故，而师范学校之读经，则重经世，重修养人格。"即"在讲明吾国古先哲相传人伦道德之要，尤宜注意于家庭社会国家之关系，以期本经常之道，适应时势之需"。

新文化运动以来，国粹与欧化对立之声再起。言国粹者主张存古以正人心，息邪说，言欧化者则批评为守旧、锢蔽青年之耳目聪明。世间本无绝对可读之书，亦无绝对不可读之书，要视教之读者何如。据孔子"温故而知新"之见，则"未能继承，已思创化，祛理知而言直觉，超现实而骛玄想，浮谈无根，等于说梦，此大蔽也！至以读经为存古，则又拘虚之见，而未能游于方之外者。""其实国之粹与不粹，尚视今人之奋发自力，匪可借古人以撑门面。苟今人不自振奋，而徒诵习孔子孟子之言，曰：'我保存国粹也。'是则老子所谓'子所言者，其人与骨皆已朽矣！'何国粹之有焉！"（钱基博：《我之读经教学之旨趣及学程》，傅宏星编：《大家国学·钱基博卷》，第70—86页）

10月17日 周作人借由罗素来华讲学引起的中西文化论争，批评保存国粹之说。

此事缘于罗素演讲中，屡次建议中国应在学习资本主义及工业化的同时，保存固有文化，与新文化运动相悖，引起争议。10月14日晚，江苏教育总会、中华职业教育社、新教育共进社、中国公学、《时事新报》《申报》、基督教救国会七团体在上海举行欢迎罗素宴会，赵元任担任翻译。主席沈信卿致欢迎词时，提及罗素"必能大有造于中国者"，除了"学说上之价值以外"，尚有"中国旧学说"和"改造社会与思想"两点。罗素即席演说，围绕"改造"二字展开，表示当今世界都需要改造，不独中国，欧洲亦然。提醒中国人不能剽窃欧洲近代"不纯正"的基本思想，如资本主义的自私自利和纯粹物质文明的生活态度，以免重蹈欧洲覆辙。"中国固有之文明，如文学美术，皆有可观，且有整理保存之价值与必要。"（《沪七团体欢迎罗素记》，《晨报》，1920 年 10 月 16 日，第 3 版）

据《申报》报道，罗素演讲谓中国现在处于过渡时代，在华未久，尚不能知何为中国急需，只能讨论欧洲改造时代所需，大约亦将为中国所需。晚近欧洲思想，多激烈破坏及纷乱状态，导致大战，中国殊不宜学之。

夫中国古代有甚好之文明，及今中国国民尚谨守之。凡中国人之一举一动一事一物，未受欧化之影响者，均有至可羡爱之处，此皆中国固有之国粹也，不宜弃之。虽然，一国欲富强，必须提倡实业及物质之文明，惟其代价不宜过高，若过高，则一国之根本损失，而国不能与之俱存。中国有如许之文明，际此过渡时代，亟宜谨密，庶不致有倾覆之虞。

《申报》概括罗素"演说之精义"，为"中国宜保存固有之国粹"。（《各团体欢迎罗素博士纪》，《申报》，1920 年 10 月 14 日，第 3 张第 10 版）

罗素认为，人类具有创造和占有两种冲动。欧美产业发达，个人占有权力财力达到极点，产业制度的不良产生种种流弊，使人类天性处处受到拘束和刺激。10 月 15 日，中国公学单独开会欢迎，罗素发表题为《社会改造的基本原理》的演讲，提及欧洲自从最近百年以来，各种潮流，经试验结果，竟全失败。现在不得不要求另外一种原理做基础，以图改造。近来各国讨论本问题的虽很多，但皆一面之词，不能成为改造的原理。欧战停止后，若不能另开新局面，人类断无好结果，故发现改造原理，尤为切要。至于与改造相应而生之建设，谈者虽多，绝少价值。"求之古人，则中国的老子所谓'生而不有，为而不恃，长而不宰'，最有价值。今天所说，便以此意义为根据。"世界再生再造的希望，就在于鼓吹创造的冲动，减少占有的冲动。将来中国实业必然发达，希望不要步欧美后尘，产生种种社会流弊。"鄙人初来中国，觉得种种事情，都有兴味，而对模仿西方之各种事象，终觉得可厌。若中国将来因发达产业而使固有之审美上精神上有价值的事事物物，逐渐丧失，实觉可惜。"（《罗素在沪之讲演》，《晨报》，1920 年 10 月 17 日，第 3 版）在离开中国之后的一次谈话中，罗素又批评中国学生界于"智识饥荒"中"深慕西方文明"的怪象，提醒："余意中国最切要者，不在西方文化吸收，反在东方旧有文明之复兴。中国学术远在二千〈年〉前，已经灿然大备，若加以整理，使之复兴，即影响世界，极为伟大，最后中国将为世界文化之中心。"（《罗素之中国文化观》，《亚洲学术杂志》第 2 期，丛录）罗素在华强调中国珍视旧文明的观点，后来写入《中国问题》一书，名为注重"文化独立"。（［英］罗素著，秦悦译：《中国问题》，学林出版社，1999 年）

罗素的上述言论，引起中国知识界的不同解读与回应。周作人提醒，罗素来华"第一场演说，是劝中国人要保重国粹，这必然很为中国的人上自遗老下至学生所欢迎的"，其实只是"主客交际上必要的酬答"。周作人认为，中国古时如老庄等的思想，的确有很好的，但至今已经断绝，现在共和国民已经不记得什么"长而不宰"，而怀抱尊王攘夷思想。"国粹实在只是一种社会的遗传性，须是好的，而且又还存在，这才值得保存，才能保存。"中国国民性除了尊王攘夷，即复古排外思想外，实在没有什么特别可以保存之处。几部古书虽有好处，在不肖子孙眼里，只要白纸上写的黑字，蛀烂原是可惜，教他保存，不过装潢放在书架，灌不进脑里。或至教他保重老庄，他却将别的医卜星相的书一起保存，老庄看不懂，医卜星相却看得"滋滋有味"，以为国粹都在这里。中国人喜欢泰戈尔的原因是，泰戈尔主张"东方化"，以与"西方化"抵抗，典型反映出中国人懒惰、害怕改变，复古排外的特性。"罗素初到中国，所以不大明白中国的内情，我希望他不久就会知道，中国的坏处多于好处，中国人有自大的性质，是称赞不得的。"强调："我们欢迎罗素的社会改造的意见，这是我们对于他的唯一的要求。"（陶然：《罗素与国粹》，《晨报副刊》，1920年10月19日；仲密：《罗素与国粹》，《晨报》，1920年10月19日，第7版。陶然、仲密皆周作人笔名）

张申府指出，罗素来华之后，中国人对他有三个误解，其中之一即"罗素第一场演说，有提倡保存国粹的话"。张申府致函《时事新报》，批驳《申报》所载"保存国粹"说，违背罗素原意，盖其重点强调创造的新精神，勿抄袭人家。此外，便是望中国人多多在精神方面注意。

他固然主张——早就这样主张——中国的美术上，很有些好的地方，为西方商贾主义过胜的社会所不能有的，希望中国不要把他丢掉。但这不是无别择的话，岂可浑而言之曰"保存国粹"？由"保存国粹"四个字的寻常联想，把此四个字加在最注重创发的罗素身上，吾很恐不但诬了罗素，并要误尽苍生！（皓明：《国人对于罗素的误解》，《晨报》，1920年10月20日，第7版）

曾在上海罗素演讲现场听讲的陈独秀，在宣扬社会主义的同时，批评上海资本主义文化的肤浅、虚弱，除了"龌龊分子"以外，"好的部分"也充满了戴季陶所谓"曼且斯特的臭味"。"诺大的上海竟没有一个培养高等知识的学校，竟没有一个公立的图书馆，到处都是算盘声铜钱臭。"近来更加进"拜金主义的国里纽约的臭味"，表面上"大时髦而特时髦"，实质上"分明是不过为自己为资本家弄了几个铜钱，而偏偏自谓是在中国实业上贡献了许多文化。"

杜威、罗素来了，他们都当做福开森、朱尔典、拉门德一样欢迎，而且引为同调（硬说罗素劝中国人保存国粹），大出风头（屡次声明罗素是某人请来的），但是杜威反对形式教育的话和罗素反对资本主义的话，他们都充耳不闻，却和杜威、罗素这班书迁子谈起什么中美中英邦交问题来了。（独秀：《三论上海社会》，《新青年》第8卷第3号，1920年11月1日）

有人不以为然，指出即使从社会改造家如罗素等人的角度来说，保存国粹和改造社会并不相反而实相成。社会不能改造的原因在于没有保存国粹，如果中国设立历史博物馆，使国人参观知道人类进化的天性，看出种种进化的形迹，绝不会再发背时的谬论，希求倒退，反而只知往前进步，努力改造。国粹好坏的标准若以时代眼光为标准，因时代变换而眼光不同，等于失去标准。"所以用科学的态度保存国粹，断不能存一点是非善恶的意见，只能认定国粹的范围"，"尽量的搜求、研究、分类、保存"。就此而论，小脚与老子的学说、鸦片烟具与《四库全书》，都有可资研究的同一价值。保存国粹不一定只是中国人的责任，由世界他国的人来保存中国国粹的效果更好，因为本国人难免"骄傲"和"勉励"的性质，他国人反而能用"绝对的客观"态度得其真面目。

　　总括一句，国粹是应该保存的，但保存者不必限于中国人。因此中国人同时也有保存他国国粹的资格。改造社会家的所谓保存国粹，注重在保存这个字，与眼前的应用毫无关系。中国人要是误解了，便是自己寻苦！（F.L.:《改造社会与保存国粹》，《晨报》，1920 年 10 月 19 日，第 7 版）

也有人受罗素演说的影响，支持整理国故。著名记者徐凌霄云：

　　罗素之演说，极以优美中国之文艺，受欧化之影响而大遭摧残，为可痛惜。某青年聆之而憬然大悟，宣言有整理国故之必要。且将发行一种日刊，以资宣导。惟其旨趣，与刘师培等之食古不化，置文艺于死地者有别云云。

　　五四前编辑《京报》副刊《小京报》，当时新旧之争初起，友人"重远""毓璜"刊文攻击"新潮"最烈。曾援引蔡元培容纳旧派于北大之成例，然外间颇多误会，以为《小京报》帮忙刘师培、林纾，实则个人意见发表，与报无关。邵飘萍告知，蔡于君素推重，后关于反对新潮文字，宜慎选择，以免误会。"吾又遇蔡于杨震华席上，即向之解释，谓仆之容纳反对新潮文字，犹君之容纳刘师培、辜鸿铭也。若谓帮忙刘林辈，则大误。蔡亦殊了解。""吾非必标举存旧之名，而颇以为中国之文艺，初非可以'死东西'之批评，一笔抹煞，自可渐为有次序之整理，以导之于光明之域，事在人为。吾之意趣，殊方兴而未艾也，乃以触怒鱼行，遽遭横逆，事后思之，有余痛焉。"今岁《京报》复活，扩为两大张，但兴致已衰。旧时同役，一时不易召集，谢去附张编辑之责。"今闻某青年整理国故之言，不觉感念旧事，以新派诸子之勤于研究，敏锐活泼，必能发挥光大，有以慰罗素之惋叹也。"（凌霄：《整理国故》，《晶报》，1921年1月6日，第2版）

10月19日　北京大学研究所发布马叙伦起草的整理国学计划书，阐明北大负有传导外来及世界文明的义务和阐扬本国固有学术以期有所发明的责任，提出具体方法与步骤。[1]

第一次世界大战后欧美学者对中国历史文化的兴趣大增，极大刺激了中国人的民族情感和学术志向。计划书首先表达了担负本国固有学术传承和发扬的使命感：

---

[1] 《北京大学日刊》所载计划书未署名。陈以爱判定为马叙伦起草，但未见提供证据。（陈以爱：《中国现代学术研究机构的兴起——以北大研究所国学门为中心的探讨》，南昌：江西教育出版社，2002年，第65页）卢毅指出，《新教育》（1920年第3卷第4期，第487—492页）刊有同文，署名马叙伦。马叙伦曾任《国故》特别编辑，计划书秉承了其"昌明中国固有之学术"的宗旨。同时又承认固有学术混沌紊乱的判断，不同于张煊，而较接近胡适和毛子水。这在很大程度上说明，关于北京大学国学门的筹建以及将来发展方向，胡适与章门故旧之间已达成了某种共识，并开始携手合作。（卢毅：《整理国故运动与中国现代学术转型》，中共中央党校出版社，2008年，第62—63页）此外，计划书曾刊载于《唯是》，未署名。（《唯是》1920年第3期，附载第1—4页）

本校之旨趣对于世界现在及未来之学术既负传导发明之义务，对于吾国固有之学术亦负阐扬之责任。欧美各国新发明之学术率由其相传之学术阐扬而来，则阐扬吾国固有之学术以期所有［有所］发明，正本校所应负之责任也。近来欧美学者已稍稍移其注意于吾国固有之学术，顾转虑吾国固有之学术无以给于欧美学者之前。何则？吾国固有学术率有浑沌紊乱之景象，使持是以供欧美学者之研究，必易招其误解，而益启其轻视之念，故非国人自为阐扬，必无真相以供欧美学者之研究。故阐扬吾国固有之学术，本校尤引为今日重大之责任。

乾嘉诸老治学与近世科学方法接近，能为后人提供取舍途径，但仍局限于名物训诂，义理未得充分阐扬。

今日科学昌明之际，使取乾嘉诸老之成法，而益以科学之方法，更得科学之补助（整理国学须参科学，使乾嘉诸老而在，亦断然从此。观乾嘉诸老之于天文数理学等可知，晚近能绍乾嘉诸老之学者，莫如俞樾、黄以周、孙诒让三氏，已有此趋向）。

整理中国固有学术分为两个大的步骤：一、整理学术。入手办法是先派人留学，接受西方科学方法，培植整理人才。"盖今日粹于国学之流，往往未涉科学之涂径，使徒守成法以谋整理，其成绩或且不及乾嘉诸老。而治科学者，又率不习于国学，即稍稍问津，而遽以科学方法治之，或不免于郢书而燕说。"为今之计，莫如下列二法。

（一）选派深于国学之教授赴海外留学；（二）选派国学优长之学生赴海外留学。深于国学之教授，既于国学习其途径，使赴海外留学，复习科学之方法，则归而任整理之职，若大匠之治材，未有不胜任愉快者也。惟本校深于国学之教授，不能尽离职务而他往，而任整理之人才，则所需甚多，故必须兼派国学优长之学生，赴海外留学，归而使助教授，或任教授，同谋整理。

二、整理学术材料。即对于丰富的中国古籍进行分类整理，办法包括征书（访书、购书、钞书、拨书、赠书）、编书（择有价值之著作汇编为丛书、仿欧人百科全书之例编一有用之类书、关于古书经清儒研究有结果者编为定本、须特编之书、须改编之书）、辑书、校书（别真伪、正夺讹）、刊书、搜求古器物（考校名物制度，以及借鉴欧美历史学、社会学、地质学以古器物为印证，方式包括收购、购地掘取、求赠）。

这些都是"初步计划"，"其各项办法，亦仅具大概，一俟研究所经费扩充当更详细规划"。（《国立北京大学研究所整理国学计画书（民国九年十月）》，《北京大学日刊》第720号，1920年10月19日，第2—3版；第721号，1920年10月20日，第1—2版）

与此同时，北京大学发布讲授国学课程并附说明书，包括预科国学课程，本科的哲学系课程、中国文学系课程、史学系课程四个方面。后来北大成立研究所国学门，亦以文史哲三系和预科国学教员为主。

预科国学课程有文字学、模范文录、学术文录、中国最近世史。文字学一年讲完，为讲求中国一切学术初基。此特主要讲明六书之大，如声韵纲要、训诂转变方法。模范文录二年讲完，选择历代叙事说理言情最佳作品，学生每月仿此作文一二篇。学术文录二年讲完。录取自上古迄清叙述一代或一家的学术文章，如《汉书·艺文志》《孔子世家》《老庄申韩列传》《孟子荀卿列传》《荀［韩］非子列传》《十二子篇》《庄子·天〈下〉篇》等，使明中国学术大概。中国最近世史一年讲完，讲明中国最近百年史事，使明中国现在大局因果，辅以外国最近世史，使明世界大势。

本科哲学系课程有中国哲学史大纲、中国哲学一（道家哲学）、中国哲学二（宋明哲学）、印度哲学概论、唯识哲学。哲学系分为中国哲学及印度哲学、西洋哲学三部。因为印度哲学自汉以来已早发达，历代传译三藏经典，颇与四库相埒，所以印度哲学与中国哲学可同属于国学。《中国哲学史大纲》一年讲完，此书略分三编，上编自上古至战国，中编自秦汉至六朝，下编自隋唐至明清。哲学有广义有狭义，此从广义，于历代学术源流，无不备举，而于周秦之诸子，晋魏之玄学，六朝隋唐之佛学，宋明之理学，清之经学，述之尤详。道家哲学一年讲完。以《老子》《庄子》为主，教授次序，先绎明二书之训诂，对全部原文融会贯通，次籀系统，以哲学方法编次纲要，使明主旨，并旁及流别。宋明哲学一年讲完。讲明宋明诸子学术派别及传授系统。印度哲学概论、唯识哲学各一年讲完。印度哲学概论讲明印度诸子与中土各宗之流别，及立说要义；唯识哲学为相宗最精之妙论，尤为研究大乘最要之梯航，故特立一科。

本科中国文学系课程有中国文字学、中国文学史大纲、中国古代文学史、中国中古文学史、中国近世文学史、诗史、戏曲史、小说史、杂文之流变、诗、赋、词、曲、史传解诂诸子之文、古籍校读法。中国文学系纯粹研究中国历代文学，不分古今，不立宗派。凡属文学之作，皆在讲授研究之列，以为发扬国华，增进民德之资。中国文字学分四年讲完。凡分音韵、形体、训诂三大宗，音韵又分今纽、古纽，及今韵、古韵。古纽由字母以上求，古经双声古韵由广韵以上求。《诗经》《楚辞》用韵，形体以《说文》为宗，旁参钟鼎、甲骨诸古文。训诂以《尔雅》《广雅》《玉篇》《类篇》等书为宗，讲求训诂，必以音韵明其转变。文字学为研究文学基础，故不厌求详，形声义三部，各编讲义。中国文学史大纲一年讲完，自上古迄清末，分六时代文学，亦有广义有狭义，此从广义。凡旧称经史子集，皆明其派别，详其系统，述其利弊。中国古代文学史自古代黄帝迄战国、中国中古文学史自秦汉迄唐中叶、中国近代文学史自唐中叶迄清末，分三年讲完，所称文学，亦从广义，较为详细叙述各代文学源流派别。诗史、小说史、戏曲史，此系新制，置于中国文学史大纲之后，分三年讲完。小说为周代九法之一，戏曲为乐府苗裔，皆与诗同其性质。此从狭义文学，即纯文学。杂文之流变，一年讲完。凡文诰、公牍及一切酬酢之文，前代皆冒称文学，实则书记之任，为文学之别流。然古今之流变，亦各有不同，明其流别，述其迁变，可明了利病。诗、赋、词、曲，分四年讲完。此四种从狭义文学。诗则包括《诗经》与《乐府诗集》，及汉魏迄明清诸名家之诗。赋以《楚辞》及汉魏诸名家为主，唐以下律赋不取。词以唐五代两宋为主，元明清略采取其精者。曲以元明清之南北曲最有寄托者为主，淫滥而无所指归者不取。史传解诂诸子之文，二年讲完。六经皆史也，经即包于史传之内，此种文章，包蕴甚广，自《尔雅》以下及两汉，有清解经诂史之文，皆朴实而有理。诸子之书，虽不以能文为归，然皆自成一家，各有独到之处。凡此种文，皆择其精要，明其艺术，即从广义文学。古籍校读法，一年讲完。古书难读，在于不明流别、不明训故、不明制度、不明错误，此则讲明校雠流别方法，假借训故之方与夫考证之道。校勘之术，皆汉儒清儒治经之家法，而讲叙有条，使学者得读古书之一助。

本科史学系课程有中国通史、中国上古史、中国中古史、中国近世史、西周史、战国史、秦史、中国学术史、中国法制史、中国经济史、中国财政史、中国美术史、中国文学史、中国哲学史、中国史学概论、金石学。史学系分中国史学及外国史学两部，中国史属于国学。中国通史，旧班使用，分三年讲完。以中国旧法之分类法编纂，不以时代相次。中国上古史、中国中古史、中国近世史，新班使用，分三年讲完。盖史学以时代相次，能明其因果，此乃应用科学方法整理史学。西周史、战国史、秦史为研究课程。中国自汉以降，每朝各有断代史，而秦以前则无。中国一切学术政事风俗皆渊源于周代，而周代仅春秋时有编年体的《春秋左氏传》，首尾完具，事迹详备。西周战国，并此无之，唯秦亦然。西周政治，战国学术，秦改封建为郡县制，皆于后世有莫大影响，故先整理此三史，以为编纂上古史基础。盖此三史颇与西洋之希腊史、罗马史有同等之声价，具独立之资格。中国学术史，旧班使用，原定一年讲完，后以学术范围甚广，展限至三年讲完。新班已将中国学术史课程废去，改授中国哲学史、文学史、美术史。盖学术范围甚广，一人不能兼精，故分为三，使各专门家分任编纂。中国哲学史、中国文学史、中国美术史，各一年讲完。哲学史隶哲学系，文学史隶文学系，美术史隶史学系，唯史学系学生必须兼治此三种。中国法制史、中国经济史、中国财政史，各一年讲完。法制史与法律学系合班讲授，经济史、财政史与经济学系合班讲授。中国史学概论，一年讲完，说明中国史学源流变迁，及编纂方法，并评论利弊。盖撷取《史通》《文史通义》之精华，组织稍有系统，并与西洋史学比较，使研究史学者可所取资。金石学，一年讲完。中国钟鼎彝器甲骨碑版文字，大有裨助史学。此学浩如烟海，提纲挈领，成为有系统之组织，以为史学之补助科学。（《国立北京大学讲授国学之课程并说明书》，《北京大学日刊》第720号，第3—4版；《国立北京大学讲授国学之课程并说明书》单行本，1920年10月）

这份计划书包含比较浓厚的"国粹主义"色彩，反映出北大章门弟子在国学研究上最初是以马叙伦为合作对象，但遭到痛恨"国粹主义"倾向的钱玄同、鲁迅等人的抨击。1920年8月8日，钱玄同致函周作人，猛烈抨击马叙伦，内云不相信马叙伦的《庄子义证》比胡适的《中国哲学史》好，做骈体文的人的见识比偏重英文的人的见识高。8月16日，钱玄同在致周作人的信中，又谓佩服胡适"治学的条例，看书的眼光"。"若说美国派，纯粹美国派固亦不好，但总比中国派好些。专读英文书，固然太偏，然比起八股骈文的修辞学来，毕竟有用些。我以为'国故'这样东西，当他人类学地质学之类研究研究，也是好的，而且亦是应该研究的；不过像《读书小记》（马叙伦所作——引者）一类的研究，简直可以批他两个字曰Fang p'ee（因为他不是研究，是崇拜也——原注）。我近来对于什么也不排斥（因为我自己太无学问也），惟对于'崇拜国故

者'，则认为毫无思想与知识之可言。虽著作等身，一言以蔽之曰
P'eeHwa而已。"（林辉锋：《马叙伦与民国教育界》，北京师范大学出版社，
2010年，第113—115页）

10月28日　顾颉刚与胡适通信讨论清代史学成绩，认为章太
炎学术思想的首要贡献为标举"整理国故"旗帜。

顾颉刚五年前曾写《清代著述考》，梳理清代学术系统的关系，
认为胡适关于清学极盛时期，汉学家专断，思想锢蔽，无甚可记的
判断，仅适合经学，史学实在有进步。考证补辑史书之外，主要是
学术分类从书籍分部转向内容区分。章学诚及《文史通义》"是很
好的一部史学研究法"，远非刘知幾《史通》只讲老式"作史的方
法"所能及。胡适倡导整理国故后，顾颉刚亦发现章学诚的学术思
想与"科学史学"相通。

> 从前的时候，看学术的分类，便是书籍的分类；书籍的分
> 类是经史子集，所以学术的分类也是如此；都看作很固定的。
> 自从章氏出来，说"六经皆史"，"诸子与六经相表里"，"文
> 集为诸子之衰"，拿隔人眼目的藩篱都打破了，教学者从他们
> 的学术思想的异同上去求分类，不要在书籍形式去求分类，这
> 在当时实在是可惊的见解。这不能不看做清代史学特别发达的
> 结果。可惜那时学者为琐碎的考证束缚住了，不能懂得他的意
> 思，所以那书虽是刻了，竟无声无臭了近一百年。直到欧化进
> 来，大家受了些科学的影响，又是对于外国学术的条理明晰，自看
> 有愧，发生了"整理国故"的心思，始由章太炎先生等大昌其学。

（顾颉刚：《顾颉刚书信集》第一卷，中华书局，2011年，第283—284页）

　　从科学史学角度看，梁启超出于门户之见，叙述章太炎的学术思想及其影响过于简略。总结章太炎学术思想贡献主要有三："明白标出'整理国故'的旗帜"；"集音韵学之大成，促注音字母的进行"；"对于今文学派的狂妄加以攻击：这里边固然也有门户之见，但若不经他这么一来，孔教真要定做国教，流行的程度也必然比现在利害；康有为、廖平的著作，未始不是汉代的谶纬了"。（顾颉刚：《顾颉刚书信集》第一卷，第284页）

　　所谓章太炎有古今文门户之见，集中体现在虽然"薄致用而重求是"，"但他自己却不胜正统观念的压迫而屡屡动摇了这个基本信念"。章太炎在经学上，是一个纯粹的古文家，有许多在现在已经站不住的汉代古文家之说，还要弥缝。在历史上，宁可相信《世本》的《居》篇、《作》篇，却鄙薄彝器钱物诸谱为琐屑短书，更一笔抹杀殷墟甲骨文字，说全是刘鹗假造。说汉、唐的衣服车驾制度都无可考，不知道这些东西在图画与明器中还保存不少。在文学上，虽是表明"修辞立诚"，但一定要把魏、晋文作为文体正宗。在小学上，虽是看言语重于文字，但声音却要以《唐韵》为主。"在这许多地方，都可证明他的信古之情比较求是的信念强烈得多，所以他看家派重于真理，看书本重于实物。他只是一个从经师改装的学者！"（顾颉刚：《古史辨自序》上册，河北教育出版社，2000年，第43页）

　　△　北京大学遵令向教育部检送国学讲义及二十七种出版品各一份。（《函府院秘书厅检送北大国学讲义及出版品》，《教育公报》第7卷第12期，1920年12月20日，公牍）

　　9—10月　章太炎在湖南第一师范学校演讲《研究国学的途径》，主旨是阐述经史子和小学为国学主体及其方法，治学须明大体的意义。①

　　本次演讲初衷，是回应有人提倡"新文化"，及其与"旧文化"的调和问题。由晚清以降湖南的文化调和性带出，谓："湖南本来是一个讲理学的地方，自清初以至道光，理学都很盛。后来出了魏默深等讲汉学，洪、杨以后，汉学渐次发达，可见湖南从前文化上是调和的。"（章太炎讲演，夏丏尊记录：《研究中国文学的途径》，长沙《大公报》，1920年10月27日，第9版）接着指出现代学校制度导致学问不可能专精且无用之弊，阐述讲求大体的必要性。

　　　　近来有人对于古学，嫌彼烦琐，我对于这层，也曾很加研究。近来学问，不能求深，要想像前人的专精一种，实在是不可能的事。我最初专攻汉学，不求科举和别的职业，偶然也做过教师。当时对于学问，总求精奥，后来觉得精奥也无甚用，就讲大体。对于前人所未发明的，虽然也曾加以发明，但琐碎的是总不讲了。人各有志，愿意专攻哪一门，本来很好；至于现在的学校中，科目很多，要讲各科调和，当然就不能专精一门。不过学问的大体，却不可不知。不知大体，虽学也等于不学。近来各科教科书，都不适当。编书的人，对于学问自己也无头绪，不能提纲揭领，专举些琐碎的事。这种教科书，学了有甚么用处？有人说，中国旧学无用，像这种教科书中所讲的学，当然无用。所以做教师的宜在教科书外指导学生，学生也

　　① 长沙《大公报》和《宗圣学报》，1921年第3卷第2号所载题为《研究中国文学的途径》，内容相同。《民国日报·觉悟》所载为夏丏尊记录，从内容与主旨看，《研究国学的途径》之题似更合章太炎本意。

要自己多方参考，务必要求得学问的大体。（章太炎讲演，夏丏尊
记录：《研究国学的途径》，《民国日报·觉悟》，1920年11月4日，第2页）

当然，学问的大体仍从琐碎中来。章太炎肯定以清代考证学为
主的"古学"琐碎，学问大体仍由此显现。最紧要者分为经、史、
小学、诸子，借鉴清代古文学家方法，治法依次如下：一、经。清
代分别古文、今文两派，较前易得"系统"。"古文是历史，今文是
议论。"故应如"古文家将经当历史看，能够以治史的法子来治经，
就没有纷乱的弊病"。二、史。当今学校读史，多做空泛议论，并
不得法。宋儒史论仅为干禄，不切实际。读史应重制度，必须读完
《资治通鉴》《通典》《通考》，仍要选择，如五行、天文等类，用处
很少。至于兵制、官制、食制、地理等重要门类，应该熟览详考。
三、小学。似非有师指导不能入门的学问，其实可观的小学著作也
没几种。现在讲小学的方法有弊病，声音、训诂、形体，都是小学
之一部分。近人不重声音、训诂，专讲形体。应用的字已达三千以
上数目，专从形体上去求，实太琐碎。从音训上去学，方得系统。
"文字原是言语的符号，未有文字以前，却已有了言语，这是一定
的道理，不会错的。凡声相近的，义也相近。"四、诸子。"原来我
国的诸子学，就是现在西洋的所谓哲学。"中西仍有根本区别。从
起源上看，"外国哲学是从物质发生的"，"所以很精的"，而"中国
哲学是从人事发生的"，"于物质是很疏的"。从功能上看，

人事原是幻变不定的，中国哲学从人事出发，所以有应变
的长处。但是短处却在不甚确实，这是中外不同的地方。于造

就人才上，中胜于西；西洋哲学，虽然从物质发生，但是到得程度高了，也就没有物质可以实验，也就是没有实用，不过理想高超罢了。中国哲学由人事发生，人事是心造的，所以可从心实验。心是人人皆有的，但是心不能用理想去求，非自己实验不可。中国哲学就使到了高度，仍可用理学家验心的方法来实验；不像西洋哲学始可实验，终不可实验，这是中胜于西的地方。①

其时章太炎已弃印度哲学及佛家学说，故谓印度哲学如西洋哲学。"我从前倾倒佛法，鄙薄孔子、老、庄，后来觉得这个见解错误。佛、孔、老、庄所讲的，虽都是心，但是孔子、老、庄所讲的，究竟不如佛的不切人事。孔子、老、庄自己相较，也有这样情形，老、庄虽高妙，究竟不如孔子的有法度可寻，有一定的做法。"汉宋比较，则倾向于汉学，而宋学之"程、朱、陆、王互相争轧，其实各有各的用处"。"中国学问中最要紧的就是这几种。此外，虽然还有许多门类，但不是切要的。"不点名回应胡适关于国学没有条理系统之说："能照上面所讲的做去，就可晓得中国的学问并非无用。近来有人说中国学问无用，却不足怪。因为他们并不曾有系统的研究，于中国学问，当然茫无头绪。倘然茫无头绪去做，

---

①　关于中西学术的差异，章太炎上年在致吴承仕函中亦指出："季刚寄来《国故》月刊，见足下辨王学数条，甚是。大抵远西学者，思想精微，而证验绝少。康德、箫宾开尔之流，所论不为不精至，至于心之本体何如？我与物质之有无何如？须冥绝心行，默证而后可得，彼无其术，故不能决言也。陆王一流，证验为多，而思想粗率，观其所至，有绝不能逮西人者，亦有远过西人者，而于佛法，终未到也。"（《与吴承仕论哲学书》，原载《国学扈林》创刊号）

就是多读书也本来没用的。"当然，求大体的方法只是"应急法"。"若在百年前五十年前，却不应该这样讲，但是现在却不能不这样讲，因为已经很急了。"（章太炎讲演，夏丏尊记录：《研究国学的途径》，《民国日报·觉悟》，1920年11月4日，第2—3页）

10月 中华圣教总会附设国学征文社，以征求海内外文人发挥中国固有词华，保存数千年来国粹，以期风俗人心，日趋正轨为宗旨。

征文旨趣是：

> 盖闻枕经胒史，代有通儒，扢雅扬风，世传盛轨。我中国文明孕育垂五千年，炳炳琅琅，缵承勿替。慨自欧化东渐，戾言日出，矜奇吊诡之士，犹复鼓簧异说，歝彝伦常，蔑古荒经，祸伊胡底。同人有鉴于此，特设国学征文社，为保存国粹之先河，分季命题，体不拘夫一格，论文颁赏，才务取其专长。呜呼，斯文未丧，庶希一线之延，吾道犹行。盍绍千秋之业，是尤本社所厚望焉。

国学征文社以"征求海内外文人，发挥吾国固有词华，保存数千年来国粹，以期风俗人心，日趋正轨为宗旨"。总会计划递年分季命题，每季之始，命题一次，题目刊登《乐天报》内，限季钞截卷。海外投卷须预期付寄，收到时以邮局戳记月日为凭。每次命题分为经义、时论、史论、词章四类。每课任作一艺为完卷，多作亦听，不收卷资，请自备普通有格作文纸，用楷书誊正，卷面须记暗码，毋庸填注姓名。《乐天报》每期均有投卷券，刊印报内，投卷须将该券剪出，在券上填注姓名住址，浮黏卷面寄来，以符定式，违式自误。各卷命意应以不背孔教范围为主，如议论纵横，有类邪说，文虽极佳，概不取列。每次佳卷均送国内著名师儒评定甲乙，遗卷恕不发还。每次课艺取列等第名次，均无定额，视佳卷多少以为标准。每次课卷均于截止后一月揭晓，刊登《乐天报》内，并具奖品，以酬雅意。每次奖品揭晓后，即行颁发，获奖者须凭暗码领取，如属海外，将设法邮寄。每次奖品俱量力酌送，欢迎热心君子加奖品物，并登报鸣谢。第一场冬季课经义题"无为其所不为无欲其所不欲义"，时论题"欲正人心先端风化论"，史论题"孔子诛少正卯论"，词章题"松柏后凋赋"（以松柏后凋为韵）。（《中华圣教总会附设国学征文社简章》，《中华圣教总会乐天报》，1920 年第 13 期）

第一次国学征文佳卷含经义题、史论题、词章题，时论题收卷太少，暂不平列。经送呈区大典评阅，每题前列廿名姓氏、里居、奖品如下表 3。（《启者本会附设国学征文社第一次佳卷送呈区大典太史评阅谨将每题前列廿名姓氏里居奖品刊列于下》，《中华圣教总会乐天报》，1922 年第 31 期）

表3　中华圣教总会国学征文获奖名次表

经义题			
名次	姓名	里居	奖品
第一名	陈维信	香港文咸东街福华公司	银花瓶一对，《乐天报》二十四期
第二名	梅鞴	广州市长堤中国银行内国库股	银花插一对，《乐天报》二十四期

续表

名次	姓名	里居	奖品
第三名	钟道炯	广州市南关水母湾继昌学校	银笔一对,《乐天报》二十四期
第四名	邓正元	英德劝学所	银笔一支,《乐天报》二十四期
第五名	何世义	饶平县南门外塘心乡六世祖祠善庆堂	银笔一支,《乐天报》二十四期
第六名	何世德	饶平县南门外塘心乡六世祖祠善庆堂	《乐天报》二十四期
第七名	黄齐一	香港上环海旁其昌盛四楼	《乐天报》二十四期
第八名	黄伯裒	香港和兴西街二十六号四楼	《乐天报》二十四期
第九名	何世仁	饶平县南门外塘心乡六世祖祠善庆堂	《乐天报》二十四期
第十名	叶近公	顺德勒楼叶西田祠	《乐天报》二十四期
第十一名	何世道	饶平县南门外塘心乡六世祖祠善庆堂	《乐天报》二十四期
第十二名	卢侣卿	香港中环大马路镇隆铜铁店转顺德勒流祥纶布店	《乐天报》二十四期
第十三名	宋庆桂	花县赤泥墟人和堂	《乐天报》二十四期
第十四名	黄肇幹	香港文咸东街福华公司	《乐天报》二十四期
第十五名	凤鸣居士	香港德付道中二百九十二号二楼联胜昌金山庄	《乐天报》二十四期
第十六名	叶杏林	江苏省南京汉西门龙蟠里国学专修馆内	《乐天报》二十四期
第十七名	周芷滨	澳门竹园围九号尚志学校	《乐天报》二十四期

续表

名次	姓名	里居	奖品
第十八名	宋庆辉	花县赤泥塅人和堂	《乐天报》二十四期
第十九名	邝汉章	广州市豪贤街尾新巷九号黄宅转	《乐天报》二十四期
第二十名	王实培	南京汉西门龙蟠里国学专修馆内	《乐天报》二十四期

史论题

名次	姓名	里居	奖品
第一名	黄齐一	香港上环海旁其昌盛四楼	银花瓶一对，《乐天报》二十四期
第二名	吴健	江苏南京国学专修馆内	银花插一对，《乐天报》二十四期
第三名	刘彭龄	平湖纪劬劳学校	银笔一对，《乐天报》二十四期
第四名	杜印陶	福建惠安县东门外为记烟铺转后苏守钦高小学校杜式祈君	银笔一支［对］，《乐天报》二十四期
第五名	崔肇炘	广州市第十甫平安里崔春晖堂	银笔一对［支］，《乐天报》二十四期
第六名	刘彭龄	平湖纪劬劳学校	《乐天报》二十四期
第七名	崔肇祯	广州市第十甫平安里崔春晖堂	《乐天报》二十四期
第八名	黄宗耀	南北行泰升行	《乐天报》二十四期
第九名	吴黑士	香港云咸街七十五号吴昌善堂	《乐天报》二十四期
第十名	梁曙兴	香港云浮会所转	《乐天报》二十四期
第十一名	李大献	香港金鱼塘永顺和	《乐天报》一十二期
第十二名	孔道昌	香港荷李活道二十号二楼	《乐天报》一十二期
第十三名	罗仁则	南海官山新丰街义昌隆洋货店	《乐天报》一十二期
第十四名	林庆余	文昌县抱罗塘罗峰学校	《乐天报》一十二期
第十五名	梁诗兴	香港云浮会所转	《乐天报》一十二期

续表

名次	姓名	里居	奖品
第十六名	赵吉庵	香港中环南兴隆	《乐天报》一十二期
第十七名	张国华	香港德付道粤华隆三楼	《乐天报》一十二期
第十八名	周芷滨	西关洪寿里二巷冯佳记洋银器转	《乐天报》一十二期
第十九名	曾祖鲁	福建惠安城东门外七里崧林铺曾厝乡曾宗程斋中	《乐天报》一十二期
第二十名	林禹平	香港干诺道中一百四十号益和泰金山庄	《乐天报》一十二期

词章题

名次	姓名	里居	奖品
第一名	孙荫贤	广州市十三甫北约八号	银花瓶一对，《乐天报》二十四期
第二名	梁炳常	云浮会所转	银花插一对，《乐天报》二十四期
第三名	钟雨若	广州市南关增沙十五号钟铁铮学塾	银笔一对，《乐天报》二十四期
第四名	云林子	投卷时未列里居	银笔一对，《乐天报》二十四期
第五名	赵匡一	广北京万明路	银笔一支，《乐天报》二十四期
第六名	卢侣卿	香港大道中一百六十八号	《乐天报》二十四期
第七名	黄祐之	广州市旧仓巷七十四号	《乐天报》二十四期
第八名	李乃惠	香港上环永乐街宝兴泰	《乐天报》二十四期
第九名	崔肇炘	广州市第十甫珠巷仁和里十二号	《乐天报》二十四期
第十名	黄雨蕉	梅县南门外安合号	《乐天报》二十四期
第十一名	胡雨川	投卷时未列里居	《乐天报》一十二期

续表

名次	姓名	里居	奖品
第十二名	梁葆宸	香港中环加咸街三十三号地下	《乐天报》一十二期
第十三名	梁珍兴	云浮会所转	《乐天报》一十二期
第十四名	怀古者	云浮会所转	《乐天报》一十二期
第十五名	宋庆桂	花县赤泥墟人和堂	《乐天报》一十二期
第十六名	何瑞庭	广州市十七甫鄞高飞转	《乐天报》一十二期
第十七名	杜印陶	福建惠安县东门为记烟铺转守钦学校	《乐天报》一十二期
第十八名	崔肇麟	广州市第十甫珠巷仁和里十二号	《乐天报》一十二期
第十九名	梁斗初	香山唐家乡第五堡保和堂	《乐天报》一十二期
第二十名	赵吉庵	香港中环南兴隆	《乐天报》一十二期

△　钱玄同致函胡适，批评胡怀琛"知识太浅"，"国故"尤非其所知。

1919—1920 年，胡怀琛在江苏省立第二师范学校、神州女校、上海专科师范等处任教，讲授白话诗文、国文，讲义《白话诗及白话文谈》1921 年由广益书局出版。本年 3 月，胡适《尝试集》出版。4 月 30 日，胡怀琛在《神舟日报》发表《读胡适之〈尝试集〉》一文，就双声叠韵等问题批评胡适的新诗，并动笔为胡适改诗。胡适出面辩驳，刘大白、朱执信、刘伯棠等人参与辩论。这场笔墨官司持续半年多，成为当时文学史上一桩知名文案。（郭甜甜：《胡怀琛年表》，牛继清主编：《安徽文献研究集刊》第 6 卷，黄山书社，2014 年，第 139—140 页）

胡怀琛的文学理念介于新旧之间，同时遭受两派批评。钱玄同致胡适函称："我觉得胡怀琛这个人知识太浅，'国故'尤非其所知，他的话实在'不值得一驳'，大可不必去理他。"（杜春和、韩荣芳、耿来金编：《胡适论学往来书信选》下册，河北人民出版社，1998年，第1114页）

11月3日　中华民国学生联合会总会致函全国教育会联合会，反对浙江省教育会读经提案，主张古学应让专门的国学家研究，提倡注音字母旨在普及教育，无关保存国粹。

浙江省教育会代表何绍韩、李杰、徐晋祺等，[①]前在第六次全国教育会联合会提出读经提案（"各学校利用星期讲授经子建议案"），主张各学校于星期日上午，讲授经子两小时。国民学校授《孝经》，高等小学授小学、《孟子》，中学校、师范学校、甲种实业学校授《论语》《春秋》《左传》，专门学校授《尚书》《周礼》《诗经》，大学校授《大学》《中庸》。部章原定文科哲学门授《周易》《毛诗》《仪礼》《礼记》，文学门授《尚书》《春秋左氏传》等，仍旧。讲授经子，得由教师采摘精华，酌量摘授，其不适时宜不合程度者略之。选用何家注释，或自编讲义，由各校自定。讨论结果，以14对12的多数通过初读会，交付审查，引起学界强烈反对。（《全国教育会中之读经案》，《晨报》，1920年11月5日，第3版）

中华民国学生联合会总会致函全国教育会联合会，表示坚决反对。同时强调：

> "五四"以后，我们学生和时代潮流接触，就知一时代有一时代的学术，一环境有一环境的适应，锁国陋策不能行，新潮的趋势便无可遏抑。即使古学不可废，国粹不可灭，也当照

---

① 《浙学生痛诋教育代表》，《民国日报》，1920年11月5日，第2张第6—7版。

外国通例，让几多学国学家往大学专门科研习。现今大学以下图书室里藏着的经子，正须搬入大学或图书馆收藏。(《全国学生会反对"读经案"的表示》,《民国日报·觉悟》, 1920年11月3日，第4张第1版第1页）

而浙江省教育会违反时代潮流，"竟引丹墨、瑞典大学藏着国文书，来倡议国小以上读经"。学生个人着急学些做人的知识和专业的技术，既反对为军国主义铸造基础的军国教育，也厌弃倾向为资本主义敷设团体的资本教育，何况违反时代的奴隶教育、君臣教育、复辟教育。决不允许你们"妄为"，也不接受"复辟的教育"。(《全国学生会反对"读经案"的表示》,《民国日报·觉悟》, 1920年11月3日，第4张第1版第1页）

浙江学生联合会亦极端反对读经读子案，曾致函浙江省教育会，诘责其为"安福之遗孽"。(《杭州快信》,《申报》, 1920年11月4日，第2张第7版）周予同斥为"返古复辟"，"中华民国教育史上污点"号召浙江省内外和各省区教职员联合反对，主张"一般非宗教派非学究派的研究孔学的，应该用历史的世界的眼光，发表论文，说明孔子学说的真相"。（周予同:《我们对于全国教育联合会的读经案还不下动员令吗?》,《晨报》, 1920年11月6日，第2版）最后，全国教育会联合会于11月2日"公决取消"该案。(《全国教育联合会审查会记》,《晨报》, 1920年11月6日，第6版）

学问精奥无用，乃基于国事维艰的背景而言。五四以后，学生专心读书与弃学从事的两难，也是太炎提倡学问须明大体的原因。稍后他在湖南第一师范另一次演讲求学的时候提到，办事和学问原不相妨。"学问有门径，得其大体，就无碍于办事。倘然琐碎的去求，就是白首穷经，也无补于事的。"提醒只要充分利用学校假期和课外实践，自己研究学问，那么"学容易求"。只是需要晓得门径，善用清人的治学成绩，避免"泛滥和过求精密的毛病"。（章太炎：《论求学》，长沙《大公报》，1920年11月1日，第9版；1920年11月4日，第10版）

11月12日　唐文治辞去交通部上海工业专门学校校长职务后，回无锡定居，不久答应出任无锡国学专修馆馆长。

唐文治辞职一事，记其原因云：

> 自上年学潮后，学风愈觉不靖。余因吾父老病，目疾日深，已先辞工业专门学校职数次，而交通部长迄不允。至十月初三日，余遂决计解职回锡。盖函电交驰，至此凡十次矣。部中派员来留，本校同人来请留者络绎于道，均坚拒之。自问精力日衰，私衷歉仄而已。（唐文治著，唐庆诒补：《茹经先生自订年谱》，沈云龙主编：《近代中国史料丛刊》第三编第90辑，《茹经先生自订年谱》，第79页）

家事与疾病之外，转移学风才是根本考量。唐文治的弟子王震解释道：

> 茹师之辞南大，非为目疾也，假辞而已。当民国八年，五四事起，新文化之势，澎湃旁薄，茹师忧斯文之将丧，急拟专修国学，以存国粹。既得吴江省之施肇曾肩经济之任，当年

总统徐世昌之协助，乃以目疾为名，辞去南大，返归无锡，租屋于锡山之麓之五里街，树无锡国学专修馆之名。并觅地于无锡城内学前孔子庙堂之东，兴建馆舍，时民国九年也。(《凌鸿勋茹经老人记后赘言》，唐文治著：《茹经堂文集》附录六，沈云龙主编：《近代中国史料丛刊》续编第四辑，台北云海出版社影印，1974年，第2431页）

唐文治早有在无锡奉养老父和归老的打算，此前半年也答应出任无锡中学校长，更因为新文化运动展开，西学大潮汹涌澎湃，令其感到中国传统文化受到无情冲刷，为此感到深深忧虑。王芝祥、施肇曾（字鹿珊，号省之，1866—1945）等提议创办国学专修馆，初聘汪伯棠为馆长，汪以事不就。"钱塘施省之先生捐拨经费，创办国学专修馆，延请太仓唐慰芝先生为馆长。"(《本校大事记》，《国专校友会集刊》第1集，1931年6月）当时舆论传闻唐文治以亲老不能离家为词，王、施等遂决定将馆移至无锡开办，且一再函恳。"现唐已允许，刻正筹备一切。惟校址尚未确定，拟先假无锡中学招生考试，定额二十四名，程度以师范生为合格。刻正筹议招生手续。至开课期，大约须在来年正二月间云。"(《唐蔚芝办国学专修馆》，《民国日报》，1920年11月24日，第2张第8版）唐文治虽以亲病目疾辞去南洋公学校长职，但"其提倡国学之志未衰，在无锡唐公馆内设国学专修馆，将亲自讲学"。(《南洋公学消息一束》，《申报》，1920年11月28日，第3张第11版）

唐文治在南洋公学讲读国文、注重经学的教学方式，在无锡国专得到延续和发扬。无锡国学专修馆由施肇曾出资捐助，陆起（原名曾业，字芷勤、勤之，1867—1948）任总干事。唐文治记云：

> （阴历）十二月，钱塘施君省之名肇曾，托友人陆君勤之
> 介绍，属余在无锡开办国学专修馆。定开办费八千元，常年经
> 费每年一万元。余思讲学家居，平生之志，爰订定学规章程。
> 托蔡生虎臣租借锡商山货公所楼房两幢为教室宿舍，地在锡山
> 之麓。即于无锡、上海、南京三处招考，报名者近千人，取定
> 师范生正额二十四名，附额六名。爰宣布讲学宗旨，略谓吾
> 国情势，日益危殆，百姓困苦已极。此时为学，必当以“正人
> 心，救民命”为惟一主旨，务望诸生勉为圣贤豪杰。其次，亦
> 当为乡党自好之士，预贮地方自治之才。惟冀有如罗忠节、曾
> 文正、胡文忠其人者，出于其间，他日救吾国、救吾民，是区
> 区平日之志愿也。（唐文治著，唐庆诒补：《茹经先生自订年谱》，沈
> 云龙主编：《近代中国史料丛刊》第三编第90辑，《茹经先生自订年谱》，
> 第79—80页）

无锡国学专修馆的办学宗旨，借鉴宋明理学中张载《东西铭》、
朱熹《白鹿洞学规》、高忠宪《东林会约》、汤文正《志学会约》等
书院规训，强调“吾馆为振起国学、修道立教而设”，看重“检束
身心，砥砺品行”，视学为“修己治人”之事，遵循道德文章、为
学作人的治学取向。标举躬行、孝弟、辨义为培学之基础，经学、
理学、文学、政治学为读书之要门，主静为治学方法，维持人道和
挽救世风是为学责任，最终达到济世救民、复礼雪耻的目的。（《无
锡国学专修馆学规》，陈国安、钱万里、王国平编：《无锡国专史料选辑》，苏

州大学出版社，2012年，第260—261页；黄汉文：《记唐文治先生》，中国人
民政治协商会议江苏省暨南京委员会文史资料研究委员会编：《江苏文史资料
选辑》第19辑，江苏人民出版社，1987年，第107—108页）据钱仲联说：

> 　　国专创办初的前三届，不称学校，而称"国学专修馆"。
> 顾名思义，国学就是旧时代所称的经、史、子、集，不同于
> 今天大学的中文系的教学内容。名称是"馆"，说明它和一般
> 大专也不尽相同。"馆"的名称，大概是借用晚清同治以来的
> "同文馆"。"同文馆"是学习外国文化的，为官办，而国专则
> 是学习中国文化的，是私立的。（钱仲联：《无锡国专的教学特点》，
> 《江苏文史资料选辑》第19辑，第80页）

　　唐文治的科举同年、时任民国大总统徐世昌承诺襄助，给招生
助益不少。首届学生王蘧常回忆，徐世昌承诺"馆生毕业出路，由
政府安置"。且由施肇曾资助馆生膳书籍及膏火（奖学金），待遇
优厚，均在招生广告载之。名额二十四人，不拘年龄。"父兄立命
报考，我虑其录取不易；即取，又恐引入宦途，有难色。吾父正色
曰：'唐先生天下楷模，汝乃不乐为其弟子耶？毋自误！'不得已，
遂赴考。不料与试者多达一千五百余人，且多斑白者，不觉为之气
短。"（《王蘧常自传》，北京图书馆《文献》丛刊编辑部，吉林省图书馆学会
会刊编辑部：《中国当代社会科学家》第7辑，书目文献出版社，1986年，第
141页）徐世昌"答应毕业生可以到部里任职，或到外省当一名候补
知事，也可以到大中学校教书，因此考生特别多，甚而至于头发斑
白的老先生也去应考"。（王蘧常：《唐老夫子对我的感染》，原载《唐文治

先生学术思想讨论会论文集》，引自刘桂秋《无锡国专编年事辑》，第11页）

另据钱仲联回忆：

> 办学起因是北洋军阀政府大总统、前清翰林徐世昌打算通过该校招收一批旧学根柢较好的学生，为政府培养秘书人才。由于有这样的背景和来头，致使这所小型的私立学校在开办招生时，竟然要在北京、上海、武汉、广州四地设立考场，报考人数乃以千计。（钱仲联著、周秦整理：《钱仲联学述》，浙江人民出版社，1999年，第9页）

11月27日至12月10日，无锡国学专修馆发起人姚济苍、施肇曾、王芝祥、李时品、陆起、叶乐民，在《新无锡》等报上连续刊登招生考试广告称：

> 本馆慨国学之沦胥，伤斯文之失坠，数年而后，恐吾中国人将无复有通中国文字者，世道人心，不堪复问，可痛孰甚。爰于北京设立专修馆，并定先在江苏无锡设立分馆，开办师范班，专以造就国学人才为惟一宗旨。请唐蔚芝先生为馆长，并分请名师教授，所有师范生伙食书籍，由本馆供给，每月膏火视月试成绩以为增减。

据招生简章，首届招生24名，要求须经史略有根底，文理通畅，能作四五百字者为合格。年龄16岁以上，25岁以下。三年毕业，专课本国经学、文学、理学，至第三年习公牍文字。毕业后由本馆派赴各分馆充当教习。考试日期：阴历十二月十九号上午八点半钟。考试地点：无锡在西水关内无锡中学，南京在暨南学校，上海在南洋公学图书馆，同日举行。即在以上三处报名，须附带相片、详细履历。倘须索阅章程，请向以上三处接洽。民国十年一月四号开馆。馆址：租定无锡惠山五里街山货公所。（《国学专修馆招考师范生》，《新无锡》，1920年11月27日，第1版，转引自刘桂秋：《无锡国专编年事辑》，第12—13页）

报载施省之"为培植寒畯起见"，优给膏火。考试成绩较优者每月可得10元，计每年可得百元，较次者每年可得数十元。以资赡家，俾诸生无内顾之忧。唐文治拟增设旁听生8名，作为附课生，以广造就。"惟此项附课生，虽偕同月考，而书籍膳宿须自备，且不支膏火云。"（《国学专修馆成立》，《新闻报》，1920年12月1日，第2张第2版）12月4日起，《申报》连续七日登载招考广告。内容与《新无锡》所载相同。（《国学专修馆招考师范生》，《申报》，1920年12月4日第3版、5日第3版、6日第1版、7日第2版、8日第2版、9日第2版、10日第3版）

刘桂秋据招生广告，《新无锡》，1920年12月2日第3版《国学专修馆成立续闻》所载唐文治致江苏省省长齐耀琳函内，有"兹有京中同志施君肇曾、王君芝祥等发起国学专修馆，设立总馆于北京，先在无锡设立分馆"等语，以及李尧春《唐文治和无锡国学专修馆》一文中透露，"起初所拟计划相当大，拟设总馆于北京，逐步在各省设立分馆，后因唐文治已在无锡安家，双目失明，行动不便，不想去北京，于是先在无锡设馆（北京总馆内贮藏不少宋明版书籍，后来有部分运到无锡）"，判断后来"逐步在各省设立分馆"的计划未能付诸施行。（刘桂秋：《无锡国专编年事辑》，第13页）未及发起人与同善总社联署设立国学馆的前提与事实。

　　△　胡适与顾颉刚函商出版小型《国故丛书》的计划。

　　胡适阅览顾颉刚所呈《清代著述考》后，去函提醒遗漏姚际恒的《古今伪书考》，并为顾的生计着想，建议进行标点。"或者我们可以计画一个小小的'国故丛书'。用新式标点翻刻旧书，如《经传释词》《古书疑义举例》《国故论衡》等等。你很可以做这件事，我可以略帮忙。"（杜春和、韩荣芳、耿来金编：《胡适论学往来书信选》下册，第1008页）

　　顾颉刚获悉胡适的计划，非常欣喜，复函称久有《国故丛书》设想，因凡是古书，都缺乏一部好的白话文。"现在做起来，有了清代学者的许多札记、校勘记，也并不难做。所以我想，我们出一部《国故丛书》，白文也可归一类；像先生说的《经传释词》等归一类；我要做的许多书目及表格又归一类。"并自愿担任其中"伪书考"一类的编辑工作，提出"伪书"名目不甚确，应列为"伪书疑书目"。（顾颉刚：《顾颉刚书信集》第一卷，第288页）自本月起，两人就古书辨伪问题往复讨论。（耿云志：《胡适年谱》修订本，福建教育出版社，2012年，第74页）

　　《国故丛书》发展为《辨伪丛刊》，起源于顾颉刚接受了胡适"疑古"思想和方法的启示。1917年，胡适初进北大，接替陈汉章讲授"中国哲学史"，虽然没有陈博闻强记，但不管从前的课业，重编讲义，其西方哲学的眼光、截断众流的勇气、条理清晰的系统，给顾颉刚、傅斯年留下深刻印象。（顾颉刚：《古史辨自序》上册，第52—53页）胡适《水浒传考证》和《井田辨》等文章，注重考证著作版本、故事来历和演变层次，与顾早年观察民间故事累积变迁的想法暗合，让顾坚定了史学志业，明白"研究古史也尽可以应用研究故事的方法"。此后，顾受嘱协助寻觅《红楼梦》的材料，从曹家的故实和《红楼梦》的本子问题考证中，"又深感到史实与传说的变迁情状的复杂"。（顾颉刚：《古史辨自序》上册，第55—63页）

《国故丛书》与章门故旧擅长的古书辨伪初衷契合，得到马裕藻、沈兼士、钱玄同、马叙伦、毛子水的赞同和支持，马叙伦甚至允任《老子》与《庄子》二书。然而，顾颉刚不满足于单纯的辨"伪书"，还主张辨"伪史"，决定发起编辑《辨伪丛刊》，作为《国故丛书》的一部分。（杜春和、韩荣芳、耿来金编：《胡适论学往来书信选》下册，第1011、1013—1015、1018—1019页；卢毅：《整理国故运动与中国现代学术转型》，中共中央党校出版社，2008年，第66—70页）顾得到钱玄同的启发最多，钱玄同明确提示，"伪事"比"伪史"重要，与前人辨伪的区别在于："殊不知考辨真伪，目的本在于得到某人思想或某事始末之真相，与善恶是非全无关系。"（顾颉刚：《古史辨》第1册，上海古籍出版社，1982年，第24页）钱玄同鼓励顾说："我并且以为不但历史，一切'国故'，要研究它们，总以辨伪为第一步。"（顾颉刚：《古史辨》第1册，第29页）1922年3月8日，北京大学出版委员会议决添设《北京大学丛书》（英文类）、《北京大学国故丛书》《北京大学国故小丛书》。胡适认为，"此三事甚满意，为将来开无数法门"。（曹伯言整理：《胡适全集》第29卷，安徽教育出版社，2003年，第535页）

本年1月初，吴康就认为《国故丛书》系用科学方法系统整理国故的开端。他观察到，"新文化运动"中的期刊杂志、丛书专著，性质派别虽有多少不同，但都有一个共同方向，即改造社会。然而，中国思想界存在三种弊病，妨碍社会改造。一是心理的成见，曲意比附，穿凿附会；二是缺乏因果的观念，子虚乌有，空言诬蔑；三是因袭的推论，顽固保守，不喜更张。摧陷廓清这三种障碍，必须做到"知识的诚实""系统的计画"和"怀疑的勇敢"。"系统的计画"，即针对历史遗传的笼统观念，力求逻辑上"条理次序的安排"。

譬如整理国故一事，也是今日文化运动中改造事业之最重要的一种。然而神州载籍，浩如渊海，而自秦汉以下，又素不习于名理逻辑之术，凡所著书，都繁芜冗杂，略无统系，诗文间以象数，博物杂以神怪，欲为分类，无所适从。然而我们实地做整理工夫的人，仍须于无可奈何之中，立一种系统的计画，配以各种分类，慢慢进步做去，才可以希望他有成功。决不好像从前人头脑昏乱的办法，什么经史子集四部书一种笼统不明的玩意儿，仅堪留作今后学术界的笑话的。——然而我们的商务印书馆，现在还有堂堂的《四部丛刊》预约的广告，有人说他里面除搜罗有多少宋元版珍本外，实在是一无贡献。不过我还要劝一般真热心想保存国粹的先生们，对于这一类使国粹破产的笼统办法，总千万少用点儿才好。（现在胡适之先生和吾友顾诚吾、毛子水诸君等发起一种《国故丛书》，把古今人有价值的著作重新给他整理一番付印，这大约就是应用系统的计画去整理国故的开端了。）（吴康：《从思想改造到社会改造》，《新潮》第3卷第1号，1921年10月）

12月11日，顾颉刚致函胡适，汇报《国故丛书》进展，并评价刘师培的治学风格称："刘申叔先生固是极博，我觉得他似乎没有宗旨，所以引不起人家的景仰。他教书的时候不多，恐怕没有一个真切的弟子——像《国故杂志》一辈人，似乎不能算数。他的遗著，去年在《日刊》(《北京大学日刊》——引者) 上看见北大里同他刻四种，不知为什么到如今还没有出版。他在《国粹学报》里，听说也是计字论值的，所以有些贪多的毛病。"（顾颉刚：《顾颉刚书信集》第一卷，第 295 页）

11 月 30 日　吴宓在哈佛大学拜谒巴璧德，在其鼓励下立志研究国学。

吴宓编辑《学衡》、主持清华研究院，旨趣之一为弘扬新人文主义。是日傍晚，吴宓拜谒巴璧德，受命作文叙述中国文章、教育等，以便登载美国上好报章。巴璧德指出：

> 中国圣贤之哲理，以及文艺美术等，西人尚未得知涯略；是非中国之人自为研究，而以英文著述之不可。今中国国粹日益沦亡，此后求通知中国文章哲理之人，在中国亦不可得。是非乘时发大愿力，专研究中国之学，俾译述以行远传后，无他道。此其功，实较之精通西学为尤巨。

并"甚以此望之宓等"。吴宓决定，"归国后无论处何境界，必日以一定之时，研究国学，以成斯志"。（吴宓：《吴宓日记》第 2 册，生活・读书・新知三联书店，1998 年，第 196 页）

11 月底 12 月初　唐文治呈请江苏省省长齐耀琳，饬令无锡县知事赵汝梅保护无锡国学专修馆。

致齐耀琳函首谓：

> 迩来文教晦塞，国学沦胥，世道人心，益不堪问。振起维持，实属当务之急。兹有京中同志施君肇曾、王君芝祥、姚君济苍等发起国学专修馆，设立总馆于北京，先在无锡设立分馆，谬推文治为馆长。自惟学识谫陋，深惧勿胜。素仰吾公教泽覃敷，仁施广被，谨奉上章程一册，敬乞教正。

后唐文治详述无锡国专设立宗旨和经过，恳赐饬令无锡县知事赵汝梅随时保护。且"本拟由发起人具呈备案，旋接京友来函，悉总馆前曾具呈教育部"，奉批"该发起人等眷怀国学，创设专修馆，发挥吾国固有文明，以期风俗人心日趋正轨，尽可自行开办，无庸由部备案等"。"因是此项专修馆系私塾性质，不在部令范围之内，京外同事一律不再另呈备案，合并声明"。（《国学专修馆成立续闻》，《新无锡》，1920年12月2日，第3版，转引自刘桂秋：《无锡国专编年事辑》，第13—14页）

《锡报》"邑评"以赓续南菁书院事业，期之唐文治。

> 欧化东渐，国学寖微，得贤者提而倡之，岂惟一邑之幸，实一国之幸。虽然，朴学难得，真才易湮。当昔南菁开创之初，兴化有赵圣传者，穷经皓首，伏处乡里而名不彰，经瑞安、长沙两大宗师之提倡，置田以养其老，调院以章其学，大有黄金台筑请自隗始之意。而真才辈出，械朴莘莘，三十余年之江苏，其衣被于南菁者不少。今亦有赵兴传其人者乎，愿唐

馆长且三薰而三沐之。（一鸣：《敬告国学专修馆长》，《锡报》，1920年12月14日）

12月16日　吕思勉撰写《白话本国史》序例，阐释"用新方法整理旧国故的精神"。

所谓整理国故，即科学的历史研究，具体为编撰中国通史。当时吕思勉任教于沈阳高等师范学校，曾为文史地部编撰《中国历史讲义》《国文讲义》。在《国立沈阳高等师范学校文史地部中国历史讲义》的绪论中指出，居今日而言历史，尤要者四事：一宜有科学的眼光。包括"将可以独立成一专门科学之事实析出，以待专门学者之研究"和"而史学之研究，即以得他科学之辅助而益精"两个方面。二宜考据精详。"治史学所最贵者为正确之事实，盖史学既为归纳之学，其根本在于观众事之会通，以求其公例，若所根据之事实先不正确，则其所求得之公例，亦必谬误故也。"三宜兼通经子。"经、史、子、集之分，本至后代始然，在古代则既无所谓集，亦无所谓史，史皆存于经、子之中。"四宜参考外国史。"中国历史于四裔一门，记载最多疏略，此自闭关时代，势所不免，即如朝鲜、安南沐浴我国之文化最深，与我往还最密，然史所记二国之事，犹多不可据，其他更无论矣。又有其部族业已入据中国，然其史实仍非求外国史书以资参证，不能明了者。如读蒙古史，必须兼考拉施特、多桑之书；治清史，必须兼考朝鲜人之记载是也。"（李永圻、张耕华编撰：《吕思勉先生年谱长编》上，上海古籍出版社，2012年，第241—242页）

吕思勉一直想写一部《新史钞》，遂在历年中国历史讲义基础上著成《白话本国史》。指出中国历史很繁，不易博览。专看其一部分，则知识偏而不全。前人因求简要抄出的书，也都偏于一方面，如《通鉴》专记"理乱兴衰"，《通考》专详"典章经制"等，且去取眼光，多和现在不同。近来所出史书虽然极简，但又有两种毛病：一是剪裁不当。在全部历史里头随意摘取几条，不是真有研究，所摘事情，非关紧要。二是表述不佳。措词随意下笔，不但掺入主观意见，失掉古代事实真相，甚至错误到全不可据。《白话本国史》成为学生研究国史的"门径之门径，阶梯之阶梯"，和此前出版的同类著作有四点重要差异：一、"颇有用新方法整理旧国故的精神。其中上古史一篇，似乎以前出版的书，都没有用这种研究法的。此外特别的考据，特别的议论，也还有数十百条。即如中国的各种民族（特如南族，近人所通称为高地族的），似乎自此以前，也没有像我这么分析得清楚的。"特点之一，即上古史部分专门叙述"汉族的由来"和"汉族以外的诸族"。二、读书不重在呆记事实，而重在得一种方法。除考据议论外，所引他人考据议论，皆足以开示门径，可称为史学研究者必要的一种尝试。三、卷帙虽然不多，不过三十多万言，但列出的参考书多指明篇名卷第，读者一一翻检，可以得到二三百万言的参考书，不啻亲切指示门径。四、强调现在读史和从前不同，必须在社会进化方面着想。（吕思勉：《白话本国史》上册，上海古籍出版社，2005年，序例第1—3页）

　　1922年，吕思勉完成全书编撰。1923年9月，上海商务印书馆初版发行，并一再重印。顾颉刚《当代中国史学》认为："编著通史的人，最易犯的毛病，是条列史实，缺乏见解；其书无异变相的《纲鉴辑览》或《纲鉴易知录》之类，极为枯燥。及吕思勉先生出，有鉴于此，乃以丰富的史识与流畅的笔调来写通史，方为通史写作开一个新的纪元。他的书是《白话本国史》四册。书中虽略有可议的地方，但在今日尚不失为一部极好的著作。"（顾颉刚：《当代中国史学》，上海古籍出版社，2002年，第81—82页）

12月19日　无锡国学专修馆在无锡、上海、南京三地同时招考新生。

三地报考人数和考试情形，各处说法相差很大。据王蘧常《唐老夫子对我的感染》所说，上海考生六七百人，加上南京、无锡两地考生，有一千多人。《新无锡》，1920年12月20日第3版所载《国学专修馆考生踊跃》，谓上海报考者二百数十人，南京报考一百数十人，无锡报考者有四百多人。（刘桂秋：《无锡国专编年事辑》，第15—16页）《新闻报》载：

闻唐馆长因定额仅二十四名，又以课堂地窄，并旁听生亦未能扩充，故对于此次考试各生，不得不谨严甄录。又闻考取各生名单，定于本月二十五日登《锡报》并《新无锡报》，于二十六日分登上海《新闻报》，南京《大江南报》，谅应试者必争先快睹云。（《国学专修馆报考生之踊跃》，《新闻报》，1920年12月21日，第2张第3版）

《兰言日报》说无锡投考人数二百七十余人。（孚：《无锡国学馆招考志略》，《兰言日报》，1920年12月22日，第3版）无锡国专《校史》称，三地"应试者多至一千五百余人"。（无锡国学专修学校编印：《教育部立案无锡国学专修学校简览》，1940年1月，第9页）

考试题目引起了时人批判和争论。无锡考场于上午八点半，假西水关无锡中学校举行。试题分为经史两部，经题"巍巍乎其有成功也，焕乎其有文章论"，史题"太史公自序能绍明世正易传继春秋本诗书礼乐之际论"。"当时有数人见此两题，无从下手，托名小解，竟不别而行者，亦有不得终篇者。迨至十二点半钟摇铃，一律交卷出场，无偏刻之停留云。"（孚：《无锡国学馆招考志略》，《兰言日报》，1920年12月22日，第3版）

上海考场设在上海交通大学早操场，试题引起了争议。洪熙在《民国日报·觉悟》随感录栏讽刺道："听说新开一个什么'国学专修馆'，前两天招考新生，有一个题目，是：'云从龙，风从虎，圣人出而万物睹。'哈哈！好一个国学题目！这也可见这个'国学专修馆'的内容了！"（洪熙：《好一个国学题目！》，《民国日报·觉悟》，1920年12月23日，第4页）读者侠儒去函指出，自己当天在上海考场参加考试，两个题目是"尧典广被四表，洛诰公德明光于上下，周颂学有辑熙于光明论"和"继往圣之绝学，为万世开太平论"，与今日新文学也没有抵触，不能仅凭一面之词，就判断其内容。邵力子为洪熙辩护称：

> 洪熙君那段随感录是从南京寄来的，是否弄错，我不得而知，但我晓得"国学专修馆"是分三个地方（无锡、上海、南京）考试的，或者洪熙君所说是南京的题目罢。并且侠儒君所说第一个题目，也正含着"追思古帝王——尧、文王、武王"的意思咧！（侠儒：《又一个"国学"题目》，《民国日报·觉悟》，1920年12月24日，第4页）

在上海投考的王蘧常回忆说："试题二：一曰于缉熙敬止论；二曰顾亭林先生云拯斯民于涂炭，为万世开太平，试申其义。我知一题出自《诗经·大雅》，上有'穆穆文王'句。又记《大学》引之，以释止于至善。遂由此缉合成文。及发榜，得录取。"（《王蘧常自传》，《中国当代社会科学家》第7辑，第141页）

王蘧常和同学唐兰同龄，时年19岁，一起应考，发现上海其他考生都比他们年龄大。王因旁边一位头发斑白的五十多岁老先生偷看其试卷，担心答卷雷同，遂写古体字。结果王得第五名，唐第七名。到无锡报到时，唐文治还问起为何写古体字，王蘧常说明不是故意显露才华，而是出于迫不得已的原因。但王《毕君贞甫传》内云："与试者凡千余人，多瞠目腐豪莫能下，君（按：指毕寿颐）独缊缊若不可穷，同坐者皆惊视。君惧为所袭，改作古籀文，尚书得卷，大异之。"所记考试时因怕旁人偷看而改写古体字的是毕寿颐，不是王本人。（刘桂秋：《无锡国专编年事辑》，第16页）

黄汉文说：

这是书院式的学馆，应考时不必缴验学历证明，但入学考试极为严格。当时有许多著名的学者、文人鼓励自己的高足来投考，如沈子培先生的学生王蘧常，钱名山先生（名振煌）的学生蒋庭曜等。钱名山是清朝进士，辛亥革命后保持他的遗老身分［份］，没有剪掉辫子，在家设馆授徒。自从国专开办，他的学生和"小门生"读毕《四书》以后，往往考入国专（几乎每届都有）。抗战期间入学的严古津、匡汉拯（参加革命后改名闵仁），都曾经是名山先生的学生。名书法家、诗人朱大可当时

也曾应考，限于名额没有被录取。(黄汉文：《记唐文治先生》，《江苏文史资料选辑》第19辑，第108页）

12月25日，无锡国学专修馆第一班新生录取名单在《新无锡》等报上刊登。其校史载"招收第一班学生三十人"。(《本校大事记》，《国专校友会集刊》第1集）录取人数实共32名。其中，正取生24名：柯树声、陆昌年、郭其俊、毕寿颐、陈庭实、白虚、唐兰、顾季吉、王蘧常、陈绍尧、方和靖、钱国瑞、胡凤台、王鸿栻、吴宝凌、侯墌、唐景升、陆尊羲、蒋庭曜、许师衡、夏云庆、严济宽、政思兴、丁儒侯。附课生8名：杨养吾、俞汉忆、孙景南、陈维泰、陈宝恭、袁鹏骞、王钟恩、丁天兆。正取生于12月27日起，邀同保证人，或持切实保证函，赴无锡西溪该馆办事处，谒见唐文治校长，核对笔迹，验明照片，口问无讹，领取到馆证，于次年1月3日以前到馆，4日一律行开馆礼。正取生中途废学者，应缴还到馆后培植各费，家属并保证人同负责任。附课生并不住馆，应向庶务处报名，按期寄卷试验。并可来馆旁听，书籍膳宿等概须自备，并不给膏火。(《无锡国学专修馆录取师范生名单》，《新无锡》，1920年12月25日，第1版，转引自刘桂秋：《无锡国专编年事辑》，第17页）

王蘧常回忆有两处涉及考取名次，一说和唐兰分别得正取生的第五、第七名，或说唐排在王之前，亦与史实有出入。(刘桂秋：《无锡国专编年事辑》，第16页）

12月21日　直隶教育厅厅长马邻翼在直隶省中学会议闭幕仪式致训词，表彰会议通过国文修身钟点宜酌添讲经以存国粹案。

本月14日，直隶省中学会议在该省教育厅内召开，21日闭幕。马邻翼厅长致训词指出，此次会议最重要的是，提出国文修身钟点宜酌添讲经以存国粹和欧战后之教育方针两案，不仅关系国内趋势，而且影响世界大势。理由是：

> 盖我国为文明最古之国家，为东西洋各国所共认，而我国之经学，尤为各国所尊崇。无论东西何国之图存，靡不兢兢维护其国性国粹。经学既为吾国国性国粹所在，而涵铸所谓国性，尤必自国民教育始，实充华茂，而国粹可以不亡，社会可以不坏。不鼓吹爱国，而人人晓然爱国。若只务发达物质文明，而本实先拨，是自戕厥生命也，奚云爱国。迩年来社会益趋尚尊孔，知求本矣。然孔子之微言大指，悉载之经。提倡孔教而不读经，是失其本旨矣。经学为吾国独有之文明，礼乐典章，璨为极盛，所以东西学者类歆慕之，言及孔孟书，无不悚仰若神，苟有以孔孟之言为演说，西人更以为昔哲格言，至妇孺皆悦听之，奚论其他。其尤爱重中国学问者，为日本汉学久昌宗派，颓颜皓发，于中国经学皆称淹博，以拟吾国老师宿儒，殆无多让焉。迄今视其师范学校课程，读《孟子》为必须科，中学亦有习中国四书。其务研究中国文明，姑不论其采取用心所在，吾国人对其旁，不觉嗒然若失，窃愧贻人笑柄。

"经学非有二三十年之研究，不能得其真理，故中学时代，经学尤不可不加训练，各校校长教员于平时加以研究，然后授之于学生，则收效更速。"虽然欧战后列强军国民主义的教育方针破产，世界转向倡导人道主义，但只有内充兵力，方可讲人道主义。否则，己方人道主义与彼方铁血主义不一致，国家权利损失将更大。"以吾国土地之广，人民之众，岂得不加审慎哉。"（《中学会议举行闭会式》，天津《益世报》，1920年12月22日，第3张第10版）

　　直隶教育厅下令读经等教育举措，引起新派的激烈批评。1921年10月3日，钱玄同收到黎均荃来信，知悉直隶教育厅有通令国民学校缓授注音字母之举，怒斥马邻翼为"糊涂蛋的教育厅厅长"："此等人对于现代既极懵懂，对于国故亦全然不晓，只会胡闹，其见解正与反对男子剪发，反对女子放脚者相同。"（杨天石主编：《钱玄同日记》整理本上册，北京大学出版社，2014年，第381页）

　　本年　梁启超在《（商务印书馆）函授学社国文科》的讲义中指出读本国书的目的及读法，国学大部分是历史。①

　　梁启超指出，读本国书的目的和用处，从前绝对没有疑问，今日却成问题。强调读本国书至少有三种用处：一、帮助身心修养及治事应用。二、知道本国社会过去的变迁情状，作研究现在各种社会问题之基础。此即"文献学"，大部分是历史，比普通所谓历史范围更广。国学"什有九属于这个范围"。三、养成对于本国文学之赏鉴或了解的能力，及操练自己之文章技术。批评白话文学通行，旧书可以不读的偏见，主张不妨专作白话文，但不能专看白话书。

　　　现在留传下来最有价值的书，百分中之九十九是用文言写的。我们最少要有自由翻读的能力，才配做一国中之智识阶

---

　　① 夏晓红推测此讲义成于1920年，今取其说。

级。即以文学论，文言文自有文言文之美，既属中国人，不容对于几千年的好作品一点不能领略。况且在现在及近的将来，文言文在公私应用上还很占势力，纵使不必人人会做，最少也要人人会看。

截至今日，白话文做得好的，大都是文言文有相当根底。建议明了读书用处之后，把应读书分出种类，注意读法差异。

每项应读的书及其读法，本来该由教育机关摘编成书，分配于高等小学及中学之七八年间，可以替青年省多少精力而人人得有国学基本知识。今既未能，则青年对于国学，不是完全抛弃，便要走无数冤枉路，二者必居一于是。

此篇讲义极简单，不敢奢望排除两种毛病，只求能减轻一点，便算"意外荣幸"。(梁启超著，夏晓虹辑：《〈饮冰室合集〉集外文》下册，北京大学出版社，2005 年，第 1355—1357 页)

△　江苏常熟虞社成立，以保存国粹，研习词章为宗旨，按月出版虞社社刊一次。主编钱南铁，编辑陆醉樵、蒋瘦石，发行朱轶尘，编辑所常熟书院弄。(《虞社简章》，《虞社》第 150 号，1929 年 4 月)

有谓虞社成立于本年春，出版《虞社》，俞鸿侣、金老佛等创办。虞社办至抗战全面爆发，历时十七年。社员保持在四五百人左右，章太炎、唐文治、陈衍、樊增祥、钱基博、钱振锽等都是社员。(陆阳：《唐文治年谱》，第 245 页)

1921年（民国十年　辛酉）

1月1日　钱玄同反省二三年来专发"破坏之论"的不当，承认"研馈故纸"皆有裨益于整理国故。

钱玄同从齐物论出发，认识到新旧并非不能并存，在日记中反省新文化运动以来专发偏激之论的"不对"，不应不加区分地排斥所有旧事物：

> 我在两三年前，专发破坏之论，近来觉得不对。杀机一启，决无好理。我以为我们革新，不仅生活见解，第一须将旧人偏窄忌克之心化除。须知统一于三纲五伦固谬，即统一于安那其、宝雪维兹也是谬。万物并育而不相害，道并处而不相悖，方是正理。佛有小乘、大乘，孔有三世之义。其实对付旧人，只应诱之改良，不可逼他没路走。如彼迷信孝，则当由孝而引之于爱，不当一味排斥。至于彼喜欢写字刻图章，此亦一种美术，更不必以闲扯淡讥之。彼研馈故纸，高者能作宋明儒者、清代朴学者，亦自有其价值，下焉者其白首勤勉之业，亦有裨于整理国故也。至若纳妾、复辟，此则有害于全社会，自

必屏斥之，但设法使其不能自由发展便行了，终日恨恨仇视之，于彼无益，而有损于我之精神，甚无谓焉。（杨天石主编：《钱玄同日记》整理本上册，第367页）

私下自省破坏多于建设，却公开大力支持破坏性较大的"古史辨"，本年更以"疑古"为别号。1月5日，通学斋送来《经义考》，索价二十元。钱玄同拟购，"因宋、元、明人关于经学的著作具载此书，且有序跋，可以窥知其内容"。"宋、元、明人说经，勇于疑古，是其特长。我们要整理国故，很应该参考参考也。"（杨天石主编：《钱玄同日记》整理本上册，第368页）

1月3日 有人在《申报》撰文提醒青年女子不能嫁给"不通国学，亦无西学根底"的新青年。

当今世界文明，男女平等，皆有自主择婚权利。针对杨荫杭已详言男子择婚女子时的注意事项，尚未言及女子择婚男子时的注意事项，强调女子选择结婚对象，不可不加倍留意，其中一条是："勿婚不通国学，亦无西学根底，而好妄谈新思想新主义者。盖此辈专务'时髦'，不仅不学无术，即其人格，亦甚卑鄙。"（鲲：《青年女子择婚青年男子应该注意的几点》，《申报》，1921年1月3日，第4张第16版）

2月4日 胡适复函日本学者青木正儿，求购《东壁遗书》点读加引号版本，称"整理国故"的"整理"为新流行字。

胡适拟将《东壁遗书》列入《国故丛书》，1月24日致函顾颉刚称："近日得崔述的《东壁遗书》（还不是全书，乃是《畿辅丛书》本，只有十四种，但《考信录》已全），觉得他的《考信录》有全部翻刻的价值，故我决计将此书单行，作为《国故丛书》的一种。"

（杜春和、韩荣芳、耿来金编：《胡适论学往来书信选》下册，第1022页）2月4日，致函青木正儿，寄钱求购《东壁遗书》，内称："我想叫我的学生们'整理'（这是我们新流行的一个字，例如'整理国故'）崔述的《东壁遗书》，预备出一个'新式标点的'本子。听说日本史学会曾出了一部《东壁遗书》的'点读加引号'的本子，校刻的很好。不知此本还可求得吗？我寄上日币贰拾圆，请你费神托旧书店去替我找一部。"（杜春和、韩荣芳、耿来金编：《胡适论学往来书信选》下册，第815—816页）

2月5日　钱玄同赞赏好友单不庵以科学方法整理国故的主张。

本日晚，钱玄同至单不庵处。单"有志自修德文，研究博物"，以及"欲以科学的方法整理国故"。钱"甚然之"。（杨天石主编：《钱玄同日记》整理本上册，第374页）钱将单不庵一生划分为四个时期，戊戌到辛丑为研究理学时期，壬寅到辛亥为研究教育时期，民国元年到八年为讲求朴学时期，民国九年到十八年为整理国学时期。1919年，单在浙江省立第一师范学校教书，因与当局意见不合而辞职。1920年秋，受胡适邀请到北京大学任教，出任国文系讲师、教授，后兼任图书馆主任及北平师范大学教授，主要讲授"宋元明思想"。（曹述敬：《钱玄同年谱》，齐鲁书社，1986年，第107页）

钱玄同在单的追悼会上演说称：单不庵的整理国故理念受胡适影响甚深，曾经批评"浙江鼓吹新文化的人们，实在浅薄得很。近年出版的新书报，有许多我早已看见过的，他们都还没有知道。我看他们并没有什么研究，不过任一时的冲动，人云亦云罢了"。极力赞成"文化革新的运动"，"譬如胡适之先生的《中国哲学史大纲》"，用新方法新眼光来说明旧材料，见解那样的超卓，条理那样的清楚，如此整理国故，我是十分同意的。我自己今后治学也要向着这条路上走"。且赞成白话文改革，"白话文老妪都解，实在是普及文化的利器"，"但不赞成拉拉杂杂夹入许多不雅驯文句的白话文"。对于整理国学的人，单不庵"最佩服的是胡适之先生和梁任公先生"，常常对钱玄同"称道不置"，以为梁启超的《中国近三百年学术史》和《中国文化史》，与胡适的《中国哲学史大纲》，"同为整理国学的好书"。钱玄同认为："他的国学既深邃，他在北大和师大（后来他又兼师大的功课）教书，也和胡先生一样，用新方法来说明旧材料。"（钱玄同讲，何士骥记：《亡友单不庵》，钱玄同：《钱玄同文集》第2集，中国人民大学出版社，1999年，第283—292页）

除了西洋眼光外，胡适的系统条理和文字组织能力，尤为单所缺。曹聚仁忆称："单师有乾嘉考证学的审慎、细密的作风，却缺少贯串成为系列的组织能力；他是一个博学的人，并不是没有见解，而是不敢有所主张。有一回，我推论清代考证学衰落的因由，说到太平军战役中的文化衰落，他再三和我辩论，以为战争的因素并不十分重要。后来胡适先生的《最近五十年之中国文学》出来了，胡氏的主张几乎（完全）和我的话完全相同，他又认为不错了。他是我一生所钦佩的老师，可是他还不是一个适当的引路人！"（曹聚仁：《萧山先生单不庵》，《曹聚仁杂文集》，生活·读书·新知三联书店，1994年，第337页）

2月23日　上海同义学校开学，设有国学专修科，由朱石禅担任主任，旨在保存国粹。

上午十时，上海法租界打铁浜中华女子同义学校举行开学典礼，学生到场七十余人。首由校长陆良政报告设立国学、英文、法文三专修科，并加训词。次由国学专修科主任、教员朱石禅演说，大致谓"该校之设国学专修科，系保存国粹之意"。王一亭亦赞成该校成立，且赐题校匾。（《同义学校》，《申报》，1921年2月24日，第3张第11版）

2月27日　无锡国学专修馆正式上课。

教员除唐文治外，聘请朱叔子、陆景周为教授，沈健生、王慧言为职员。（《本校大事记》，《国专校友会集刊》第1集）唐文治记云：

> 正月，新生陆续来见。二十日开馆，余亲自上课，每日二节，讲《论语》《孝经》《孟子》。请朱君叔子为本馆教习，并请门人陆生景周名修祐为助教。景周于前数年处馆余家，授庆诒等课，兼司笔札，深资得力。（唐文治著，唐庆诒补：《茹经先生自订年谱》，沈云龙主编：《近代中国史料丛刊》第三编第90辑，《茹经先生自订年谱》，第81页）

朱文熊（1867—1934），字叔子。陆修祐（1877—1964），字笃初，号景周，晚号慕陶。沈炳焘，字健生，生卒年不详。王保谠（1890—1938），字慧言。唐文治除教学外，还兼顾总务之大者；朱文熊讲授子学、文选及小学；陆景周任唐文治的助教，因唐文治此时双目基本失明，陆景周始终随班协助其上课，此外还协助其处理校务，并兼司笔札等事。（《无锡国学专修学校概况·大事记》，刘桂秋：《无锡国专编年事辑》，第18—20页）

朱叔子为唐文治在交通部上海工业专门学校的学生、同事，两人对于注重国文教育具有共识。本月，工专学生开茶宴饯别明年赴"国学传习所"任教的国文教员朱叔子。（《南洋公学近闻》，《申报》，

1921年1月16日，第3张第11版）"国学传习所"当为无锡国专。南洋公学学生邹韬奋对唐文治提倡国文，及教员朱叔子的国文教学印象深刻，由此得到师友的重视和直接的鼓励，产生研究国文的兴趣。

　　我们最感觉有趣味和敬重的是中学初年级的国文教师朱叔子先生。他一口的太仓土音，上海人听来已怪有趣，而他上国文课时的起劲，更非笔墨所能形容。他对学生讲解古文的时候，读一段，讲一段，读时是用着全副气力，提高嗓子，埋头苦喊，读到有精彩处，更是弄得头上的筋一条条的现露出来，面色涨红得像关老爷，全身都震动起来（他总是立着读），无论那一个善打瞌睡的同学，也不得不肃然悚然！他那样用尽气力的办法，我虽自问做不到，但是他的那样聚精会神，一点不肯撒烂污的认真态度，我到现在还是很佩服他。

　　南洋公学每两星期有一次作文课。朱叔子每次把所批改的文卷订成一厚本，带到课堂里来，从第一名批评起，一篇一篇地批评到最后。遇着学生文卷有精彩处，也用读古文时同样的拼命态度，大声疾呼朗诵，往往弄得哄堂大笑。但是每次经过一番批评和大声疾呼，学生确实很受触动，有人也在寄宿舍效法大声朗诵。"朱先生改文章很有本领，他改你一个字，都有道理；你的文章里只要有一句精彩的话，他都不会抹煞掉。他实在是一个极好的国文教师。"从沈永瘭和朱叔子的国文教学得到的写作要诀，是内容必须先有主张和见解，即中心思想，否则尽管堆砌许多优美句子，都是徒然的。"我每得到一个题目，不就动笔，先尽心思索，紧紧抓住这个题目的要点所在。古人说'读书得间'，这也许可以说是要'看题得间'，你只要抓住了这个'间'，便好像拿着了舵，任着你的笔锋奔放驰骋，都能够'搔到痒处'，和'隔靴搔痒'的便大大的不同。"（邹韬奋：《大声疾呼的国文课》,《生活星期刊》第1卷23号，1936年11月8日）

陆景周自民初以来长期担任唐文治的秘书，帮助极大。唐主持无锡国专三十年，陆始终在校，任校长秘书，凡聆听唐亲自讲课的学生，都曾接受过陆的辅导，唐的晚年著述，都由陆笔录或校订。

唐先生双目完全失明后，主持无锡国专，开办时教师只有唐校长和朱叔子先生二人，陆先生屈居助教。这时陆先生已经四十三岁，而且学有专长，一般地说，到了这样的年龄是不大愿意当助教的，而陆先生毅然接受下来。后来班级多了，陆向学生讲授《孟子》研究、《春秋三传》研究、孙吴兵法研究等课，但仍旧担任秘书。抗战前，唐校长每周讲课四节，陆始终随班协助。抗战期间，唐校长因年老体衰，在校内的课少了，但校外的讲座和定期登门听课的人士（每次少则五六人，多则十人左右），有增无减，也离不开这位老秘书协助。从唐先生的学术著作来说，自从有了这位秘书，数量远远超过以往。在工业专门学校时期，可能还有别的学生（如担任中文系主任的李颂韩等）协作，但从1921年主持无锡国专以后，虽由会计员高涵叔等协助，或由学生搜集资料，但没有一部著作、没有一篇文章不经过陆秘书之手和口（修改过程中，不论第几稿，总是陆氏读给唐校长听的）。（黄汉文：《甘当绿叶衬红花——记陆景周先生》，政协太仓县文史资料研究委员会编：《太仓文史资料辑存》第4

辑，1987年，第65—68页）

黄汉文《记唐文治先生》亦云："第一届学生只有三十人，天天接触，学生的作文都由陆景周朗读，校长亲加评语，当堂发卷指出缺点及努力方向。唐先生对于第一届学生，听到声音就知道是谁，文章听了一小段就能估计到是谁写的，往往十不离六七。"除教学外，唐文治兼总务。"学生有事，不论哪一方面都可以找他面谈。他也有意识地约平日不多开口的学生交谈。直到抗战发生，他仍然每星期至少和四名学生作半小时以上的交谈（那时全校学生已有三百余人）。"（《江苏文史资料选辑》第19辑，第109、111页）

王蘧常忆称，唐文治亲授经学与理学，朱文熊、陆景周授子史与文学。

> 唐先生督教严，经文必以背诵为度，常面试，一差误，则续试不已，必至无误乃已。考核尤重月试，不限于经、史、子，亦重文学。等第分超、上、中，每发表，唐先生中坐，秘书在左唱名，遂起立致敬听评语。评有眉评与总评，如解牛，无不中肯，听者忘倦。

唐文治尤喜奖赞，王蘧常尝作《观浙潮赋》，拾古人江海赋之辞采，以蛟螭鼋鳖喻军阀内战，翻江倒海，民不聊生。唐书其后曰："极挥霍离奇之能事，物无遁形，木玄虚，郭景纯应避其出一头地。"王"虽明知溢美过情，然经此鼓舞，益觉感奋勤学不已"。唐又善于引导学生治学，各就性之所近。"我治三代史，及毕业写成《商史纪传志表》若干卷、《夏礼可征》二卷、《清代艺文志权舆》六卷，时《清史稿》尚未问世。"毕业试分经、史、子、文四门，王于文作《太极赋》一千数百言，唐于陈先生之评外加评云："融贯中西，包贯今古，前人未有也。"（《王蘧常自传》，《中国当代社会科学家》第7辑，第141页）吴其昌于天中节作《吊屈灵均文》，缅缅数百言。唐文治奇赏之，效杜老语曰："吴生生生歌莫哀，我能拔尔抑塞磊落之奇才。"吴为鸣咽流涕。朱、陆二师虽亦尝有之，然无此动人。某同学作《游五里湖记》，有"载沉载浮"句。唐眉批："春游佳事，奈何忽遭灭顶之灾？"某同学愧甚。"唐先生招其独谈作文之法数次。自此心窍大开，向晓即于庭院朗诵，不一年而大进。"（王蘧常：《自述》，王元化主编：《学术集林》第3卷，上海远东出版社，1995年，290—292页）

本月，唐文治与施肇曾商议，开始刻印《十三经读本》。记其旨趣谓："近时吾国学生皆畏读经，苦其难也。爰搜罗《十三经》善本及文法评点之书，已十余年矣。自宋谢叠山先生，至国朝曾文正止，凡二十余家，颇为详备。施君闻有此书，商请付梓，余因定先刻《十三经》正本，冠以提纲。附刻先儒说经世鲜传本之书，而以评点文法作为札记，谨作叙文，并请陈太傅弢庵名宝琛撰序，命上海刻字铺朱文记经刊。分校者太仓陆君蓬士、王君慧言、李君慰农、徐君天劬及陆生景周，期以三年竣工。"（唐文治著，唐庆诒补：《茹经先生自订年谱》，沈云龙主编：《近代中国史料丛刊》第三编第90辑，《茹经先生自订年谱》，第81页）

3月5日　北京大学研究所国学门筹备进展较快。

自北京大学评议会议决研究所归并四门以来，各门分别筹备，国学门进展最快。3 月 5 日，顾颉刚致函马裕藻、沈兼士、沈士远，"接洽一切，并告春假后归"。（顾颉刚：《顾颉刚日记》第一卷，联经出版事业股份有限公司，2007 年，第 86、103 页。以下征引《顾颉刚日记》，均为联经版）国学门参考室迁入研究所，木器等函托沈士远办理。"关于研究所的职务，我自当做到春假。如器具布置、书籍编目等事，自当做完了去。此后是否许我请假而招代，或许我辞职而另任，均请先生斟酌。我意中适宜的人，以苏甲荣只为最；惟他现在任了总务长室的秘书，不知蒋先生（蒋梦麟——引者）一时能否放行；又他自己想出洋，不知能否缓以岁月。其次则毛子水兄、俞平伯兄、吴敬轩兄，似均甚适宜。"（顾颉刚：《顾颉刚书信集》第二卷，第 4—5 页）

4 月 28 日　报载江苏松江人夏侠三等拟发起存古学校，以"注重道德、保存国粹"为宗旨。

招收学生以国民学校三年级，年龄八岁以上合格。专授国文、经史、地理、修身、算学、簿记等科。每年收学费六元六角，入校时预缴。学额四十名，假松江城外百岁坊陆公祠为校址，定端节后开学。（《松人竟发起存古学校》，《民国日报》，1921 年 4 月 28 日，第 2 张第 8 版）

4 月 30 日　胡适在天津与喻鉴谈《国故丛书》编纂，目的为解决中学国文读物问题。

胡适去天津参加全国校友联合会成立大会，与喻鉴同往南开访张伯苓，谈到编辑《国故丛书》的动因。"喻君本北大法科毕业生，为马寅初先生的得意学生，现做南开中学教务主任。他与我谈及中学国文问题，内中最困难的是没有适当的读物。这个问题在今日真不易解决。我们现在想编纂的《国故丛书》，也是为此。我们这件事业没有办成之先，这个问题是无法解决的。"（曹伯言整理：《胡适全

集》第29卷，第223页）

　　6月1日　北京政府内务部再次通咨各地，注重保存公私藏书等，媒体谓为保存国粹。

　　内务部前接国务院函交叶恭绰条举文化一事，"原呈内列保存公私藏书，并官局书版及印刷器物各条"，已经"咨行转遵，切实搜求保存，并将书籍目录版片数目，分别详细开送"，令饬所属遵照办理。

　　　　查旧刻书籍，国粹攸关，自铅石印刷，一时风行，而旧刻
　　版片，愈行珍贵。若不及时搜辑，设法保存，深恐日即销灭，
　　散佚殆尽。是以本部前咨通饬，将公私藏书，及旧刻书籍版片，
　　印刷器物，一律切实搜求，酌拟简章，分别保护。并将官私所
　　刻书籍目录，分别检送，其版片数目，详细开报。间有残缺书籍，
　　亦宜设法补刊。应请再行转饬，迅将公私旧刻书籍目录，及版片
　　数目，分别详细开列咨送到部，以资查考。并照前咨，将各种
　　书版器物，妥为保管，书版缺少，或另设法补刊，俾免散失。
　　（《内务部咨请保存国粹》，天津《益世报》，1921年6月2日，第10版）

　　有人在天津《益世报》"时评"栏撰文表彰内务部此举，指出直隶为北洋重镇，建议仿欧美良法，筹集巨资，建一个大型图书馆，分门别类，罗列古籍。（真愚：《保存国粹刍议》，天津《益世报》，1921年6月3日，第10版）

　　可惜各地应者寥寥无几。据说江苏省除淮安、太仓、丰县等三县具报外，其余各县迄未具报，现又亟令各县知事查照原案办理。

（《通令保存公私藏书》，《民国日报》，1921年6月22日，第11版）该令上年四月及本年五月通咨到浙，一年有余，各属道尹"延未报办，现又奉部咨催，已严令遵照办理"。（《杭州快信》，《申报》，1921年11月27日，第3张第12版）年底，天津《益世报》"时评"再次呼吁：

> 书籍图画，为一国文化之梯阶，国粹之奥府也。我国开化最早，文明发达，为东亚先河，数千年来，文物声明，典章制度，见之于公私纪载，文人著录者，代有传人，考亚洲文化者，必取资于中国焉。徒以通商而后，外人来华，惊叹我文化之古，制作之精，不惜重金，购买公私书籍，捆载出洋者，已不知凡几，文献无征，考古者有痛心焉。

文章作者担心世风日下，典作沦亡，批评各县对于内务府的通令，"多视为不急之务，未能遵办"。各县知事"原不知文化为何物，特恐时日愈久，散佚愈多，而重要图书，因金钱势力，转徙出洋者，愈不可稽考"。（真愚：《国粹之悲观》，天津《益世报》，1921年12月2日，第10版）

6月4日　清华学生施滉撰成《清华中文非如此改革不可》一文，提议高等科学生不上中文课，改在强迫研究中文的时间内听学校请名学者举行"国学演讲"，并规定出洋以前应有的国学程度。

其时清华学生所说"国学"，主要指国文，国学、国文、中文往往互相指代，囊括当时清华以国文教授的学科内容。施滉持广义国学观，说："本校的中文，自从去年由学生方面提倡改良之后，学校方面，组织了一个中文改良委员会，专门讨论这个问题。后来这个委员会议决许多似是而非的改良，由前任严代理校长公布，从上学期起实行。"然而，一年以后，国文教学课堂上仍出现"种种腐败情形"，"事实上简直等于没有改良。而甚至于还有比往年更坏的现象发生"。

> 从前出洋的学生，未出洋之先，多少总有一点中文的根底。好的，在前清时代，曾经得过功名；坏的，在年少的时候，对于中文，用过几年苦功夫，然后才出洋。而他们有国文之根底的出洋学生毕业回来，还觉得中文不够用，还受中文不好的影响。我们后辈的人，因为时代的关系，没有在中文上用过苦功夫；又因为我们所入的学校，不是注重中文的学校，所以我们可以预料：我们将来毕业回来，必定觉得中文更不够用；所受中文不好的影响，势必更深。

"国学之重要，是不成问题。我们预备出洋的学生，在中国的时候，应当注重中文，也是不成问题"，问题在找到准确的改良办法。提出清华改革的四种办法：

其一，"高等科学生不上中文课"。理由是学生基础较好，且不愿意听中文功课，有许多内容不必教员讲，上课反而阻碍学生的进取精神。应代以规定几种中文年级必修科，请若干中文教员以备学生咨询，明确"强迫研究中文时间"。并定出一个小时为"国学演讲"。"请国内对国学素有名望，素有研究的人，演讲国学，强迫全体学生去听。（今年本校请梁任公演讲国学史，可惜多数学生不能常常去听。这并非学生不愿听，是学校没有好办法。我深怪学校为甚么不每天下午停课一点钟，使人人均可以去旁听。）”中等科中文仍然上课，但也须听“国学演讲”。

其二，“用请三四个中文教员的钱去请一个好的”。理由是“现在本校中文教员的薪金太少，有国学学问的人不肯就此钱少的职务，肯就的不是不得已，必是不甚好。”“与其用三百块钱去请三个贱的中文教员，不如用三百块钱去请一个贵的。”“学校经费有限，请贵的中文教员，势必不能像请贱的那样多。”故“先主张高等科学生不上中文课”。此外，应当挪去一笔款项，去请“国学演讲”员。

其三，“采用科举制度的办法”。理由是科举制流弊在“求学的人，专在文字上用功夫，不管旁的学问，不顾别的科学”。现今人人知道科学的重要，不应当专在文字上用功夫，采用科举制，“决不会抛弃科学，决不至于死读古人的书”。现在国家取才手段不同，不专看文章好坏，还看学问及能力，国文不过智育体育德育内容之一。且清华“并非是注重中文的学校”，采用此制，“顶多顶多不过使我们能够注重中文，决不至于使我们太注重中文”。办法是，每学期期考之外，增加两种大考试。大考在出洋前举行，不及格者不能出洋。年考不限定年级，清华学生都可以投考，定出应取额数、等第，分别给奖，以资鼓励。

其四，“规定出洋以前应有的国学程度”。高等科：“文字上的程度”，“文言白话都要会作，而且要作得通顺，不写白字”。“经学上的程度”，四书之外，十三经中“顶少再懂一二经”。“史学上的程度”，知道“中国四千余年的历史”的“大略”，更应当注重“民国史及清史”。“子学上的程度”，“每人研究一二种或二三种”。“集学上的程度”，“选一两种好的看”。“字学上的程度”，“中国字应该写得像样"。"此外如中国哲学史、外交史、文学史、法制史等，也应当知其梗概。""至于今年新加的文字学，并不重要，可以取消。新加的逻辑，因为没有好的中文逻辑教本，而且复难找好教师，应当定为英文课，用英文教。"中等科：文字程度是"文言白话，论文各一"。"历史题五：民国史题一，清史题一，古史题三择一。""地理题三择一。""经学题十[择]三：除四书题外，除出择一。""子学题十择二。""集学题十择一。""大字小字各一张。""中国哲学史、外交史、文字史、法制史，题各一，择二"。（施滉：《清华中文非如此改革不可》，《清华周刊》第七次增刊）

7月4日 南京同善社国学专修馆举行开学礼，姚明辉任总教习。

上午九时举行开学礼，出席者江苏督军齐耀琳代表宋名璋，江苏省长代表蔡宝善，暨各机关代表来宾学员，共147人到场。"馆长王骏、总教习姚明辉，均有演说。"至十二时散会。（《南京快信》，《申报》，1921年7月5日，第3张第11版）

姚明辉（1881—1961），江苏嘉定（今上海）人，号孟埙。早年求学于龙门书院、广方言馆。曾任中学校长，在扬州创办江苏省立第五师范学校。江苏省教育会会员，兼中国图书公司地理编审员，国立武昌高等师范国文史地部主任、代理校长，正风文学院院长。抗战胜利后，专事学术研究。1949年后，任上海文史馆馆员。著有《上海乡土地理》《蒙古志》《中国近三百年国界图志》《中国民族志》《汉书艺文志注解》等。（吴成平主编：《上海名人辞典1840—1998》，上海辞书出版社，2001年，第391页）姚明辉也是孔教会成员，主张学校读经。（姚明辉：《学校教授读经论》，《昌明孔教经世报》，1922年

第1卷第4号）

7月8日　北京大学评议会通过研究所简章，30日正式公布实施，暂分国学、外国文学、社会科学、自然科学四个研究所。

国学包括中国文学、历史、哲学。研究所不另设主任，研究课程均列入各系。研究所阅览室并入图书馆。各学系学课有专门研究必要的，由教员指导学生研究，名为某课研究，并规定单位数。各种研究在图书馆或试验室内举行，指导员授课时间与授他课同样计算。本科三年级以上学生及毕业生，均得择习研究课。（《公布北大〈研究所简章〉布告》，高平叔主编：《蔡元培全集》第三卷，中华书局，1984年，第439—440页）

7月31日　胡适在东南大学暑期学校讲演《研究国故的方法》，提出历史的观念、疑古的态度、系统的研究和整理四个步骤，期望通过整理国故，实现思想解放的价值重估和教育普及的良好愿望。

据当天胡适日记："今年暑期学校亦有千人。今日因大雨，故不能用席棚的大会场而用大礼堂。故人甚拥挤。我说了一点十五分，题为《研究国故的方法》。"①内容约分四段："（1）历史的观念：一切古书皆史也。""（2）疑古：宁可疑而过，不可

---

①　胡适、梁启超在东南大学的演讲影响广大青年学子，与暑期学校的办学形式有一定关系。东南大学校长郭秉文仿照美国哥伦比亚大学暑期学校形式，事前在京津沪汉报纸登载广告，简章规定凡大学生来暑期学校肄业，每人可选8个学分课程，由东南大学发给修业证明。这个暑期学校的学生和旁听生，不下2000人。"学生来自全国，……还有两名来自朝鲜。担任暑期学校课程的教师，除原有权威教授外，还有海外和国内知名之士。"演讲者先后有杜威、孟禄、推士、吴卫士、巴斯德·斐尔德、胡适、梁启超、张君劢、江亢虎、张东荪、曾琦、李璜、杨铨、欧阳竟无、包文等。梁启超的《先秦政治思想史》，即其授课内容之一。参见黄伯易：《忆东南大学讲学时期的梁启超》，全国政协文史资料委员会：《中华文史资料文库》第16卷，北京：中国文史出版社，1996年，第11—12页。

信而过。""（3）系统的研究：要从乱七八糟里寻出个系统条理来。""（4）整理：要使从前只有专门学者能读的，现在初学亦能了解。"演讲后，有去年暑期学校学生缪凤林等围住胡适谈话。缪给他看柳诒徵驳胡适"诸子不出于王官说"的文字。"某君是信太炎的，他的立脚点已错，故不能有讨论的余地。"讲演记录发表于本年8月4日《民国日报·觉悟副刊》，胡适日记"手稿本"附有剪报，上有批语："此记多误，不及改。"（曹伯言整理：《胡适全集》第29卷，第392—393页）

　　胡适后来应马裕藻邀请，又在北京高师国文学会演讲该题，内云："昨天马幼渔先生递封国文学会请讲演的信给我，我就想拿这个题目来塞责。这个题目以前在南京高师讲过，记录太差，不大满意。今天重讲，比前次总得详备一点。"（胡适之先生讲演并校稿，何呈锜笔记：《研究国故的方法》，《国文学会丛刊》第1卷第1期，1922年11月）以何呈锜、枕薪、汝预笔记为本，相互比对，可以更加全面理解胡适的国故研究方法论。[①]

　　关于研究国故的目的，据枕薪记录，胡适认为现时虽然确有研究国故的需要，但一般青年对本国文化和学术缺乏兴趣，研究国故的人很少，原因有二：一是古今比较，旧有东西容易出现破绽。如中国的科学当然不足道，道德和宗教也浅薄得很；二是东西比较，中国国故书籍专为学者而设，非为普通人而做，实在太无系统。如

---

　　① 由何呈锜笔记，经过胡适校稿的讲演记录发表在1922年11月《国文学会丛刊》第1卷第1期。在东南大学演讲，汝预笔记稿载于长沙《大公报》，与枕薪笔记、刊于《民国日报》《东方杂志》的略有不同，内容更加详细，言辞更加犀利。沈金相所记，最为简略。（《嘉兴教育杂志》第三编，1922年4月，第15—17页）

历史书、哲学书，一本有系统的都找不到。文学方面，《诗经》总算是世界文学瑰宝，但却没有一本书能供给研究资料。"我很望诸君对于国故，有些研究的兴趣，来下一番真实的工夫，使彼成为有系统的。对于国故，亟应起来整理，方能使人有研究的兴趣，并能使有研究兴趣的人容易去研究。"受傅斯年影响，胡适认为"国故"名词具有中性意义，比"国粹"要好。

> "国故"的名词，比"国粹"好得多。自从章太炎著了一本《国故论衡》之后，这"国故"的名词，于是成立。如果讲是"国粹"，就有人讲是"国渣"。"国故"（National past）这个名词，是中立的。我们要明现社会的情况，就得去研究国故。古人讲，知道过去，才能知道现在。（胡适之演讲、枕薪笔记：《研究国故的方法》，《民国日报·觉悟》，1921年8月4日，第2页）

据汝预笔记，胡适首先指出，"近来少年人对于本国固有的文化，如文学、哲学、史学、制度，各方面的兴趣都很减少"。不能怪他们，原因有二：一是古代学术和现代新科学哲学相较，能够供一生或一年受用的很少。即使伦理道德一方面，古人最注重的，现今也觉浮浅，所以兴趣不如对于科学的浓厚；二是古书向来没有条理，没有系统。比如中国哲学，"少年人要想冥搜深讨，是很不容易"。即使历史一项，近来虽有许多教科书，然而要想在两三个月之间，使青年人得一个门径，引起研究兴味，实在不可能。再如文学，《诗经》是一种世界最宝贵的文学，然古今没有一个善本，能使初学领受，引导由浅入深。向来的注解，只是供高深专门的研究而设，没有普通门径。

　　现在我们觉得有研究国故的需要，我很希望有这种兴趣的人，用科学的眼光和方法，先从整理入手，使成有系统的学术，使人明白本国的文学，哲学，史学，制度，究竟是怎样，才可以引起他的兴趣。现在常有一班老年人责备青年人受新潮鼓动，不读古书，但是他们不能替青年人开一门径，徒然责备，也是无益。（胡适之先生讲、汝预笔记：《研究国故的方法》，长沙《大公报》，1921年10月15日，第7版）

　　胡适以《中国哲学史大纲》开出新典范，在开启风气的同时也并非全无"流弊"，有的新问题其实也就在其开启的治学门径之中。正如保存"国粹"之说在研究之前已有好的成见，胡适和其他新文化人在整理国故的时候，不肯实事求是，不够虚心，也有先入之见。还没动手整理国故，已经认定古代的学术思想向来没有条理，没有头绪，没有系统，故第一步是有条理系统地整理。"这个结论，即使是正确的，也应在整理之后得出，而不应是作为预设。"（罗志田：《胡适传》修订本，中华书局，2006年，第194页）然据汝预笔记，胡适接着解释"国故"二字要比"国粹"妥当的原因，就在于不会影响研究的动机和成见。

　　若说国粹，就是先承认从前的东西都是好的了，未研究之先，就有一个成见，我们不是说从前的东西好的，就要研究，从前的东西坏的，就不要研究。国故里面，原来有许多不好的东西，但一切思想学术，都是相因而生的。不知道国故，即不知道现在的起根发脉。常人说："不知古人，不知今人。"这是我们现在不得不研究国故的一个理由。（胡适之先生讲、汝预笔记：《研究国故的方法》，长沙《大公报》，1921年10月16日，第7版）

在北京高师演讲时，胡适颇有些调侃似的回应外界的批评说：

为什么胡适之这个"老古董"（用近日《晨报》的话），①忽然在新时代来讲国故呢？诸君要知道，在现在的中国所谓新文化，不过像波浪顶上的一点白光，波浪下面还有黑越越的极深无边的海水。放开眼看，国人的思想，制度，风俗，习惯，在在俱受国故的影响。如果说不管这些，只要把马克思，克鲁泡特金，罗素，杜威，诸人的新学说搬运与一般国民，便能根本改造，那么，只要有几家书店，能事已尽，何待我们多说话呢？……大部份的风俗习惯，仍是旧思想——好像易卜生所谓"鬼"——在那里作怪。不加研究，如何是好？（胡适之先生讲演并校稿，何呈锜笔记：《研究国故的方法》，《国文学会丛刊》第1卷第1期）

胡适提出通过整理国故来"捉鬼"，须在方法上先借助西方科学。

---

①　胡适曾在《新思潮的意义》中说："二十年前，康有为是洪水猛兽一般的维新党，现在康有为变成老古董了。康有为并不曾变换，估价的人变了，故他的价值也跟着变了。这叫做'重新估定一切价值'。"（《新青年》第7卷第1号，1919年12月1日）署名"犬儒"者批评L先生的"假粪主义"，即革新运动套上旧的假面具，以吸引大众转移其从新的办法，手段太过笨劣。例如："请胡适之先生套上假辫子，屈就辜鸿铭，开口少不得几句的'帝德乾坤大，皇恩雨露深'一类的话，引得众人如蚁附膻一般，然后胡先生却用迅雷不及掩耳的手段，转入'杜威的实验主义'和他的'国语的文学，文学的国语'。"此举本质远离了"以大多数人为目标"的革新方向，胡适的好人政府主张也是如此。"除了胡适之先生这一流老古董还在那里鼓吹'炸弹，炸弹'的革新方法以外，凡有远大见识的人，都知道改造现在的中国，乃至现在的世界，不是这种一时的，浮面的，激烈的，治标的，对付少数人的旧方法所能改造得了的。"（犬儒：《假粪制造的研究》，《晨报副刊》，1921年11月6日，第1版）

　　拿新眼光新方法去对付国故，便是我们研究的门径。每一部经典，与他一个适当的位置；每一个圣人，与他脱去袍子，还他一个本来面目。经典还是一般诵读的书，圣人还是一个人。这种研究，比较探讨罗素杜威他们的著作，还要重要。总之，对于古人和古书要重新估价，恢复他们的真价值。即使他们还能作怪，也要使他们作怪的限度降低——这便是研究国故的目的。（胡适之先生讲演并校稿，何呈锜笔记：《研究国故的方法》，《国文学会丛刊》第1卷第1期）

　　至于研究国故的四段步骤，胡适仅在北京高师明确说分前两步与后两步。"其实前两步只是预备，只算两种态度，还不是方法；后两步才真是方法。""整理的方法"，分为校勘、训诂、考证，举例说明其意义，不作校勘工夫便"读误书"，不作训诂工夫便"乱讲书"，不作考证工夫便"信假书"。详细介绍校勘方法一节，特别参考《整理史料的方法》（《中国哲学史大纲》上卷附录）、《清代汉学家的科学方法》（《胡适文存》卷二）。（胡适之先生讲演并校稿，何呈锜笔记：《研究国故的方法》，《国文学会丛刊》第1卷第1期）

　　据枕薪笔记，胡适认为整理国故目的是普及，可使后人研究不感受痛苦，"就是要使从前少数人懂得的，现在变为人人能解的"。具体做法可分两方面：形式方面，加上标点和符号，分开段落；内容方面，加上新注解，折中旧有注解。此外，加上新的序跋和考正，还要讲明书的历史和价值。"我们研究国故，非但为学识起见，并为诸君起见，更为诸君的兄、弟、姊、妹起见。国故的研究，于教育上，实有很大的需要。我们虽不能做创造者，我们亦当做运输人。这是我们的责任，这种人是不可少的。"（胡适之演讲、枕薪笔记：《研究国故的方法》,《民国日报·觉悟》,1921 年 8 月 4 日，第 2 页）

据汝预笔记，胡适指出国故整理的功夫就是要做到："使国故变成最易明了的学术，可以普及国人。从前著书的人，专为少数学者而设。这种观念，先须打破，必使从前十人能读的，现在十百人可以读，从前十百人能读的，现在一百万人能读，这才算是普及。"总之，整理国故必须讲究教授方法，才能引起青年兴趣，进而达到普及目的。（胡适之先生讲、汝预笔记：《研究国故的方法》，长沙《大公报》,1921 年 10 月 16—18 日，第 7 版）

胡适在北京高师则称，最后一步是"系统的著述"，整理方法仍是"预备的工夫"。在严厉抨击中国古代的著作没有条理系统的种种情形后，强调："以后我们著述，万不可承袭这二千余年来懒惰习惯，零碎的模型，一定要另辟新路径。甚么《二十四史》《三通》《九通》，无非我们的史料，我们总须别出手眼，组织一番，使各成为有系统的书。必如此，前人的真象，才得明了；后世读古书也较经济。……诸君有意探讨国故，就该抱好态度，选定方法，毅力作去。我在这儿说一两小时的话，不希望有好大效果，只望能引起诸君研究的兴趣。诸君！图书馆里，中国积下的几千年来的史料，都在那里招手请你们去整统呢！"（胡适之先生讲演并校稿，何呈锜笔记：《研究国故的方法》,《国文学会丛刊》第 1 卷第 1 期）

枕薪听完胡适的讲演，积极呼应号召，称胡适"是主张文学革命的第一人，但是亦主张研究国故"。由此产生两种感想："一、西洋思想当然要研究，但不能把东方思想遍废了。中国的思想，实占东方思想的大部分。现在既蒙胡先生指示了方法，或者就去研究，以为将来东方思想和西方思想大接触的预备。二、希望一般老学究，不要以此排斥西洋思想。更希望一般人不要单研究国故，而置其余的学问于不顾。"（胡适之演讲、枕薪笔记：《研究国故的方法》，《民国日报·觉悟》，1921年8月4日，第2页）

7月　胡怀琛撰文阐明沪江大学国学部分普通、专修二部，及哲学、文学划分的宗旨。

上年，胡怀琛应沪江大学之聘，任教该校"国文系"，讲授中国诗歌史。沪江大学校长、美国传教士魏馥兰聘胡做文学院长，以加入基督教为前提，拟辟一宿舍，请其全家迁居。胡拒绝，不久辞职离校。（郭甜甜：《胡怀琛年表》，牛继清主编：《安徽文献研究集刊》第6卷，第140页）

当时沪江大学只有教授国文的国文部。胡怀琛批评国学研究存在条理不分、没有途径、苦难得当、空言无用、门户之见、缺乏专书等六种弊端，"遂使数千年文化之邦，被人视为无学之国。不亦悲乎！故欲昌明国学，不先除此六弊不可"。沪江大学国学部分普通、专修二部。普通讲其要略，专修究其精深。两部都分哲学、文学二科，哲学子目包括儒家、道家、墨家、其他各家，文学子目包括散文、韵文、小说、文字学。纲举目张，源明流析，斟酌损益，不敢以博渊骄人，浅深前后，只是力图避免本末倒植［置］，庶几为学子入室之助，不使有望洋之叹。"至其主旨，则在不存门户之见，而以实用为归，学者尤宜体此意焉。"（胡怀琛：《沪江大学国学部所用书目总叙》，《俭德储蓄会月刊》第3卷第4期，1921年7月，文苑）

8月11日　孙毓修与胡适谈早年作白话文，后来渐治国故，不复谈新学的缘故。

孙星如，字毓修，张元济出版《四部丛刊》的重要助手。是日，胡适在商务印书馆编译所见到孙星如。"此君初译新书，亦曾作白话的常识书，后来渐治国故，就专治旧书，不复谈新学了。蔡孑民先生到上海时，曾问他何以从前作白话书的人现在反不做了。他说，他已在这里面寻得趣味，故不愿放弃了。此亦是有理的主张。人贵从天性所近，不当逆'天'而行。"孙星如主管《四部丛刊》出版事宜，胡适建议加入一些明代文集。商务印书馆拟《四部丛刊》续编目录，送拟目给胡适，胡适加了几种。（曹伯言整理：《胡适全集》第29卷，第411—412页）

8月24日　上海博文女学复校后开学，校长黄绍兰注重国文，亲自教授，以期树立学生国学根底。

黄朴，字绍兰，湖北蕲春人，章太炎唯一女弟子。1916年，与黄兴夫人徐宗汉、章太炎夫人汤国梨等在上海法租界贝勒路民房创办博文女校。当时汤国梨已任神州女校校长，于是黄绍兰就担任博文女校校长。不久，徐宗汉随黄兴赴美国，章太炎家境遇上困难，博文女校单靠学费，难以维持，于1920年停办。黄绍兰事业心极强，第二年得到张謇之兄张詧的资助，又租蒲石路（即今太仓路一二七号）住宅复校。（薛理勇：《黄绍兰与博文女校》，叶又红：《海上旧闻》第2辑，文汇出版社，2000年，第142页）寒假期间，黄绍兰"尚须亲为高级生补习《说文》《左传》《孟子》等"。（《各学校消息汇记》，《申报》，1921年1月25日，第3张第11版）

汤国梨与黄绍兰有深厚友谊，在黄办博文女学期间时相过从，忆称：

　　其时她写了《易经注释》四卷，要我请太炎指正，并表示愿列太炎门下为弟子。我亦力劝太炎收绍兰为弟子。太炎以从学的弟子虽然不少，但都是男的，没有女的。后来，要绍兰试写《石鼓文》，如写得好，可以破例收她为弟子。结果，绍兰便把《石鼓文》写成三体四卷，要我请太炎指正。所写一笔不苟，字均娟秀端正如其人。太炎看了，赞赏不已，遂收为弟子。（汤国梨口述，胡觉民整理：《太炎先生轶事简述》，陈平原、杜玲玲编：《追忆章太炎》修订本，生活·读书·新知三联书店，2009年，第83页）

　　上年7月，黄绍兰到沪寻求复校支持，校董瞿鸿禨夫人、赵君坚夫人、章太炎夫人及旧日生徒，深以停办为可惜，筹商恢复，改订学程，以应时势需求，设文艺专修科，注重国文、英文、算学。经费则组织校董会，群力维持永久。据说瞿鸿禨夫人擅八分书，对于校事，力予赞书。"黄女士前充该校教务主任，国学颇有根柢。据云聘请教员，必求专门人才，旧学新潮，不能偏重。若然，诚女学根本之图也。"（《博文女学卷土重来》，《民国日报》，1920年8月19日，第3张第11版）8月24日，博文女学举行秋季始业式。本学期仍循向来主张，法文、国文、英文、算术、文艺专修科及高小国文，均由黄绍兰亲自教授。"专修科溯及六书、音韵，高小科亦加授《孟子》《左传》《说文部首》，以明文字源流，立国学根底。"经费除由黄绍兰筹垫外，名誉校长张退庵，校董徐朗西诸君，均给予赞助。（《各学校消息汇记》，《申报》，1921年8月26日，第4张第15版）

　　在黄绍兰努力下，博文女学渐有发展。1922年初，文艺科国文教授聘请张天帚，其人"邃于许学，将来实施教授时，必能使学者

多获心得"。(《学校新谈》,《申报》, 1922 年 2 月 9 日, 第 4 张第 15 版) 7 月
8 日, 举行文艺专修科第一届毕业典礼并暑假休业式。校董到者有
瞿鸿禨夫人、章太炎夫人等, 由瞿夫人给凭, 并致训词。黄绍兰,
教员张天冕、余九皋相继演说。礼毕, 校董会议决事项, 首为"国
民科起, 即宜输以国学观念, 高小以上各科,《说文》而外, 兼讲均
[韵] 学源流"。(《各学校消息汇纪》,《申报》, 1922 年 7 月 11 日, 第 4 张第 15 版)

9 月 17 日　钱玄同评述梁启超治学特点, 希望其专门从事整理
国故。

钱玄同购得《改造》杂志, 载有梁启超一文, 内称汉明帝梦金
人而求佛经之说全不足信,《四十二章经》是魏晋人所伪造, "证据
极为确凿"。"此公的文章本来浅显畅达, 而头脑又很清晰, 今后诚
能不骛心于政治, 而专门做整理国故的事业, 则造福于学子者必甚
大, 决不在胡适之之下。但恐其'急功名'之念尚未清除, 一有机
会又要做官僚、做政客了。"(杨天石主编:《钱玄同日记》整理本上册,
第 378 页)

9 月 21 日　钱玄同、沈士远、单不庵三人商讨《国故论著集要》。

上午, 钱玄同访沈士远, 并约单不庵到沈家, 将《国故论著集
要》宋学以前各文的抄稿分成三部分, 由三人担任圈点校印事宜。
(杨天石主编:《钱玄同日记》整理本上册, 第 379 页)

9 月　亚洲学术研究会在上海成立, 倡导读经尊孔。发行《亚
洲学术杂志》月刊, 孙德谦任总编辑, 内容以国学为主, 多针砭新
文化。

创办人汪踵霖、邓彦远主张孔教为亚洲共同固有学理, 既不能
看作哲学, 也不能看作国粹, 而是有成己精微、成物范围更广的人

伦之学。(《亚洲学理浅识》,《亚洲学术杂志》第1期, 本会纪事) 以"亚洲学术与世道人心有极大关系, 须加以研究", 成立亚洲学术研究会, 以主忠信以修身、尊周孔以明教、敦睦亲以保种、讲经训以善世、崇忠孝以靖乱、明礼让以弭兵六条为宗旨, 以亚人之性情、亚人之政治、亚人之道德、亚人之法律、亚人之礼俗、亚人之和平、亚人之教学、亚人之文化八项为用。具体进行办法, 暂先在上海租屋一所, 为会友讲习之地, 每月讲书三次, 或二次。又月出杂志一册, 以发明学术研究所得。创办伊始, 发起人共同讲办, 如赞成宗旨及办法, 均推为赞成人, 各有介绍友人入会权利。会友入会资格, 须在30岁以上, 与宗旨学派不背谬, 经发起人赞成人书面介绍, 即可入会。到会中讲书议事, 一体待遇, 无关系者驻会之友概不接待。定期讲书, 会友均得入座。未经入会之人, 如与本会表同情者, 得有会友二人以上介绍书, 亦可列席旁听。办事人均由会友担任, 现在试办时期, 不推定会长, 先由发起人中推定事务、款务两处, 各推理事二人, 常川驻会, 以便着手进行。(《亚洲学术研究会简章》,《亚洲学术杂志》第1期, 1921年9月, 本会纪事)

《亚洲学术杂志》分图画类、论说类、专著类、文苑类、丛录类、本会纪事类、译稿类等栏目, 内容多以国学为主, 每有针砭新文化之意。时以西人之说参证比较, 尤注意于中西文化之沟通, 而本孔教及旧学之精神, 以期淑世正俗。主撰者除孙德谦外, 还有张尔田、敬庵、达庵、曹元弼、罗振玉、释持、李详、罗福苌、陈曾榖、陈教友、宋文蔚、刘承幹、鲍心增等。每期兼附英文数页至数十页不等, 皆为辜鸿铭所撰论说。

第1期"论说"栏载孙德谦《中国学术要略》, 类似发刊宣言。

内称："余往者尝有志为中国学术史矣，兹事体大，未敢操觚率尔，今撮举纲要，以著于篇，其诸阅览嗜古之君子，亦有乐乎是与。"分中国学术史为经学、小学、史学、舆地之学、簿录之学、金石之学、诸子之学、理学、兵学、医学、术数之学、释老之学、诗赋之学、辞章之学、词曲之学等十五门类。

今天下学术衰颓，诚有岌岌可危之势矣。学校废经，群籍真可束阁。其猖狂无忌者，抑复造为新说，将我中国旧有之文字，与夫名教纲常，使之扫地而皆尽。秦政焚坑之祸，不谓及吾身而亲见之，可不惧哉。

在新学叠兴的绝续之交，期待一二人守先待后，作砥柱中流，如同孟子辟杨墨"异端"，最终使圣道复明。

今者老师宿儒，犹未尽亡，中国相传之学术，岂无博览多闻，而以继往开来为己任者。彼谬妄者流，虽使竭尽其力，从而诋毁之，摧残之，亦岂遂至于澌灭哉。世有希向学术者乎，愿取如上所述，或兼治焉，或专精焉，相与发挥而光大之，此则余之所厚望也夫。（孙德谦：《中国学术要略》，《亚洲学术杂志》第 1 期，论说一）

张尔田《邅堪撼言》一文，反复阐述"六经为经世之学"，批评宋儒性理之学、清儒考据之学均丧失了儒学本原，主张复原经明行修的两汉经学。

自世之辟儒，只知六艺之为史，而不知六艺之为经。考其事而不求其义，辄谓孔子示人以尧舜禹汤、文武周公已试之效。及其试之而不效也，则相与集矢于六艺。致使黠者老守训诂章句之学，不敢发明大义于天下，而于是惑经疑经之作，始滋多于世矣。岂不慎哉，岂不慎哉。后有通经者，得余说而存之，庶几以继往开来为己任，志其大者远者，而勿为刘歆、王安石所愚，许郑程朱之业所囿可也。（张尔田：《遯堪撱言》，《亚洲学术杂志》第1期，论说二）

张尔田与友人书中批评五四运动以来盲从西学的不良学风，胡适等以科学方法整理国故整理出来的不是国学真精神、真面目，因其不懂考据用途。

张尔田批评新思潮激进化，或者过于讲求方法，忘记了为学经世的最终目的，实为舍本逐末。如"进化"思想和"科学"研究，目的是所谓"征服自然"。不知"苞物与我"，同为宇宙之一。又如"解放"思想，宣传各种西方"主义"，摧陷廓清古人检束官骸性命的各种学说，却不能明确此举目的何在。

宇内三大文化，曰远西，曰印度，曰震旦。三者物极将反，至今日几几有不能支配世界之势，未必彼之为是，而我之为非，为功为罪，自有末日最后之裁判，固非我辈今日所可妄下断语者也。虽然，我辈中国人也，国学真精神、真面目，我辈自当发挥之，以贡饷于世界，而断不可以远西思想先入之说进，有先入之见，则吾之国学，非吾之国学矣。

如胡适崇尚科学方法，谓与清人高邮王氏等治学方法相契合，却不知国学内容丰富，断非考据一途所能囊括。考据家凭证据判是非，然学之为道，固有不待验之证据，而不能不承认其成立者。如印度古因明学之譬喻量，不识野牛，言似家牛。义准量谓法无我，准知无常。又如孔子答子路曰：“未知生，焉知死。”孟子辟许行曰：“百工之事，固不可耕且为也。然则治天下，独可耕且为欤？”墨子《非攻》曰：“今有人于此，少见黑曰黑，多见黑曰白，则以此人不知白黑辩矣。少尝苦曰苦，多尝苦曰甘，则必以此人为不知甘苦之辩矣。今小为非则知而非之，大为非攻国则不知非，从而誉之，谓之义，此可谓知义与不义之辩乎。”诸如此类，古人多有，皆无需证据，而又无从示人以证据，以量相衡，则亦未尝不相悦以解。若必谓证据不可无，而证据之中，有真伪强弱，亦需核定。否则，能胜人之口，能易人之虑，却不能服人之心。

愚非谓考据果可废也。考据之所贵，在能定古书之音训，及其名物度数之沿革。而诂其正义，探赜索隐，固匪所长，而又必以名学公例审谛之，去其所谓便词巧说者，乃尽善耳。然而挽近学者，则多偏重于彼而略于此，见有可与远西相缘饰者，则相与诧之曰科学方法！呜呼！为此言者，不特不知休宁高邮之术，抑亦不知科学也乎。

天下学术，争辨相寻，必须综合然后乃见是非。惟研究学术方法则必须有一标准，苟无标准，或标准不正确，综合时则无由比较，结果必陷入无是非之境地。（张尔田：《与人论学术书》，《亚洲学术

杂志》第4期，论说二）

从录栏注重转引与其宗旨相合的言行。如创刊号转载4月25日旅德学生王光祈寄国内新闻媒体论德国人热衷研究中国文化之文，内称欧人厌弃自然科学似"霸王"束缚思想，相率返于玄学。"中国者，玄学最盛之国也，德人近日之研究中国文化，遂成为一时风尚，'老子哲学'尤为一般士夫所乐道。"德国发生中国哲学讲演会、东方美术展览会两种集会，皆与中国文化有关。

> 最近一二年来，德国人之研究中国文化，已成为一种潮流。或谓此种趋势，全系战后一种反动，此语是否真确，吾人姑且不论，但就此种潮流观之，必发生三种影响。第一，中国古代文化，必乘此种机会，多多输入欧洲。第二，中国文化输入欧洲后，欧洲文化必感受多少之影响，将来或可产生第三种文化。第三，欧人既略解中国文化，则对于中华民族，必加上若干之了解，或不至再以未开化之人类相待。故此种潮流，对于世界文化，对于中华民族，皆可谓有利无害，因而记者亦乐为介绍。

"非助国故党以张其帜也"一句，《申报》所载原文所有，《亚洲学术杂志》转载时删去，可见后者对于"国故"名词并不认同。柏林连日开中国哲学讲演会两次，主讲者为威廉博士。其人尝寓居中国十余年，通中国文字，译有老庄孟列诸书，对于中国古代哲学，亦尚有研究。此次受德人聘请，公开讲演。大意谓世界上没有无文化之民族，惟文化有强弱之分。强文化可以耐久，受他种文化侵略而不惧，弱文化则反是。

> 中国文化存于世界上者已四千年，在诸种民族文化中为最能耐久者。近来欧力东侵，遂使中国文化，大有动摇之势，然吾人万不可以为欧洲文化较高，故能征服中国文化。其实中国文化所受欧洲文化之影响，不是欧洲文化之精粹，而实为欧洲文化之毒物。质言之，欧洲文化之侵入中国，无非枪弹战舰之毒物，遂使中国文化有强权压迫，大有丧其所守之倾向，此实为最可叹息之事。（语至此，拍掌之声如雷）

东西比较，中国古代哲学发源于初民祈祷式的《易经》。欧洲哲学大半立于"存在"（Sein）的概念上，而中国哲学则大半立于"变易"（Wandel）的概念上。[①]欧洲哲学多系有目的之前进，中国哲学多系无始终之循环，春去夏来，花开花落，无始无终，若能安心立命，顺此循环，则其乐无涯。"中德两国文化，宜携手进行，德人宜打破从前之强权梦。中国在不久期间内，必能将各国优先权取消。吾人慎勿轻视中国人。"（《德国人之研究东方文化热》，《亚洲学术杂志》第 1 期，丛录；《德国特约通信》，《申报》，1921 年 6 月 14、16 日，第 2 张第 6 版）

威廉之言，颇与罗素在华演说之意相通。该刊又转载《申报》所载《德国人之倾向东方文化》一文，提及泰戈尔在德国达姆施塔特（Darmstadt，时译打模时塔）演说《东西问题》，内云：

---

① 存在、变易的英文，《亚洲学术杂志》转载时删去。

欧洲人是一种有统系有组织之自私民族，只有外部的物质的生活，而无内部的精神的生活。而且妄自尊大，欲以自己之西方物质思想，征服东方精神生活，致使中国印度最高之文化，皆受西方物质武力之压迫，务使东方文化与西方文明所有相异之点，皆完全消灭，统一于西方物质文明之下，然后快意。此实为欧洲人共同所造之罪恶，希望今后青年将从前种种尽行忘去，努力为新世界之创造云云。（《德国人之倾向东方文化》,《亚洲学术杂志》第2期，丛录）

又如转载国内报纸所载抨击广东省教育行政委员陈独秀在粤提出"百行以淫为首，万恶以孝为先"等之流言，广东省议会和上海广肇公所驱逐陈独秀的提议和电文。据《中华新报》载：

广东有一学生团，以广中学生岑公燧为首领，设立一国学会。因现时所谓新文化人物，务以破坏道德，废弃文学为主旨，大决藩篱，甚于洪水猛兽。而白话文字，通篇"甚么""罢了"等字样，尤为讨厌。因发愤提倡国学，结立团体。一时入会学生，风起云涌，甚为踊跃。盖自省议会提议驱逐陈独秀后，一般人民稍为觉悟。嗣复接上海广肇公所等迭次请求逐陈之电，尤增猛省。凡提出新文化三字，辄被人唾骂云。（《国民对于新文化之心理》,《亚洲学术杂志》第1期，丛录）

《亚洲学术杂志》的学术理念，得到日本人主办的上海《日本周报》响应，谓六经为"中国民族性之注释"。（《亚洲学术研究会》,

《亚洲学术杂志》第4期，丛录）

西本省三谓：

学问无国境之别，学问之力固伟大，而学问中文化之力尤为伟大。况乎中国之文化孔子学，其道发觉人本然天良之心性，尽人伦日用之道，达天理之极，以修身而平治天下者乎。然此优美之道学，在中国本国，反甚颓败。现代中国青年学子之大多数，一则曰西洋，再则曰西洋，只知求他人而不知求自己，抛却自家无尽藏，沿门持钵效贫儿，自前年发生新文化运动以来，其弊尤甚。然物穷则反，故本年春间，渐著改悔，生反本之倾向，此诚是好景象，吾人之尤所欣快也。

屡举英、美、法、德等欧美国家尊崇孔老的人事，以及欧人推崇辜鸿铭的现象。中国自古以来，变乱多矣，直接间接制约其历史命运的，实为道统。孔子"民族精神"（鉴于二代）和"时代精神"（从周）并重的主张，即"道统之文明"。因缘德国提倡中国学术，可知：

中国之所新，西洋之所旧，中国之所旧，西洋之所新。孔子曰：述而不作，信而好古。太阳之下，光无新旧。学问之道，亦犹是耳。孔学之发挥道统在迩，道不远人，人能宏道，苟发挥而光大之，所以为个人，为中国，为世界和平，吾中心甚为喜悦也。（西本省三：《德意志青年与中国文化》，《亚洲学术杂志》第4期，论说）

吴宓将《亚洲学术杂志》列为对于新文化运动反应的七种杂志之一，称："作者类皆湛深旧学，识解鸿博，文词渊雅，每篇皆言之有物，精粹确实，不事敷衍补缀。其方法亦甚允当，虽专事发明经义，整理旧学，然处处针对时势，以实用为归。"如孙德谦《中国学术要略》《中国四部书阐原》《六经为万世治法其实行自汉始论》，皆洞究学术本原。达庵《中国弭兵学说》《战国策士论》，皆援古证今，切中吾国现状，议论非琐屑空疏。该刊内容"虽以国学为主，而时以西人之说，参证比较，尤注意于中西文化之沟通"。敬庵《中国法律生于礼》《台莪儿自我扩大与赫尔褒兹自然征服论争辩书后》，于此再三致意。丛录多针对新文化，吴宓抱以了解同情，谓其宗旨方法"不能与新文化之种种学说风气，壁垒相当，往复辩驳"。（《吴宓君论新文化运动之反应》，《亚洲学术杂志》第4期，丛录）

10月1日　无锡国学专修馆由惠山锡商山货公所迁入学前街学宫左侧新建的尊经阁。

"无锡孙鹤卿、杨瀚［翰］西两先生重建无锡尊经阁，设立讲堂，并由施省之先生另建宿舍，由无锡县公署函请本馆迁入。"（《本校大事记》，《国专校友会集刊》第1集）

另据唐文治记详情云：

先是，本馆请邑绅孙君鹤卿名鸣圻为馆董。孙君因旧时金匮县训导署废弃可惜，锡邑原有尊经阁，为明成化时所建，毁于兵燹，乃捐赀于训导署旧址，重建尊经阁，修理余屋，由十七乡公呈县署立案。旋经县署知照，请本馆迁入。邑绅杨君翰西名寿楣，复助成之。旋陆君勤之复筹款建宿舍楼房五楹，至是迁入。余为立碑以纪孙、杨二君之德。（唐文治著，唐庆诒补：《茹经先生自订年谱》，沈云龙主编：《近代中国史料丛刊》第三编第90辑，《茹经先生自订年谱》，第82—83页）

无锡在清朝分为无锡、金匮两县，辛亥革命后合为无锡县。学宫左侧原有金匮县学训导署，已很破旧。本年中，无锡士绅孙鹤卿（名鸣圻，字鹤卿，以字行，1868—1928）、杨翰西（名寿楣，字翰西，以字行，1877—1954）捐资于训导署旧址重建尊经阁。无锡国学专修馆迁入后，本拟举行落成礼，因自建新宿舍尚未竣工，训导署房屋亦未修葺完竣，故延期举行。（刘桂秋：《无锡国专编年事辑》，第21—22页）

本年秋　汤济沧在上海设立寻源学塾（后之寻源中学），宗旨是注重国文，挽救中学生国学消沉之弊。

汤济沧"愤国学之消沉，并见学生自高小卒业，入中学后，国文无根柢者，靡不淘汰。即幸而勉强能免，中学内科学为重，自难专力于国文。因而中学毕业后，或有握笔书信札，不能尽免于谬误，其痛苦为何如者"，为"矢矫此弊，乃于今秋在本埠外日晖桥织呢厂街创办寻源学塾，注重国文，旁及英算等科"。（《国学消沉中之注意国文者》，《新闻报》，1922年1月10日，第3张第1版）

10月2日　蔡元培为解决北京大学研究所国学门经费，答应拟向南方富人刘承幹求助。

此事可能由沈兼士、钱玄同等设想，钱在日记中写道："北大研究所国学门近来打算积极进行，做出一点成绩来，而因经费无着，无从措手。蔡先生不久将赴沪，他答应向南中富人如刘翰怡之类告助，要叫我们先拟一个进行的计划，以便开口。今天下午，尹默为此事邀我们到他家里去商量。"（杨天石主编：《钱玄同日记》整理本上册，第380—381页）

10月11日　北京大学举行开学典礼，蔡元培演讲提及国学门筹备进展。

蔡元培强调北大为学问机关，非职业教育机关。谈及赴欧考察经过，为北大谋求充实理科的图书仪器。并谓：

> 现在西洋各国，对于中国从来的文明，极想知道，正从事搜集中国的典籍，供他们学者研究。我们一方面注意西方文明的输入，一方面也应该注意将我固有文明输出。幸今日中外文明，既有沟通交换的机会，我们是格外要留心的。本校国学研究所，现由马幼渔先生、沈兼士先生担任整理贡献，望诸位性近于此者，多尽些责任研究。（《北大一九二一年开学式演说词》，高平叔主编：《蔡元培全集》第四卷，中华书局，1984年，第94—95页）

胡适在演讲中严厉批评"国立八校数年无一考试不及格降班之学生，实为八校之羞"，提出整顿学校纪律，严格管理。据《申报》记者平心观察，北大新章预科二年，外国文预备工夫较浅，升入本科，颇有不能畅读外国文参考书之苦。"至中国文学一系，所有学生，尤多不以外国文为主要功课而轻忽视之者，此层尤认为不当。盖欲整理旧学，非用新式科学方法不为功。若不精通外国语言文字，则研究国学，亦必不能澈底。"因此，北大对于外国文一课，近来特别注重。"中国文学系"除原有外国文课外，本学年加入外国文学选读一课。

预科期满升入本科之际，将拟定一种办法，凡外国文不及格者，仍须补习，何时补习及格，即何时升学。胡适最近发起组成一英文特班，专授杜威所著之教育学及论理学，一可精习英文，二可研究杜威学说。现多数学生纷纷报名，不日即可成立。新聘入校教授有朱经农、吴虞等数人。"吴氏为蜀中绩学士，旧学根底甚深，且又深明科学的研究法。"（平心：《北京通信》，《申报》，1921 年 10 月 25 日，第 2 张第 8 版）

10 月 13 日 钱玄同为北京大学的"国故概要科"编制教案。

"国故概要科"共分两个单位，约讲六十小时。鉴于初步选取文章将及百篇，将来尚需增补，当在百篇以上，势必不能一一讲到，遂将教案分为全讲的"讲"、择要讲的"节讲"、概括说明要点令学生自己去看的"参考"三种。六时制作完毕，携至沈士远处，并约单不庵同往商定。（杨天石主编：《钱玄同日记》整理本上册，第 382 页）

10 月 29 日 报载四川国学专门学校筹备本年冬季国学会课。

本日报载："四川国学专门学校校长廖平诸先生，为鼓励国学起见，组织四季会课，不论远近，不限人数，依取列之先后，分别酌给奖金。本年冬季会课，已在成都学道街存古书局售卷，每卷大洋一角，即以售得之款作为奖金，不足之数另筹补助。闻此次购卷者极为踊跃，所定奖金，亦较前届为丰。"第一名奖银 50 元，第二名 40 元，第三名 30 元，第四名 20 元，第五名 10 元，第六名以下均 5 元。出题共十二道，随作两艺为完卷，限阴历十月内交卷。（《冬季之国学会课》，《新闻报》，1921 年 10 月 29 日，第 4 张第 1 版）

12 月 22 日，该校开会，到者颇众。首由杨润禄发言谓："国学会课之课卷已将收毕，此后种种办法，请众讨论。"次由校长廖平，教务长辜预渠，及白欲东等先后发言。"咸以此次会课，本校学生颇多，所有阅卷事项，应另请校外人担任。其余一切手续，均一秉大公，以期杜绝弊端，不予人以口实。此次共售出课卷二千四五百本，拟揭晓后接办春季会课。"捐送书籍加入赠品者甚多，前五名可望得到最优赠品。（《国学会课开会记》，《新闻报》，1921年12月24日，第3张第2版）

吴虞赴北大任教后，于1922年1月27日在日记中写道："廖季平寄国学会课卷来，转交宁洛刊。"（中国革命博物馆整理，荣孟源审校：《吴虞日记》下册，四川人民出版社，1986年，第10—11页）

翌年3月，国学研究会在《国学月刊》刊登广告曰："本会壬戌秋课早已评定甲乙，揭榜通知，所有得奖诸课卷，至今领者尚属寥寥，诚恐省内外道远阻隔，不能周知，兹将得奖诸君榜次姓名胪列于后。"计甲等三十二名：瞿宣颢[①]、陈仁、曾繁会、吴辅勋、宋景莘、卢汉杰、缪俎缕、薛光华、赵昌卿、曹元恕、陈邦福、冷春泽、陈进宜、甘良珍、李育琛、冯煊、刘子东、黄逸、王文渊、王文、彭光耀、游龙、季联圭、卢汉昭、王希钘、魏慎礼、丁绩成、韦卿、沙勉、朱弸彪、曾国民、杨守愚。乙等二十四名：汪遐龄、陈沂、张维垣、王鸿、陈涛、彭光辉、张学庸、苏道淮、蓝启青、文人蔚、刁际明、曾庆统、冯翔、傅伯知、陈炳麟、陈铸、周新德、陈言、陈庆年、叶惟善、刘嘉模、曾益三、冯正炜、冯夔。（《国学会会课广告》，《国学月刊》第7期，1923年3月17日）

乙等以后有林云阶、杨致祥、杨文瑞、龚沛、刘玮、曾一、王侯、石铭、朝弼、杨谋、李犹龙、李书、邹少枚、沈锜、王钼金、

---

① 疑为瞿宣颖。

李博通、冯金甫、刘嘉栋、叶铦、冯正兴、孙毓琦、邓耀华、吴颉鸿、胡天绪、翟谦、叶馨、刘执中、刘仪、吴仲双、贾以文、王耀如、王蓉生、刘夔、黄光昌、刘加桢、什鹏、陈治平、马成、付森、周荫樾、龙水居士、朱尚裴、余酉钊、罗恩绩、王廷杰、周烈、龙椿、王宗樑、罗罗江、刘畲、夏之鼎、张乳儁、陈全、李让卿、李玉铭、卢友仁、华醒、钱光鹏、王宗耀、萧浩然、汪吟龙、方刚、颜中匋、冷春霖、冯丕、陈兴敏、陈鸿绪、何正衡、王蔚如、阳开太、吴道潜、张绪九、王光蜀、张治本、时长偾、王沛陵、汪周原、蔡晓舟、吴人刚、蔡湘、伍天祜、杜宗预、黄冀之、彭范西、禾道淮、彭署麟、冯叔年、王清源、青钊、王宗羲、童俊、刘泽沛、罗吉光、林绍和、什鹇、刘德薪、李弼、刘哲卿、杨家麟、陈国典、鹿烈成、李顺青、斐达之、萧韶、什鸥、方策、青虚子、冯草万、王光琳、陈澜、刘泽长、张元阳、祝华峰、刘熹、叶兴仁、廖玉麟、陈杰、伏道德、官大中、东日昇、赵子新、汪云纪、林煦、吴季鸿、胡方锟、杨季余、官纯一、张继寅、曾仪甫、王子元、谢鼎、陈光明、王猛省、曾吕侯、明镜、李心正、张云龙、何泽平、刘希政、卢骆、钟文潜、梅村、王民、毕德潜、王卓如、杨寅、刘允文、廖济贤、朱闇章、李联珪、丁熙、卢清仲、孙干、衡际明、李家楷、何政、钱馥、王德瑞、王灿如、邓崇惠、杨春三、李矩、陈华鑫。丙等各名不列载。（《国学会课广告》,《国学月刊》第8期,1923年3月31日；《国学会课广告》,《国学月刊》第9期，1923年4月30日）

11月7日　蔡元培函聘沈兼士为北京大学研究所国学门主任。

函谓："本校研究所自议决归并四门以来，分门筹备。现国学门已有头绪，敬请先生为本校研究所国学门主任，量为布置，刻期

进行。对于有关系之各学系，并请商同各系教授会主任办理。"（《致
沈兼士函》，高平叔主编：《蔡元培全集》第四卷，第131页）

　　蔡元培经过考察欧美各种学术研究机构，重新草拟北大研究所
组织大纲。11月28日，北大评议会第二次会议通过其《北大研究所
组织大纲提案》，分设国学、外国文学、社会科学、自然科学四门，
校长兼研究所所长，担负领导所务总责。（《北大研究所组织大纲提案》，
高平叔主编：《蔡元培全集》第四卷，第134—135页）

　　《申报》记者平心报道北大研究所计划，原为大学院之预备，
只是限于人力与经济，以资过渡。论及国学门的人事安排：

> 　　至各门研究问题及研究方法，则由相关各系之教员共同商
> 定，一时尚未有具体议案发表。惟闻国学一门，则已由主任沈
> 兼士拟出草案一件，系与中国文学系教授吴虞，史学系教授朱
> 希祖公同商定，日内即行提出会议。……四门中除沈兼士已决
> 定任事外，余三门虽大致决定，尚未完全任事。（平心：《北大设
> 立大学院之先声》，《申报》，1921年12月23日，第2张第7版）

　　静观亦注意到："该校研究所，从前宣告设立者，不下十余，
然大都有名无实，空有一块木牌而已。本学年则重行整理，改并为
四所，各所均拟定专章，委定主任，实行研究。"国文系新聘教授
吴虞到校后，颇受学生欢迎。"吴氏拟于整理旧学，大用工夫，行
将联合中国文学及史学两系学生，公同着手研究。"（静观：《记北大近
况》，《申报》，1921年12月6日，第3张第10版）

　　沈兼士出任国学门主任，在当时可谓顺理成章。就学术思想而

言，沈兼士为留日章太炎弟子，在文字学上本有独到造诣。文学革命期间即与乃兄沈尹默、同门钱玄同等支持白话文运动，在文科教授中属于思想"开新"的一派，颇获蔡元培赏识。1918年北大初设研究所时，沈兼士又是积极分子，曾主持词典编纂。且在文科中的人际关系更是良好，较易于获得相同背景出身者支持。乃兄沈尹默本是文科中极有影响的人物，1917年任国文门研究所主任，大概在沈兼士出任国学门主任一事中起了不小作用。（陈以爱：《中国现代学术研究机构的兴起》，第80页）

顾颉刚受沈兼士聘为国学门助教，并兼办与北京大学图书馆协调等事。11月8日，读《北京大学日刊》，获知蔡元培请沈兼士为研究所国学门主任，知北大研究所事始定。沈兼士曾对顾说："你如要回去，我做此亦无味。"要其明年暑假再归家，使顾犹豫未决。（顾颉刚：《顾颉刚日记》第一卷，第181页）办事认真、不肯通融的顾颉刚对太炎门生在北大文科势力之大，颇有感慨和抵触，并不以朱希祖主持的北大史学系只顾讲课，不务研究的风格为然。尚在国学门筹备期间的上月3日，就致函马裕藻、沈兼士，投诉朱希祖占据研究室用以讲演，排斥助教等人办事的专横作风。顾颉刚更发现北京大学各机关隔膜，办事随便，十分痛心，一度萌生去意。一面请求马裕藻等指定一二间屋子做研究所讲演室，一面请朱希祖改参考名义为讲演，到这间屋子里去做。原来定的几间参考室让办事人安心做事，校内同人随便看书，出入无禁。"倘以为于朱先生的面子上过不去，不能答应我这句话的，请把我辞掉。"（顾颉刚：《顾颉刚书信集》第一卷，第506—507页）

为了彻底厘清与各相关学系的纠缠，顾颉刚建议国学门与史学系完全脱离关系，先办国文学系研究所。10月7日，又致函沈兼士说：

> 今天我在四层楼上见有十五号室二间尚空，喜其去研究所甚近，拟取来做研究所事务室，把原拟做办事的廿一号室一间，改做研究所讲演室。当下就去看守常先生，说明此意。守常先生对我说："现在各系都要成立参考室，四层楼上怕没有空地方，你还不如把两间先贴上英文系参考室罢。"我便说讲演必须有屋子，他说："你不用这样了，史学系的主任爱把参考室做讲演的地方，你让他去好了。"我又说将来研究所书记须多用，一间办事室是不够的，他说："国文系用的书记，该在国文参考室内抄写，史学系没有说要用书记，你们多用了，他们要不乐意咧。我劝你，办事的地方只要小些好了。"

顾颉刚听了如此"不负责任""敷衍现状"的话，非常生气。

> 当下回到屋里，想了半晌，我觉得遐先先生意见如此其深，若不设法分离，将来掣肘之处便不知有多少。至于分离之法，我想了多少，觉得一个法子顶妥当，便是暂不办国学门研究所，而先办国文学系研究所（守常先生云："研究所本只分四门，但现在顾孟余先生竟设立德文学系研究所。"可见原案已破），说明俟国文学系研究所办好之后，再逐渐扩充为国学门研究所；从前的史学系教员参考室，一仍其旧，与国文学系研究所无关。等我们一二年之后，扩充为国学门研究

所时，史学一部也可收入，而史学系教员参考室还是让他独立，与我们无关。研究所由我们做去，参考室由他们做去。到时他们不并进来，我们也不必理他；他们若愿意并进来，那时我们的模型已经做好，根柢已经打好，他们也不能不就我们的范围了。

如以此法为然，则前天向沈士远开具的一篇木器账就可减半做。原本估计约逾千元，甚恐庶务委员会不通过。若减半，事情就容易办。"好在史学系主任本不要这些东西，我们乐得让他苟简一点。又我们办事人甚少，能在起头时范围狭小些，倒也很适宜。"如此，房屋只需迤南四间——两间合并，两间小的。印度哲学参考室的一间，也可不管。（顾颉刚：《顾颉刚书信集》第一卷，第508—509页）

在沈兼士协调下，至次年春请假回家照顾祖母为止，顾颉刚在国学门办事极为顺手，表示大事解决之后回京，届时"研究所国学门的事务就是做了我的终身事业，我也愿意"。（顾颉刚：《顾颉刚书信集》第一卷，第511、513页）

10月12日，顾颉刚在苏州致函马裕藻推荐王伯祥、国文门毕业生孙伏园入所，内称：

我们研究所若只要做学校里一个机关，一步步的走上去，那末我和介石（郑奠——引者）、伯祥诸君都足胜任。要是我们研究所要对于外界有所表见，有所联络，使研究所成一国内研究学术的团体，这便非我们数人所能任。兼士先生昨天谈及蔡校长意拟将《大学月刊》取消，将来由研究所出报。一出报，就和外界的关系多了。此外如请人演讲，请人研究，要做起来，都有许多可做的事。（顾颉刚：《顾颉刚书信集》第二卷，第9—10页）

顾颉刚秋间又兼任北京大学预科国文讲师，很快不适应教学而辞职。

惟有研究所却是很有兴味的：四壁排满了书架，看书比图书馆还要方便些；校中旧存的古物和新集的歌谣也都汇集到一处来了。我这也弄弄，那也翻翻，不觉夜色已深，在黑暗的巨厦中往往扶墙摸壁而出。人家说我办公认真，哪知我只是为了自己！在这翻弄之中，最得到益处的是罗叔蕴先生（振玉）和王静安先生（国维）的著述。叔蕴先生在日本编印的图谱，静安先生在广仓学宭发表的篇章，为了价钱的昂贵、传布的寡少，我都没有见过。到这时，研究所中备齐了他们的著述的全分，我始见到商代的甲骨文字和他们的考释，我始见到这二十年中新发见的北邙明器、敦煌佚籍、新疆木简的图象，我始知道他们对于古史已在实物上作过种种的研究。我的眼界从此又得一广，更明白自己知识的浅陋。我知道要建设真实的古史，只有从实物上着手的一条路是大路，我的现在的研究仅仅在破坏伪古史的系统上面致力罢了。我很愿意向这一方面做些工作，使得破坏之后得有新建设，同时也可以用了建设的材料做破坏的工具。（顾颉刚：《古史辨自序》上册，第66页）

12月14日，北京大学第三次评议会公布《国立北京大学研究所组织大纲》。由于经费和人力条件的限制，先办国学门。（《北大研究所组织大纲提案》，高平叔主编：《蔡元培全集》第四卷，第135页；萧超然等著：《北京大学校史（1898—1949）》增订本，北京大学出版社，1988年，第223页）

11月16日 无锡国学专修馆登载广告，计划招考第二班师范生30名。

广告称此次招生学额24名，年龄16岁以上25岁以下。以读过四书五经，具有根底，能作各体文字，有高等程度为合格。倘程度较低，来函请求录取，概不答复。学制三年毕业。学费、宿费不收，每学期收书籍费10元（余还缺找），膳费25元。以上两项均应于到馆前一律缴清。报名地点在无锡学前馆内，于阳历11月20日起至12月15日止，应纳费大洋五角（道远用函报名者以邮票代），最近四寸照片一张，无论取否，均不发还。通函报名及函索章程，应各附寄邮票一分。考试日期，阳历12月18日上午八点钟起，随带投考凭单，赴无锡本馆考试。（《无锡国学专修馆添招师范生》，《新无锡》，1921年11月16日，第1版，转引自刘桂秋：《无锡国专编年事辑》，第27页）

11月26日，孟禄考察中国教育到达无锡，本日考察了11所学校。陪同考察并兼任翻译的王卓然注意到无锡国专，记载道：

这个学校在第三师范的前面，我们并未前往参观。因为我看见了这个学校的门匾，我请教侯鸿鉴先生，坐船往无锡西郊参观时，侯先生在船上对我述说，很有趣味，所以记载其概要于此。校为唐文治先生创立，唐是中国有名的古文大家，前为上海南洋公学校长，因为病弱的原故辞职，现在双目失明，因热心维持国学，所以联合同志，自己出款，设立这个学校。现有学生三十人，多为中学教员考入者。入学考试颇严，本年暑假招考，无锡学生投考者一百数十人，只取三人。唐年已六十岁，虽然双目失明，每周尚教书二小时。他每教此二小时书，预先须预备四小时，令人翻他指定的书，读给他听。并令旁人抄写，学生作为文章，亦由彼自改。改时令学生读给他听，他说如何改，学生便如何改。学生肄业是校者，学校供给膳宿，且有奖金。程度好的学生，每年可得奖金十元。近来无锡四五绅士，捐款为建校舍于旧学官，条件是由第二班起，每年须收无锡籍学生四名。（王卓然：《中国教育一瞥录》，商务印书馆，1923年，第328—329页）

唐文治记云："冬，招考新生一班，共录取三十名。"（唐文治著，唐庆诒补：《茹经先生自订年谱》，沈云龙主编：《近代中国史料丛刊》第三编第90辑，《茹经先生自订年谱》，第83页）12月24日，公布第二班录取名单。计正取24名，备取6名。正取生袁质秀、孙质中、陈学裘、邹镜清、李昌翰、钱安定、戴恩溥、冯励青、陈渭犀、李家俊、蒋天枢、萧雪亮、钮方义、黄希真、季思乾、胡集勋、杨仁溥、周天游、高作、秦艾三、刘文灏、陈拔彰、姚继咄、王文成。备取生赵乃清、陈雪艇、杨焱、王道中、朱宗洵、徐世城。正取诸生应于阳历12月29—31日，邀同保证人到馆核对笔迹，填写志愿书并保证书，再行缴费入馆。备取诸生听候通信传补，缴费一切手续与正取生相同。（《无锡国学专修馆录取师范生》，《新无锡》，1921年12月24日，第

3 版，转引自刘桂秋：《无锡国专编年事辑》，第 27 页）

11 月　柳诒徵发表《论近人讲诸子之学者之失》一文，针砭章太炎、梁启超、胡适的诸子学研究之弊，应当承担"国学沦胥"之责。

是文首发于《史地学报》，后被转载于《学衡》杂志，揭橥宗旨：

> 近日学者，喜谈诸子之学，家喻户习，寖成风气。然撢擘诸子之原书，综贯史志，洞悉其源流者，实不多觏。大抵诵说章炳麟、梁启超、胡适诸氏之书，展转稗贩，以饰口耳。诸氏之说子家学派，率好捬击以申其说，虽所诣各有深浅，而偏宕之词，恒缪盩于事实。后生小子，习而不察，沿讹袭谬，其害匪细，故略论之，以救其失。

略谓："讲求学术必先虚心，读书实事求是，不可挟一偏之见，舞文饰说，强古人以就我。"而章太炎、梁启超、胡适等"好称客观，而其论学则多偏于主观，逞其臆见，削足适履，往往创为莫须有之谈，故人人罪"。并举章太炎所言孔老相猜、胡适所言诸子不出于王官、梁启超所言汉朝独尊儒术等例。如章太炎"好诋孔子"，其《诸子学论略》论孔老"似近世武人政党争权暗杀之风"，实"出以臆解"。

然而，"章氏笃信汉儒，故论诸子源流，犹守七略之说"。胡氏《中国哲学史大纲》"好诋孔子与章同，而于诸子出于王官之说，独深非之"，"直同欧洲中世纪教会黑暗残酷之状"。"胡氏论学之大病，在诬古而武断，一心以为儒家托古改制，举古书一概抹杀，故于书则斥为没有信史的价值。"于《易》则不言其来源，于《礼》

则专指为儒家所作，独信《诗经》为信史，而于《诗经》之文又只取变风、变雅，以形容当时之黑暗腐败，于《风》《雅》《颂》所言不黑暗不腐败者，一概不述。"盖合于胡氏之理想者，言之津津；不合于其理想者，不痛诋之，则讳言之。此其著书立说之方法也。依此方法，故可断定曰：'古无学术。古无学术，故王官无学术。王官无学术，故诸子之学，决不出于王官。'""胡氏论学亦知寻求因果……而其讲诸子之学，则只知春秋时代之时势，为产生诸家学派之原因，不知有其他之原因。"从《庄子·天下篇》《淮南子·要略》、刘歆《七略》，可知"诸子之学，出于古代圣哲者为正因，而激发于当日之时势者为副因"。胡适"举副因而弃正因"，"实由于不肯归美于古代帝王官吏，一若称述其事，即等于歌功颂德的官书"。这种做法，使得其包括哲学在内的中国学术，都变成无源之水。

不知客观之法，在得其真，伪者不容妄为傅会，真者亦岂可任意削减。吾国唐虞三代，自有一种昌明盛大治教并兴之真象，故儒家言之，墨家言之，即好为谬悠之说、荒唐之言之庄周，亦反复言之。若削去此等事实，则后来事实，都无来历。而春秋战国时代诸子之学说，转似劈空从天上掉下来的。且其对于前此之事迹，又须诡辞曲说，尽翻成案。不但异己者，不容尽泯，即其所主张崇奉之书，亦须抑扬斡旋，以就其说。

把诸子之学失传归罪于董仲舒请汉武帝罢黜百家，其说倡于日本东洋史学家久保天随等，梁启超在《新民丛报》拾其说而张之，胡适进一步继承。实则汉武帝时诸子之书，正由销沉而复行发见之时。汉代帝王亦非独尊儒术，而是霸王道杂之。汉人讲求诸子之学，初无轩轾之念。真正使"诸子之学"乃至一切"中国古学"销沉者的"惟一原因"，是像董卓、李傕、郭汜、石勒、王弥、刘曜诸人掀起的"兵燹之祸"，"只有无赖之徒作乱纵火，余皆无灭绝学术之事"。柳诒徵以信古的态度告诫道：

> 吾国学术思想，本来一贯，所谓儒墨道法者，皆出于王官，皆出于六艺，特持论有所偏重，非根本不能相容，不当以欧人狭隘偏嫉之胸襟，推测古代圣哲，更不当以末俗争夺权利之思想，诬蔑古代圣哲。其为文化学术之蠹贼者，实为武夫乱贼，应确定其主名，为今人之炯戒。诸氏为有心拥护文化，当不以予言为河汉也。

且申述己说。一是古时学无南北，且清代海内人物，亦无南北之分。自清季梁启超强分南北，近年南北人互分畛域，至于南北对峙，皆受其"报纸论说之影响"。二是梁启超、胡适等极力诋毁汉儒，尤集矢于刘歆，同时表彰清代学术为古学昌明时代。实则清儒虽有功于古籍，然所见古书远不如刘歆等汉儒，不应本末倒置。最后语重心长地告诫当世学者立言下笔必须谨慎，考虑影响。"吾为此论，非好与诸氏辩难。只以今之学者，不肯潜心读书，而又喜闻新说，根柢本自浅薄，一闻诸氏之言，便奉为枕中鸿宝。非儒谤古，大言不惭，则国学沦胥，实诸氏之过也。"（《史地学报》第1卷第1期，1921年11月）

12月8日 湖南省议会议决衡阳船山书院改设船山国学院，分设声韵学、经学、史学三科，院长陈嘉言。

清光绪初，衡阳知县张宪和在城南大码头建立书院，祀王船山，故名。制仿学海堂，弃科举之学，专课经史诗赋。光绪十年（1884），两江总督曾国荃捐家藏《船山遗书》三百二十卷板片，置于院中。次年，邑人兵部尚书彭玉麟以"院地逼近城市，湫隘嚣尘，殊不足以安弦诵"为由，独捐白银一万二千两，迁建于南门外湘江之东洲。改衡阳县主办为衡、永、郴、桂道公同主办，集四府（州）各县举贡生监肄业其中。教学以"讲明夫子之学""扶植人才"为目的，规定"分经授徒"，"每月官师两课"，"分经命题，合卷发榜"。月课榜首之卷，收入《课艺》刊行。然其时学风日下，收效甚微。十七年春，王闿运任山长，主讲二十五年，力倡船山之学，人称"经学大明，弟子称盛"，湖南耆老皆出其门，如杨度、夏寿田、蒋啸青、陈兆奎、程崇信等。清政府下令改书院为学堂时，王闿运仍坚持未改，仅于光绪二十四、二十七年略定课程，三十一年分四科教学。1915年，改为船山存古学堂。其后相继于1922年改为船山国学院，1925年改为船山文科大学，1926年改为船山中学等。（邓洪波：《湖南书院史稿》，湖南教育出版社，2013年，第546—547页）

船山存古学堂改设国学院，源于财产纠纷。湘南公民办雷镛寰等向省议会提出，"大意以船山书院，年收木捐三千串，田租二千四百余石之多，由少数衡邑人把持鲸吞，并未延师招生。况迂腐之学，已不适于现代教育。拟将院产捐款，改办公益事业"。本年4月29日，湖南省议会讨论该案。教育股审查报告，拟先由政府派员查明有无浮滥，妥议整顿。衡阳议员许规等，以请愿案文不合，不应指为衡阳人把持及认衡阳人私捐，与伍坤等颇有争辩。陶懋颐等主张改办学校，由省议会审查办法。由于超过议事时间五句钟之久，各议员纷纷散会，不能表决，遂散会。（《昨日省议会开议纪事》，长沙《大公报》，1921年4月30日，第6版）

4月30日，湖南省议会继续讨论该案。衡阳人蔡人龙等以书院由彭玉麟募捐创立，捐款以衡阳人为多，与衡阳的省议员许槻（即许规）、王凤雄等，均主张改良院内办法，不能移款别用。而零陵议员伍坤等，以该院产款，向由少数衡阳人把持，理应切实清算，改办学校，招收衡、永、郴、桂学生肄业。两方面颇有争论。"戴丹诚当以船山书院之设，意在提倡文化，今可将其产款改办学校，全省学生，均可收入，请主席以付教育股审查付表决，大多数起立。"（《省议会昨日开议纪事》，长沙《大公报》，1921年5月1日，第6版）

最后，湖南省议会议决财产之清理，学制之改良，应由湘南四属推举代表赴衡，会同书院主办人程和祥（程龢祥），妥筹一切。四属代表向省署呈报组织校董会，改办国学院章程，拟请准予备案。且欲以代表资格改充校董，参与处分学制、财产事宜，置主办人于虚名。程和祥不服，呈请省署根本反对。本年12月8日晚，湖南省政务厅邀请在省湖南官绅三十余人，会议解决办法，最终主办人加入组织校董会。（《省署关于船山书院之会议》，长沙《大公报》，1921年12月9日，第7版）

船山国学院于1922年2月开学。据黄侃1922年1月20日日记载："又得贺利贝书，称衡州船山书院改为国学院，分为三科（声韵学、经学、史学），拟聘余讲声韵，岁奉铜币千贯，望覆信。"（黄

侃：《黄侃日记》，江苏教育出版社，2001年，第56页）

　　院长陈嘉言呈书湖南省长公署，并附简章。函称："院中管教事项，概依学校成法办理，其科目则参照大学文科国文学类及高等师范国文部选定编制，招收学生八十名，于本年二月开始授课。"6月23日，湖南省长赵恒惕以该院所拟办法，尚无不合，准予备案。同时指出："惟第五章第十七条院董会，仅衡阳士绅及捐户子孙，与民国十年六月本署所定办法，实相背驰。且查该院常款竹木运商捐款，亦复不少，若不量为变通，窒碍殊多，徒滋纷扰。兹特规定，衡、永、郴、桂，每旧府州属，各出院董二名，衡阳县加出一名，捐资创办人子孙，共出二名，计共院董十一名，由主办人每年定期召集，开会二次，以昭公允，而利进行。"（《湖南省长公署训令：令船山国学院主办程龢祥》，《湖南政报》第37期，1922年7月1—5日，教育）

　　12月11日　北京同善总社致函各巡阅使、各省督军、各特别区都统、省长、总司令、护军使，各省、特别区警务处、镇守使、道尹，请求保护各地同善社附设国学专修馆。

　　信函附上国学专修馆立案呈文简章、部批等件二册，恳请饬属保护。重点阐明国学专修馆培养专门人才的旨趣，与发展教育并不相悖。内云：

　　　　窃维文明之运，肇自党庠，治化之隆，端资经术。近自科学盛行，物质文明遂日益偏重，而吾国固有之文化，渐即沦亡。同人等怒焉忧之，爰呈准教育部、陆军部，先就京师地方倡设国学专修馆，并就江苏人文荟萃之区，在无锡、南京两处设立分馆，考选生徒，研究经史。此外，各省县亦拟分设预备科，招生肄业，俾得循序渐进。此系保存国粹，为养成专门人才起见。凤仰吾公敦崇礼教，陶铸群英，尚祈鼎力提倡，以宏教育。(《致各巡阅使、各省督军、各特别区都统、省长、总司令、护军使函》《致各省、特别区警务处、镇守使、道尹函》，《奉天公报》第3532号，1921年12月29日)

河南、上海、浙江、云南、湖南、贵州、黑龙江、福建、湖北、陕西、四川等多地都有依据同善总社国学专修馆的宗旨和体例，申请设立国学专修馆之举。12月29日，奉天省财政厅厅长王永江代东三省巡阅使、奉天督军兼省长张作霖训令所属查照保护同善社国学专修馆。(《奉天省长公署训令第五〇一号》，《奉天公报》第3532号)

有个别能从事教育，地方官仍承认可补学校教育之不足。表面看，无锡国专也是总计划之一，只是精神和内容都不可同日而语。同善社筹款兴学，标榜孔孟中庸之道，根本目的是吸引信徒，麻痹人民。据1918年加入四川同善社的刘登选回忆，永川县人彭汝尊创办了四川同善社及附属国学专修馆。校中教师，全是清末举人、副榜、拔贡、廪生、秀才一流人物。教学内容全是背诵，读四书五经、《古文观止》《文献通考》、闱墨、棘墨、三通序、《通鉴总论》《唐诗三百首》一类书文，凡是讲过的都要背诵。另外还要阅读《纲鉴》《史记》《汉书》、子书36种。大概是早晚各朗诵两小时，上下午即由各人自行阅读，所谓"刚日读经，柔日读史"。还有"三八课"，就是逢三逢八要做诗、做文章，做诗就是教师限韵，五言七言都不论；做文章是议或论、说、记等，规定不满五百字者不阅。"我在永兴场住了两年国学专修馆，头一年的教师是周亚溪，第二年教师是周翰臣，第三年在永川县城内住国学专修馆，教师为苟玉笙，他是合川人，是一个副榜。"（刘登选：《同善社在四川内幕一瞥》，四川省政协文史资料委员会：《四川文史资料集萃》第6卷，社会民情编及其它，四川人民出版社，1996年，第448—449页）

从时间上看，同善社设立国学专修馆不太可能早于1920年。四川思南德昌火柴厂牟芳五、宋振声（重庆人），1921年从合川引进同善社，当时各界有名之士，如何春泽、欧哲夫、田友梅、刘云衢、孙善伯、聂润卿、孙淑芬、刘大章等，先后担任善长，经理社务。"一九二四年，新筑文昌宫侧匡宅地址为善堂，附设学校一所，名国学专修馆。"（邓其傅编写：《思南同善社简述》，政协思南县委员会文史资料研究委员会编：《思南文史资料选辑》第3辑，1982年，第139—140页）

12月12日　顾颉刚北上任职北京大学研究所国学门尚无着落，拟请王伯祥代替其职。

顾颉刚致函叶圣陶称："兼士先生望我去，伯祥也望我去，但会计课却是不寄钱来，可知校中实在穷极了。我留则校中未了之事耿耿于心；去则不名一钱，家中已支空数十元，京寓又积欠数十元，途用也须二十元，如何可付！"（顾颉刚：《顾颉刚书信集》第一卷，第74页）

同日，又致函正在北京大学国文系学习的王伯祥说："兼士先生要我即来，但款却永不寄来，必是被会计课挪用了。隔日愈多，弄钱越不容易，要他们现在提出三十元来，更是做不到的事了。看来，我的行程尚是无期。"希望代去北京大学研究所走走，即便不办事，也可看看书，通过学术团体研究学问，发表心得，安身立命。"我本来的意思，确是要你接管下去，但一则因为你初来不熟，二则因为第一年预备功课的时间费得多，所以想请你明年春假做下去。学校如果不关门，这研究所确是可以大有作为的地方。你如果现在便不去，将来我要正式荐你自代时，也有困难。"（顾颉刚：《顾颉刚书信集》第一卷，第120—121页）

12月29日　南开学校国文部教授骆绍宾撰文，阐述南开文科本科设立国故概要课程注重温故知新的宗旨。

内称国故是"一国所自有之学术载籍"，即经史子集，以表现其学术和国人的思想言论。南开文科设立国故概要一门课程，宗旨是要温故知新。"知古而不知今，谓之陆沉；知今而不知古，谓之盲瞽。祛陆沉之弊，是在知新；救盲之患，是在胡故。"集部有文学史课程，省略不讲。为方便讲授，区分经、子、史为三大纲，各有若干目，略述源流派别大要，下逮两汉经说。魏晋名理，六朝释典，宋明理学，清代考据，亦略附及。（骆绍宾：《国故概要绪论》，《南开周刊》第26号，1921年12月29日）

当时骆绍宾担任南开学校中学部国文教授，曾和国文教员刘颐共同撰文阐述教授国故的理由，与国故概要课程颇有配合之意。内云：

> 吾国自清季学制改革以来，学校教授国文，即屏弃载籍专书，而以零星散文字为主，非用坊间漫无系统之选本，即出于教员临时任意之捃扯。陵夷至于今日，时彦更有以白话代文言之说，远宗宋人平话语录之体，近比西土文言合一之谈。不知语录体本非常用之文，西土亦尚精深之著。由前论之，寻末捐本，遗实取虚，则难裨益于文教，由后言之，趋陋避深，习偷成性。且有伤夫士风，其欲以此阊圉蒸黎，阐扬文化，吾见其

退，未见其进也。且征之西土文明诸邦，莫不以《圣经》习于孩提之时，名著教于学校之内，虽时尚剧曲之作，仍兼通拉丁之文。况吾国文教夙驾其上，反不能效其忠信，徒事谬骋浮华，不亦慎乎。

改革国文教授之道，在增加传授固有载籍。"窃谓中学为造就人才之枢纽，国文为一切学术之根基，不但不能教以白话之浅文，且宜授以圣贤之典策。凡自经传子史以及词赋诗歌，不能偏废。"至"吾国旧籍，情事多与今违，且学校重众课纷陈，亦难兼逮"，故"与今世人情违反者"阙而不说。"择其可说者，计时授读，并非难毕。且经史诸子，乃后世附益之名，论其实质，非与文章有别。则读零篇散作，与读载籍专书"，没有本质区别。预定国文教材简目，初级第一学年：《孝经》《论语》。初级第二学年：《孟子》。两年间授《国语》《国策》及近代短篇文字、古时歌谣、唐人绝句。初级第三学年：《毛诗》。间授唐宋人文字，及五七言古诗。高级第一学年：《左传》。高级第二学年：《礼记》《尚书》。两年间授《楚辞》及汉魏六朝文章与诗。高级第三学年：《周易》，《仪礼》《周礼》略选一二篇。间授《史记》《汉书》及老庄荀释诸子，唐宋律诗，宋元词曲。"凡诸经传，皆以汉唐人注疏为本，不得注以他说。"（《中学国文教授刍议》，天津《益世报》，1922年11月24—25日，第4张第14版）

骆绍宾的国文教授理念，引发南开的"读经问题"争执。1922年11月21日，楚寒川致信《晨报副刊》，谓屡次接到南开理科学生某君的信，述及在该校前天校务会议上发生的"读经问题"，反对者和赞成者大起争执，两方面差点打起来，结果不欢而散。赞成者势力很大，宣言"不论学校校务会议通过此案与否"，都要实行"读经"。国文教员骆某是赞成派中坚人物，"在班上屡说'经'之不可不读的大道，什么做中国人那里可以不明白自己的老祖宗。又说他们反对读经的是发狂"。且抨击陈独秀、胡适等，"说他们没有古的学问，又是好名心切，只可提倡白话，骗骗孩子"。又"骗吾们理科学生"，"说有某洋人是研究科学的人，科学是最无兴趣的东西，所以某洋人想自杀，最后发了神经病"。骆某恐怕理科生发神经病，"说理科生也该读经"。主张声援该生，抨击南开赞成读经者"竟拿白话做他提倡'读经'的对敌"。（楚寒川：《南开的复古活动》，《晨报副刊》，1922年11月24日，第4版）

楚寒川的批评得到一些南开学生响应。署名"云川"者除了抨击南开校风校纪，还进一步抨击骆某曾对学生说："学校果能照我的计划行，第一年该读什么，第二年该读什么经，……第五年该读《易经》……"（云川：《岂只复古的南开学校》，《晨报副刊》，1922年12月4日，第4版）业从南开到北大的学生"把他"颇受胡适影响，认为："中国古学，有价值的当然不少。并且我们期望整理国故这件大事，与介绍西洋学术，有同一之热烈的期望。但是担任整理国故这件大事的人，至少须具以下诸条资格。"一是"对于国故，确有研究。并且对于文字学、校勘学、考订学……也很有把握"。二是"须用科学方法"。三是"头脑须清楚、明锐，并要精晓西洋的学术"。南开国文教员，"除过话匣子式的讲读外，更没听见发什么议论"。"每当国文教员在堂上讲书的时候，学生不是读英文，演数学，便是谈天，看小说，到睡乡去玩！——少数好的教员除外，我在三年级的时候，某国文教员讲鸿门宴两句：沛公已去，间至军中。同学王某问他，他以作时间讲对。"说明南开热心读经的国文教员，学问无法比肩林琴南和《学衡》，没有本事能和新文化"酣战"，否则很快便会被"解除武装"。（把他：《为南开热心"读经运动"者进一解》，《晨报副刊》，1922年12月11日，第4版）

南开"读经问题"很快在校内议论纷纷，师生反应截然相反，"学生认为大快人心"，"学校认为挑拨是非"。校长张伯苓以为乃校外人所为，曾经沉下脸用讥讽白话文的口吻道："他们说我们提倡读经，就是强奸行为。"（芳芷：《南开学校的最近》，《晨报副刊》，1922年12月19日，第3—4版）很快，楚寒川又接南开某君的信，内云："爱惜虚名的南开当局们，见了《晨报副刊》对于南开的读经运动有了不满意的批判之后，已经把读经的计画无形打消了。"然而，读经的发起人骆某又在课堂上大发狂论："学校当局，毫无主张，见了外人的批判，就不敢实行，这样还能成就什么事吗？《晨报》又是什么东西，学校居然害怕起来，不更可笑吗？"且宣言"将来（一年后）总要实行读经"。"到后来又大骂做白话的人，又说各种流行的丛书，都是那些流氓和无赖的骗钱。"楚寒川一方面敬服南开校方"爱名誉顾舆论的精神"，另一方面希望深切认识实行或取消该计划之举的合理性。（楚寒川：《关心南开的复古者》，《晨报副刊》，1922年12月23日，第4版）

南开校方为息事宁人，曾经致函孙伏园，批评《晨报副刊》"每周必有攻击敝校之文字发表"。内称："此事之起，由于敝校一二国文教员主张国文教材中，除选文外，酌用古书。现在中学国文应用何种教材，并应如何教法，一新制中学学生，六年后，或继续求学，或从事职业，对于中国重要旧籍，应否稍加涉猎，实在是一亟待解决之问题。敝校对此，正苦无办法。倘有根据理论，附以具体计划者，敝校正欢迎之不暇。但在副刊所发表者，皆专尚意气，一味谩骂，实在令人失望。""敝校对于国文办法，毫无成见。现在正征集各方意见，期得一适当之解决方法。先生有何赐教，无任欢迎。"（《南开学校之来件》，《晨报副刊》，1922 年 12 月 27 日，第 3 版）

张东荪就南开读经争执指出，读经问题只有与国文教授问题联系才有意义。中国教育界的普遍现象，即"对于外国文遵从古典主义，而对于本国文反排斥古典主义"。前者因为外国文的教育大半操在外国人办的教会学校手里，相习成风，学生反以读 Shakespeare、Milton、Soott 等的书为荣耀。"后者是因为黄任之先生提倡实用主义而随带发生的。"其极端之一，即"不必教作文而只要教写明信片"，结果"自然四书五经非束之高阁不可"。国文教授应分方法与材料。方法即采用道尔顿制，聘请好教员，便于个别指导。材料即择取若干本书，分配程序，教学生读，然后验看札记，以明其了解受用与否。注重文法和成语，以为自由读书和自由写作的基础，不是注重高深的文学。中学国文教授应以升学与否为衡，而有所不同。不能升学，类似国民学校，国文教授不需多读古典，只宜读浅近古典，如《论语》《孟子》等书。需要升学，则多读古典。也不能乱读，或把全书抛弃而只选读几段。

我希望现在热心整理国故的人们应得赶紧指定若干种，先行整理，拟定程序，专为低级中学的有几种，专为高级中学的有几种。全国中能干这件事的自然是章太炎、梁任公、胡适之诸先生，我很希望有整理过的图籍出现，教中学生读，比现在这种未成熟的外国文学译本要高多了。（张东荪：《读经问题与国文教授》,《时事新报》, 1923年1月1日, 第1张第8版）

骆绍宾的学问, 不同的人看法大相径庭。骆受业于黄侃, 曾邀乃师为南开大学文学讲师。黄侃1922年初日记载:

> 骆鸿凯绍宾自南开大学归长沙, 便道视余。绍宾于诸门人中, 待余为至有礼, 冬夏经过, 未尝不抠衣请业。今日聆其品评张尔田（浙人, 不知其何籍）书, 至中其失; 又谓梁启超学业可以比肩胡适, 此真知言也。（黄侃：《黄侃日记》, 第56页）

胡适则批评骆绍宾守旧, 1924年6月13日致函钱玄同称:"骆先生在南开时, 颇有顽固之名, 他的学生曾对我说过", 因而不太情愿为其谋职疏通, 只是钱玄同亦为骆绍宾说话, 胡适才勉强愿意帮忙。（耿云志、欧阳哲生编：《胡适书信集》上册, 北京大学出版社, 1996年, 第331页）

12月　无锡国学专修馆聘请陈柱为教授。

陈柱（1891—1944）, 字柱尊, 号守玄。本年中, 在广西梧州拒绝"桂军第某路司令"刘震寰邀请入幕, 应其师唐文治邀请, 到无锡国专任教。（陈柱：《待焚文稿自序》,《守玄阁文稿选》, 上海大夏大学, 1938年, 第106页）唐文治记云:"十二月, 聘广西陈生柱尊名柱为本馆教习。柱尊本任梧州中学校长, 辞之, 来助余, 其文学鸿博可喜也。"（唐文治著, 唐庆诒补：《茹经先生自订年谱》, 沈云龙主编：《近代中国史料丛刊》第三编第90辑,《茹经先生自订年谱》, 第83页）

事实上，本年9月，陈柱已到馆上课，主讲《文字学》《文选》《周礼》《诗经》等课程。（刘小云：《陈柱生平及其学术思想研究》，中国社会科学出版社，2015年，第97、99页）1923年，陈柱致友人函称："柱自前年粤军入桂，即奉前南洋大学校长唐蔚芝先生之命，客居无锡，讲学于专修馆。此馆馆长为唐蔚芝先生，专造就国学专门人才，办法颇与广东之广雅书院相似，惟规模较小耳。"（刘小云编著：《陈柱往来书信辑注》，广西师范大学出版社，2015年，第50页）1943年，其《忆无锡》载：

予自民国十年秋九月旅居无锡，应唐蔚芝先生之召讲学于国学专修学校，至十四年春，始兼任上海大夏大学之课，至十六年夏始离无锡。然以唐蔚芝先生之故，每一学期至少有二三次赴无锡，至则必宿于校务主任冯振心兄处，直至廿六年中日变起而止……（《风雨谈》第7期，1943年11月）

"十四年"疑为"十六年"之误。该文又谓：

国学专门学校，原名国学专修馆，在学前街，孔圣庙之左。圣庙之右，为无锡工艺小学。门前有小溪，可行小船，名束带河，经荷花荡，出西水关，为无锡河，可行轮船矣。圣庙之前，过石桥，为师范学校。圣庙之北，为竞志女学，四旁皆学校，而圣庙宅其中焉，固无锡城中一学区也。国学专门学校，既与圣庙邻比，予初至此，即拟借圣庙之隙地，为讲学之所，辟圣庙之背，为运动场。校长唐蔚芝先生，以格于时势，不果行，及民国十七八年，友人冯君振心为校务主任，始请唐师，商诸邑人，以圣庙左之文昌阁，及附近房舍，归国学专门学校借用，其背之隙地，为运动场。于是国学专门学校，益完备矣。（《风雨谈》第7期，1943年11月）

陈柱大儿陈一百、族侄陈实夫同来无锡，均肄业私立无锡中学。未几，陈实夫转入无锡国学专修馆。又未几，陈柱兼无锡私立中学主任。"由是吾桂青年，来两校肄业者日众。迨十四年，同邑冯君振心主持国学校务，来学者益盛。长女松英、侄女荔英，后亦次第肄业国学。吾桂青年，肄业于是者，每年四五十人之众。"（《风雨谈》第7期，1943年11月）此外，无锡国专第三届毕业生陈起予（字千钧），是陈柱的族孙。五年制1944年夏届毕业生陈二百，是陈柱次子。（刘桂秋：《无锡国专编年事辑》，第24页）

自此至1927年钱基博、冯振来校任教之前，无锡国专除馆长唐文治亲自授课，陆景周任其助教外，教习只有朱文熊、陈柱两人。（《无锡国学专修学校概况·大事记》，陈国安、钱万里、王国平编：《无锡国专史料选辑》，第33页）据钱仲联回忆，朱叔子、陈柱、唐文治、陆景周四人教授72位学生。

教书各有专长，唐先生善于疏通大义；朱先生分析细致，循循善诱，语多启发；陈先生的本事主要显在讲义上，讲课随便。陆先生帮助唐先生教学生读古文，校内书声琅琅，与唐、陆的示范是分不开的。朱先生对学生课外的请教，以及学生把课外的笔记、诗文请他批改，从不拒绝，均一一细心批阅。师

生关系十分融洽。（钱仲联：《无锡国专的教学特点》,《江苏文史资料选辑》第19辑，第83页）

　　据第三届学生李尧春在一文中回忆，陈柱担任的课程相当多，计有《诗经》《说文》《老子》《墨子》，等等，都是自编讲义。"他的讲义，一发就是几十张，抄书抄得不少，主要是考证多，发挥独道［到］见解少，实际上他是在边教边学，无非是把清朝一批汉学家的意见编排一下。不像唐先生有他一套'微言大义'式的见解，更攀不上像梁启超那样自有一套高论。"（李尧春：《回忆国专》，陈国安、钱万里、王国平编：《无锡国专史料选辑》，第324页）在另一处回忆说，陈柱讲课有《诗经》《说文》《老子》《墨子》《周礼》等。"他教的各门课都自编讲义，编法和唐文治不同，他不是讲'微言大义'，而是旁考博征，广罗百家。他每次跑上讲台，总有一大堆油印讲义，同学们暗暗叫他'抄书先生'。他编的讲义，后来大多出版了。"（李尧春：《唐文治和无锡国学专修馆》，陈国安、钱万里、王国平编：《无锡国专史料选辑》，第336页）

1922年（民国十一年 壬戌）

1月1日 无锡国学专修馆补行新馆址落成开幕礼，钱基博撰联祝贺。

1936年，唐文治曾忆当时办学艰难，惠山之麓山货公所湫隘嚣尘。"隐居讲贯其中，人鲜知之者，余亦不求人知也。"锡绅孙鹤卿就金匮县训导公署重建尊经阁，营造校宇，召集十七乡会议，公决呈县立案，函请无锡国专迁入，功不可没。"于是施君告退，孙君以一人任校董。"（唐文治：《国学专修学校十五周之过去与未来》，引自陆阳：《唐文治年谱》，第363页）

无锡国专尊经阁新址早经完竣，已于上年11月迁入。定于元旦举行落成典礼，并函请各界届时莅会观礼。（《国学专修馆馆舍落成》，《锡报》，1921年12月28日，第3版）本日补行开幕礼，到会来宾有无锡县知事赵汝梅，三科主任许少仙，县视学秦颂石，邑绅孙鹤卿、杨翰西、蒋遇春、蔡兼三、窦叔英诸君，学界顾述之、辛柏森暨外埠来宾姚明辉、李颂韩诸君，共到百余人。唐文治殷勤招待，下午二时开会，来宾晋颂词，赵汝梅、姚明辉、李颂韩诸君相继演说。礼成已五时，散会后，唐文治又款待来宾以茶点，宾主尽欢，颇极跻跄之盛。(《国学专修馆》,《新无锡》, 1920 年 1 月 1 日, 第 2 版;《国学专修馆开幕记》,《新无锡》, 1922 年 1 月 3 日, 第 2 版, 转引自刘桂秋:《无锡国专编年事辑》, 第 28 页)

无锡县署三科主任许槭（少仙）暨县视学秦铭光（颂石）致颂词曰:

巍巍师表, 衡宇朝宗, 起之荆蓁, 不世之功。曰则古昔,〈门〉宫墙是崇, 经之营之, 于焉附庸。山水清佳, 二泉之侧, 洽比香塍, 厥初相宅。有邻不孤, 适此是择, 所宝惟何, 有粹则国。峨峨高阁, 复我尊经, 斯文在兹, 宝当其名。泰山梁木, 得此不倾, 多士济济, 循墙以兴。杜厦既勤, 欢颜以启, 升堂入室, 道在是矣。其阳文星, 杰阁并峙, 名山不朽, 于是乎始。仰瞻美富, 近圣人居, 吾道其南, 欲坠则扶。藏书之富, 天禄石渠, 润色鸿业, 其在斯乎。

无锡县立第二高小辛幹校长致颂词曰:

物之存亡, 系其精气, 咸所自已, 莫或致之。方其亡也, 虽务存而犹亡。及其存也, 若既亡而仍存, 非人之能为存, 乃人之不能为不存也。夫帖括讲章, 向之家唔咿而户揣摩者, 其于亡古文辞乃尤亟耳。然而自宋历明, 以至于今, 彼古文辞未尝亡也。以向之未尝亡, 则后之必有存, 固可决也。此侯官严先生之说也。新学既昌, 旧学日就淹没, 孰于故纸堆中觅取生活? 然名为中国人, 断无抛弃其国故, 而仍称国民者，此又闽县林先生之说也。方今世变大异，旧学寖衰，而道德日益晦蒙，于是爱国之士，有国学专修馆之设，以图国粹之保存。殆严先生所谓以向之未尝亡，而决后之必有存焉也耶，抑又林先生所谓断无抛弃国故，创仍称国民者，于以谋所以为国民之道也耶。抑先辈论文，首崇经术，今馆中专修以经学为先，则国学保存其在斯乎。且馆长唐先生通于经者也，而又深于文者也，本其所得以道诸子，吾知其必有合也。异日人文郁输，经明行修，倘不负唐先生创辟兹馆之意也夫。

国学专修馆全体师生敬谢孙鹤卿、杨翰西，致词曰：

巍巍高阁，孰经营之，惟及孙杨，实克成之。鸟鸣嘤嘤，求我友生，绸缪牖户，风雨以宁。乃启讲堂，讲堂孔阳，旅进旅退，济济跄跄。我徒得所，琴瑟斯张，彼君子兮，惠我无疆。我道之先，何以报之，无球与琅。昔我无居，借以游翔，今我万舞，或招我房。昔我无依，何以仿佯，今我读书，坐我于堂。肆诵肆习，莫敢或遑，堂斯房斯，莫敢或忘。（《纪国学专修馆开幕》，《锡报》，1922年1月3日，第3版）

钱基博撰两联祝贺，联曰："荀卿守正，大论是宏，自顾高讲学以来，此为东林嗣响；朱子诂经，群流所仰，绍周孔不传之绪，仅见鲁国灵光。""国于天地必有立，尽己之谓忠，博爱之谓仁，慕义向风，还与诸君子以此交劬；学问途辙不一端，知新以温古，通

经以致用，抱残守缺，我知唐先生之意不然。"（傅宏星编著：《钱基博年谱》，第54页）

△　钱玄同总结自己为学有"懒惰"和"无恒"两个毛病，以致国故等研究没有成绩。

钱玄同在日记中总结自己这两大毛病，结果活了三十五岁没有做过一件正经事，没有好好读过一本书。"所以我对于国故，如文字学，如辨伪之学，如白话的文学，心里都很喜欢研究，但是一点成绩也没有。固然，我这几年以来神经衰弱，精神郁伊，不耐久坐，不耐多思，但是'懒惰'和'无恒'究是还是根本痼疾。不将此疾根本扑灭，虽日服鸡卵、牛乳及一切滋养物品，还是治标的办法。"于是决定向曾国藩、李慈铭和胡适学习写作日记，另作起居注，每日至少必读一小时书，多走路以壮实身体，根除忧虑以期精神活泼，渐趋乐观。（杨天石主编：《钱玄同日记》整理本上册，第383页）

1月4日　蔡元培致函北京大学研究所主任沈兼士，嘱其感谢易培基赠送金石拓片。

易培基为章太炎弟子，喜搜罗金石，前曾以拓本若干赠予北京大学，"自言当此时期，尚营此等生活为可笑"。蔡元培复函易培基称："此等考古之学，实新文化中所不可少，西洋均有此等研究所，北大国学研究所亦有此一部，云云。"并嘱沈兼士："渠此次又送拓本百余份，属致校中金石考订室。并称尚有考证，亦可录副寄来。原函奉览。请先生致一较为诚挚之谢函，即由先生署名，以便后来常与直接通讯。此函写好，请并易君原函送弟处，弟再附一函寄去。"（《致沈兼士函》，高平叔主编：《蔡元培全集》第四卷，第139—140页）

1月9日　上海新闻媒体陆续考察寻源学塾，赞赏国文教学以重国学的特点。

《新闻报》记者昨日承汤济沧之招，前往参观。"见学生均不过十三四岁，问其所读之书，知古文已读熟三十六篇，令之背诵，均少谬误。五七言绝唐诗，亦有一百多首，背时亦多朗朗上口。识字得近一千，咸能照《说文》解说，逐笔说明理由。其他分四声，辨反切，亦均渐得门径。为时仅半年，而成绩能如此，洵为近今不可多得之学塾。"汤济沧对办学成效颇有信心，表示："只须质地中等，品性良善者，人人可按时成才，决无失败之虞。女生年在二十岁左右，教授三年，以之充当国文教员，绰乎有余云。"目前，寻源学塾正在修理房屋，将量加扩充学额。（《国学消沉中之注意国文者》，《新闻报》，1922年1月10日，第3张第1版）

本年6月，记者再次应邀考察寻源学塾，称其"专收高小程度学生"，"教授诸法，特点甚多，足供教育界之研究"。一、课识字。"于字之原理及应用，统筹兼顾，排列次序，煞费苦心。据言我国应用之字，不过五六千，每年除温习外，作三十周计，日课十余字，三年可毕，而一生应用不尽矣。"二、注重个人教授。"每日每人，必须查考各种功课，未能及格者，强之补足。据称以后对于此点，决当格外认真。"三、"选读名家诗文，必须背诵及温习。即前一二年所读者，亦不令忘却。其他如习字，先令学习点画，而于四声反切等，亦辨别纯熟。对于应用方面，如写信、珠算等，皆列入课程内。""据言此种教法，如能用之于家塾，收效自巨。因人数必少，易于认真也。近有人拟请其讲授此种教法，闻将于暑假期内特设一讲习社推行之云。"（《国学沉沦中之砥柱》，《新闻报》，1922年6月10日，第3张第1版）

《时事新报》记者"至则见学生人数，较去年已多。调查功课，悉此数月内，古文读过三十余篇，唐诗约近百首，均能背诵。询以字义，于音义形三者，知顺序说明，四声反切，亦都能辨"。其余各科学，以时间关系，正及考问，遂由汤济沧介绍，谓：

> 整理此塾，甚注重个人教授。试验结果，知此点极为重要，以后尤当努力，依此方向而进行也。至读书最妙之法，莫速于识字。我国文字，通常应用者，不过五六千，已颇完备。（承出示识字教授稿本，排列清晰，一二年内，必能完全出书，饷贻全国之青年也）如每日讲十字，每年除温习外，作三十周计，三年可毕，而一生应用不尽矣。又中学以上，诵习诗文，易熟亦易忘，非从初高小时致力不可。教授习字，宜先分笔，说明写法。因字之变化虽多，而笔画总数，不能满百。使学习后，再讲结构，亦容易成就。凡此皆新颖精确之论，教育界亟宜采用也。

又谓："此种方法，尤利于家塾。因人数不多，倘认真教授，进步最易。近有人拟请其讲授此种教法，俾易推行，闻将于暑假期内，设一讲习社行之。"记者以"汤君之注重个人教育，实属收效巨而所得大。其注重识字，更属根本办法，俾小学生得知文字源流，及其构造，则入中学或大学时，纵无暇以研究国学，而国学之基础已具，将来入社会办事时，已足应用，而不致贻人以笑柄"，"此项教育改良法，实为今日教育界所不可不注意者，今特述之，以供国内教育界之研究资料"。（《国学沉沦中之砥柱》，《时事新报》，

1922年6月7日，第3张第2版）

　　寻源学制，初为二年。1923年7月7日，举行第一届毕业礼，计有高小毕业生9人，分别是顾庆瑞、陈祖翚、陈松茂、钟鸿遵、汤弘毅、徐志远、朱万先、陶屏南、徐世绥，由秦润卿给凭。"各种成绩，闻颇切实纯熟，甚博来宾之赞许云。"（《寻源学塾之毕业礼》，《新闻报》，1923年7月9日，第4张第3版）

　　1月14日　北京大学评议会通过修正的研究所组织大纲。

　　顾颉刚参与草拟国学门章程。大纲共分八项，规定北京大学为预备将来设立大学院起见，设立研究所，为毕业生继续研究专门学术之所。研究所分为自然科学、社会科学、国学、外国文学四门，由大学校长与各系教授会斟酌情形提交评议会议决设立。所长一人，大学校长兼任。各门设主任一人，经理本门事务，由校长于北大教授中指任，任期两年。此外，设助教及书记若干人，由所长指任，受本门主任指挥，助理一切事务。各门研究之问题与方法，由相关各系教员共同商定。研究所虽为北大毕业生有专门研究志愿及能力者而设，但未毕业学生曾作特别研究且已有成绩，经所长及各该学系教授特许，亦得入所研究。各门设奖学金额若干名，每年给予国币若干元。金额及受奖学者名额，及其给予办法，另以详章规定，提出评议会议决施行。组织大纲随时由所长提出，评议会修正。（《研究所国学门重要纪事》，《国学季刊》第1卷第1号，1923年1月）

　　北京大学研究所的优点，据蔡尚思总结有四：一是没有入学资格限制和入学考试，大学教员也可随时入所研究；二是实行导师制，自由研究，不按时上课；三是可以通信研究，不须常川住所；四是研究期限由学生自定，可以随时延长。（蔡尚思：《蔡元培学术思想传记》，联营书店，1950年，第235—238页）苏云峰补充两个优点：一是无专任教授，二是学生通过所主任请指导教授，而非直接与指导教授面谈后决定，可以说是绝对自由。（苏云峰：《清华国学研究院述略》，葛兆光主编：《清华汉学研究》第二辑，清华大学出版社，1997年，第294页）

　　△　中华书局出版《四部备要》，期以解决研究国学的读书问题。

　　《四部备要》为中华书局出版的杭州丁氏八千卷楼聚珍仿宋版古籍，分经史子集四部。陆费逵撰出版缘起称：

　　　　吾国学术，统于四部。然四库著录之书，浩如烟海；坊肆流传之籍，棼若乱丝。承学之士，别择维艰；善本价昂，购置匪易。本局同人有鉴于此，爰于前年择吾人应读之书，求通行善本，汇而集之，颜曰《四部备要》。提纲挈领，取便研求；廉价发行，以广传布。惟是普通铅字，既欠美观；照相影印，更难清晰。适杭州丁氏创制聚珍仿宋版，归诸本局，方形欧体，古雅动人，以之刊行古书，当可与宋椠元刊媲美。兹将第一集至第五集分年校刊，共计二千余册；经、史、子、集最要之书，大略备矣。张文襄尝言：读书不知要领，劳而无功；知某书宜读而不得善本，事倍功半。今有《四部备要》，庶几可免此大弊欤！（《校印〈四部备要〉缘起》，文明国编：《陆费逵自述》，安徽文艺出版社，2013年，第61页）

　　陆费逵在广告宣传时，曾谓："我国的哲学、文学、历史、政治，……发源在五千年以前，不但是我国文明的基础，在世界文明史上也很有价值。"研究国学可以利用《四部备要》，读书程序是：

> 国学有根柢的，可以将此书供温习，检查，或深造之用，那是各人的自由了。新式学校出身或留学回来的人，要研究国学，下手的方法可以分作三步：
>
> 第一步先读经部《四书》《诗经》《说文》；集部的《经史百家杂钞》《古文辞类纂》《古诗选》《今诗选》。
>
> 第二步读经部的《左传》《礼记》；史部的《国语》《国策》《史记》；集部的《文选》，和专集一二种。
>
> 第三步可就自己所喜的，自由精读或泛读。

且引章太炎之语："现在国学不兴，在上海书坊要买一部好版子的《史记》《汉书》，都买不着。"进一步谓"岂但《史记》《汉书》，恐怕要一部好版子的《四书》《诗经》，都不容易"，"我国古代文明，日本人不用说，西洋人也在那里研究。我们如不赶快读些古书，恐怕将来连中国文学、中国哲学、中国历史……都要请教外国人呀！起！起！快起来读古书！"（陆费逵：《国学的福音》（Good Tidings for the Study of Chinese Literature），《中华英文周报》，第6卷第142—143期，1922年1月14日、1922年1月21日）

1924年10月，中华书局增辑《四部备要》。陆费逵《增辑〈四部备要〉缘起》说："迩来购置善本殊艰，欲办一图书馆，不第费巨，且苦无从着手。此书择要校印，陆续出版，既可供给社会图书馆之求，又可便学者研究国学之需，或亦不无小补欤！"中华书局一一说明各部书大意。经部除《十三经注疏》《四书集注》外，还有字形、字声、字意等小学书。字形方面有《说文解字》《说文系传》《说文段注》《说文通检》，字声方面有《玉篇》《集韵》《广韵》，字意方面有《尔雅义疏》《小尔雅义证》《广雅疏证》《方言疏证》。总考经义书有《经义考》《经义述闻》。史部首辑《国语》《国策》，次辑二十四史。次辑编年各书，如《资治通鉴》《续资治通鉴》《明纪》《圣武记》《国朝先正事略》《续国朝先正事略》。次辑载纪，如《路史》《列女传》。次辑地理书，如《山经》《水注》。末辑通论，如《史通通释》等。子部则辑儒家、兵家、法家、农家、医家、术数家、杂家、小说家、释家、道家最精要之书。集部之中，以《楚辞》为别集之先，《文选》为总集首列，《诗文评》除举要外，附以《诗韵》《词韵》。（文明国编：《陆费逵自述》，第62—67页）

1月17日　北京大学研究所国学门首次发布启事，声明欢迎学生报名研究、北大文史两系图书室归并、北大教员提出题目招考研究员及研究所开放等事。

国学门发布第一号通告，谓国学门现已成立，凡北大毕业生有专门研究志愿及能力，或未毕业生曾作特别研究且已有成绩的，皆可随时前来报名。俟会同有关系的教授会审查合格后，再将研究题目提出，按照研究规则到所研究。现在国文学系、史学系的参考室已经归并到图书馆办理，两系学生阅览书籍，直接到图书馆。北大教员如有愿在国学门提出题目，招致研究员共同研究的，请随时通知。研究所开放时间，每日上午九点至十一点半，下午一点半至五点。（《研究所国学门启事》，《北京大学日刊》第936号，1922年1月17日，第1版）

国学门成立后，报名者多未提出题目，各项填记亦多未详备，以致无从审查。1月21日，国学门特地发布第二号通告，要求报名者确实拟定题目，到所补填。如有著述，望一并交付，以便审查。同时强调重专精而非泛论的学术宗旨。

> 本学门之设立，原为学者对于某种学问已有大体之了解，而怀有某部分之问题欲资探讨者，本学门以图书、仪器及教授人材应其研究之便；初不在于泛论学术，如讲堂上课，但资灌输而已。所以提出题目，以范围愈狭，性质愈具体者为宜。如研究史事，则指定何事或何期。研究文学，则指定何人及何类；而人事期类之间，又以能提出其研究之方法及目的者为善。盖以如此研究，方有相当之成绩可望。(《研究所国学门启事》，《北京大学日刊》第943号，1922年1月25日，第1版)

报载国学门"又规定研究主旨，不在泛论学术，而在精深研究……由是以观，亦可见该所实事求是之精神"。(静观：《北京大学新消息》，《申报》，1922年2月13日，第3张第10版)

本月，陈垣受聘为北京大学研究所国学门导师。(刘乃和、周少川、王明泽、邓瑞全：《陈垣年谱配图长编》，辽海出版社，2000年，第113页)

1月23日　北京大学歌谣研究会合并于研究所国学门。

歌谣研究会发布启事，称为研究便利，合并于研究所国学门。以后会员信札及稿件，径寄国学门。北京大学同人如有愿入会，请到国学门报名。(《歌谣研究会启事》，《北京大学日刊》第943号，1922年1月25日，第1版)拟于2月19日（星期日）下午二时，在国学门第一研究室开会。(《歌谣研究会启事》，《北京大学日刊》第956号，1922年2月

13 日，第 3 版）

　　△　钱玄同批评《国学卮林》第一期撰述者未经新文化的洗礼。

　　五四运动后，钱玄同和黄侃关系有所恶化。钱玄同曾在《新青年》刊载的《随感录》里，不点名批评了黄侃所作《北海怀古》词中的头几句话："故国颓阳，坏宫芳草，秋燕似客谁依？箹咽严城，漏停高阁，何年翠辇重归？""故国颓阳"句像"遗老"的口吻；"何年翠辇重归"句似乎有希望复辟的意思。于是编辑人员就怀疑作者是"遗老""遗少"一流人物，指出词作者是同盟会里的老革命党，写了这些词语，纯粹是旧词新用，摹拟古人填词而已，并不表示其真心实意。黄侃看了大怒，骂《新青年》的编辑连词都看不通。（曹述敬：《钱玄同年谱》，第 47 页）

　　是日，钱玄同从郑奠处借来《国学卮林》，在浴室中翻阅，见到"其中竟有提倡君臣之说，可谓荒谬绝伦"。汪旭初寿某管带"诗举人"及"自炫之语"，"看了令人肌肤起栗"。"其中自然还是季刚的文章稍微好些。然彼所撰之音略，说声之发音几无一语不谬，彼自以为订正江永之说，实在其误甚于江永。我常主张国学必须受新文化洗礼之人，才能讲的明白，今观此志，而益坚吾说矣。"（杨天石主编：《钱玄同日记》整理本上册，第 389 页）

　　1 月　《学衡》杂志创刊，宗旨之一是昌明国粹，融化新知。吴宓为总编辑。

　　《学衡》杂志由梅光迪发起和筹办，得到柳诒徵、刘伯明、胡先骕诸人支持。吴宓加入稍晚，实际主编。在吴宓寓所召开一次全体社员会，梅光迪、刘伯明、胡先骕（北京大学预科毕业，留美，习植物学专科，东南大学生物系主任）、萧纯锦（留美，习经济专科，东南大学经济系主任）、徐则陵（金陵大学毕业，留美，习教育专科，并及历史，东南大学历史系主任）、马承堃（王闿运晚年门生，暨南大学教授）、柳诒徵（游学日本，缪荃孙门人，东南大学历史系教授）、邵祖平（东南大学附属中学国文教员，能作诗）八人与会。议定杂志体例，分通论、述学、文苑、杂俎、书评、附录六门，派定梅、马、胡、邵为通论、述学、文苑、杂俎各门主任编辑。（吴宓著，吴学昭整理：《吴宓自编年谱》，生活·读书·新知三联书店，1995年，第214—215、227—230页）

公推柳诒徵撰作《发刊辞》，在弁言揭橥四点宗旨："诵述中西先哲之精言以翼学"；"解析世宙名著之共性以邮思"；"籀绎之作必趋雅音以崇文"；"平心而言不事嫚骂以培俗"。封面"学衡"二字，请湖南宿儒曾农髯题写。吴宓担任总编辑兼干事。经过会议讨论修改，确立宗旨："论究学术，阐求真理。昌明国粹，融化新知。以中正之眼光，行批评之职事。无偏无党，不激不随。"体裁及办法如下：

（甲）本杂志于国学则主以切实之工夫，为精确之研究，然后整理而条析之，明其源流，著其旨要，以见吾国文化，有可与日月争光之价值。而后来学者，得有研究之津梁，探索之正轨，不至望洋兴叹，劳而无功，或盲肆攻击，专图毁弃，而自以为得也；（乙）本杂志于西学则主博极群书，深窥底奥，然后明白辨析，审慎取择，庶使吾国学子，潜心研究，兼收并览，不至道听途说，呼号标榜，陷于一偏而昧于大体也；（丙）本杂志行文则力求明畅雅洁，既不敢堆积饾饤，古字连篇，甘为学究，尤不敢故尚奇诡，妄矜创造。总期以吾国文字，表西来之思想，既达且雅，以见文字之效用，实系于作者之才力。苟能运用得宜，则吾国文字，自可适时达意，固无须更张其一定之文法，摧残其优美之形质也。（《学衡杂志简章》，《学衡》第1期，1922年1月；吴宓著，吴学昭整理：《吴宓自编年谱》，第230页）

《学衡》杂志分插画、通论、述学、文苑、杂缀、书评等栏，断断续续共出版79期，至1933年7月停刊。从第13期起，每期增加英文《简章》及本期英文《目录》，借此引起旅华欧美人士及英文读者注意。吴宓指出，《学衡》形式上的特点有二：除小说戏剧外，纯用文言，不用白话；不用新式标点，只用旧式圈点。"至其内容，则介绍西洋思想，翻译西洋文学名著，与整理国学，阐明道德并重。其文苑一门，每期选录时贤新作之古文及旧式诗词（翻译西诗亦用旧诗体），至新式之诗则未见登载。"（《学衡杂志：五九、六十期》，《大公报·文学副刊》第7期，1928年2月20日）简章规定发起同志数人担任编辑，自始至终实际主持编务的只是吴宓。1924年8月，吴宓到东北大学执教半年，增设柳诒徵、汤用彤为干事。1928年1月第61期，改由缪凤林担任副总编辑。

10月10日，《中华新报》增刊发表吴宓《新文化运动之反应》一文，较为系统阐述了其文化主张。记者识云："泾阳吴宓君，美国哈佛大学文学硕士，现为国立东南大学西洋文学教授。君既精通西方文学，得其神髓，而国学复涵养甚深，近主撰《学衡》杂志，以提倡实学为任，时论崇之。"吴宓首先批评民国创立至今十一载，文化精神的建设事业尚未有成，异说纷纭，莫衷一是，人心摇惑，

没有依归，根源其实不在融会中西新旧的态度本身，仅在材料方法的选择。

　　夫文化者，就广义言之，统政治学术文艺哲理道德风俗等而言，实民志民智民德民力之所寓，即全国国民公有之精神，而隐隐中实足以指挥国民之行事者也。就狭义言之，则学术文艺而已。姑无论其为广义狭义，凡一国一时之文化，必为其历史上之所遗传，与异国新来输入者，融合孕育而成。故吾国今后之文化，亦必为吾之国粹（指固有之文化而言）与西方之学术文艺等融合孕育而成，若欲独存其一者遏绝其他，不惟理所不宜，亦势之所不能也。故今后之所当辨者，材料方法而已，何者宜存，何者宜革，何者宜取，何者宜拒，如何而融会其精神，如何而结实其矛盾，如何而采集众长，创立至善至美之新说，以为最后之归宿，国民之圭臬，全世之受用，此吾国言文化者所当三致意者也。窃意吾国今日，纯事守旧者，已无其人，虽有新旧之争，国粹欧化之争，实皆皮相虚名。吾国今日真正之争，乃在文化建设之材料方法耳。于国粹，则各有实为应存之精华，而不能相合，于是乎争。于西学，则各有视为最要之珍品，而急图输入，于是乎争。主论方法，亦各不同，或主尊此抑彼，或主兼蓄并收，于是乎争。或欲宣传鼓吹，到处演讲，或欲殚力学术，潜心著述，于是乎争。而所谓国学者，又百千其门类派别义理方法，而所谓西学者，亦百千其门类派别义理方法，本非一致，何能强合，于是乎争。凡有心于建设文化者，处此扰攘漩涡之中，当思以博大之眼光，宽宏之态度，肆力学术，深窥精研，观其全体，而贯通彻悟，然后平情衡理，执中驭物，造成一是之学说，融合中西之精华，以为一国一时一世之用，夫然后争端自息，疑难尽解，新旧中西之名义亦不存，而中华民国灿烂伟大之文化方以实现，而今则去之尚远也。

建设文化的正法大道，惟在研究学术，著译书籍。

　　于国学必沉潜经史，博览群书，其工力造诣，与昔之耆儒宿学无异，然后可言整理。整理国故者，非妄谈新法，多分纲目，东钞西凑，割裂篇章，望文生义，牵强比附所可从事也。于西学必深通语言文字，兼习各种学问，更专精一类之学，其所知之广，所极之深，须与西土名士硕儒比肩齐誉无逊色，然后可言介绍西学。介绍西学者，非掇拾零篇，字移句译，意晦词塞，矛盾荆棘，散漫模糊，夸张凭陵者所可从事也。而整理国故及介绍西学二者，皆尤非以白话语体、英文标点、横行排印诸种形式，即可冒充名家，众咸推尊，而不问其内容也。

　　对于"新文化运动"反应之杂志，主旨各有不同，与"新文化运动"的异同也有别，主要有《民心周报》《孔教昌明经世报》《亚洲学术杂志》《史地学报》《文哲学报》《学衡》《湘君》七种。（吴宓：《新文化运动之反应》，《中华新报增刊》，1922 年 10 月 10 日，第 4 张第 2—3 版）
　　学衡派在现代文化思想史的主要特色有四：一是反对新文化运

动—新文学运动，代表作者有梅光迪、胡先骕、吴宓、邵祖平、曹慕管、刘朴、吴芳吉、易峻、李思纯。他们的文章多针对新文化运动中心人物胡适，也是引起新文学作家、批评家胡适、鲁迅、周作人、沈雁冰、沈泽民等人回击的关键，招致了守旧、逆行的恶名。二是译介、张扬白璧德的新人文主义，代表作者有梅光迪、吴宓、徐震堮、胡先骕、张荫麟。三是中国文化史、文学史以及专门的"国学"中经、史、子、集的专题研究，西洋哲学、印度哲学、佛学研究的专题论文，代表人物是汤用彤、柳诒徵、缪凤林、景昌极、刘永济、马宗霍、陈寅恪、王国维等。这些专题性学术研究，多是中国古今融通之作。四是开设文苑专栏，登载旧体诗词文赋，成为与新文学中的白话自由诗、白话小说、白话散文公然相悖的一股复古、保守的文学势力。第一、四项为外攻，为其思想观念的外在发散，为学衡派带来了守旧、保守、反动的恶名，第二、三项为内守，为其文化守成的立身之本和学业基点，展示了学衡派的学识、学理上的事功。《学衡》杂志的作者群大致可分三部分：第一部分为东南大学的师生。老师辈的刘伯明、梅光迪、胡先骕、吴宓、马宗霍、汤用彤、黄华、李思纯、萧纯锦、柳诒徵、徐则陵等，都是留学归来，学有所成的学人。学生辈一类是东南大学英语系—西洋文学系的毕业生赵思伯、赵万里、浦江清、孙雨延、陆维钊，及因吴宓的关系，从香港大学毕业加盟进来的胡稷咸、郭斌龢。一类是南京高师—东南大学改制过程中毕业的文史部—历史系柳诒徵教授培养的学生缪凤林、景昌极、张其昀、王焕镳、徐震堮、束世澂、向达，后期大多晋升为教授，成为各自学科的知名学者。第二部分为吴宓在清华学校读书时的同学和执教清华研究院、清华大学外文系后的同事、学生，如同学刘永济、刘朴，同事王国维、陈寅恪、梁启超，学生张荫麟、刘盼遂。第三部分为学术思想、文化观念与《学衡》的文化保守主义趋向趋同，赞成其宗旨和主张的学人。如林损、黄节、叶玉森、郑鹤声、瞿方梅、陆懋德、钱蹈孙、汪国垣、孙德谦、杨成能等。（沈卫威：《回眸学衡派》，人民文学出版社，1999年，第7—8、43—44页）

　　学衡派与胡适等人争论的焦点，是输入西学的正统和研究学术的纯正，隐指胡适派的伪西学或伪学术，不能简单以新旧来衡量。据统计，《学衡》除文苑、杂缀外，其他各栏刊登文章总数414篇。其中，文学类72篇，约占总数的17%；史学类158篇，约占38%；评论类（含文化论争及政论）52篇，约占13%，体现了文史研究基础的评论性特色。先后为该刊撰稿者为数甚多，但撰稿较多者约有21人，详见表4。（郑师渠：《在欧化与国粹之间：学衡派文化思想研究》，北京师范大学出版社，2001年，第64—65页）

表4 《学衡》主要撰稿者名单

姓名	籍贯	生卒年	学历	工作
刘伯明	江苏南京	1887—1923	留学日美	东南大学教授
梅光迪	安徽宣城	1890—1945	清华毕业留美	东南大学教授
吴宓	陕西泾阳	1894—1978	清华毕业留美	东南大学、清华大学教授
胡先骕	江西新建	1894—1984	北京大学预科班留美	东南大学教授
柳诒徵	江苏镇江	1880—1956	游学日本	东南大学教授
汤用彤	湖北黄梅	1893—1964	清华毕业留美	东南大学教授

续表

姓名	籍贯	生卒年	学历	工作
吴芳吉	四川江津	1896—1932	清华留美预备班	西北大学教授
缪凤林	浙江富阳	1898—1959	东南大学毕业	东北大学教授
景昌极	江苏泰州	1903—1982	东南大学毕业	东北大学教授
刘朴	湖南湘潭		清华毕业留美	东北大学教授
刘永济	湖南新宁	1887—1966	清华留美预备班	东北大学教授
王国维	浙江海宁	1877—1927		清华国学研究院导师
张荫麟	广东东莞	1905—1942	清华毕业留美	清华大学教授
李思纯	四川成都	1893—1960	留法	东南大学毕业
林损	浙江瑞安	1890—1940		北京大学教授
郑鹤声	浙江诸暨	1901—1988	东南大学毕业	教育部编审处常任编审、国立中央大学教授
郭斌龢	江苏江阴	1897—1987	香港大学毕业留美	东北大学教授
孙德谦	江苏上海	1873—1935	东吴大学毕业	上海大学教授
胡稷咸	安徽芜湖	1899—1968	香港大学毕业	中学教员、武汉大学教授
徐震堮	浙江嘉善	1901—1986	留学	松江女中教员、浙江大学教授
王恩洋	四川南充	1897—1964		成都东方文教学院教授

　　2月1日　报载北京政府拟设国学院，请梁启超主持，旋因梁士诒内阁倒台而搁置。

　　本日，梁士诒内阁倒台。《申报》接1月31日下午专电，谓："国学院设立，梁（士诒）已副署，总裁为梁启超。教长谓组织法未备，财长谓经费无着，梁启超虽愿任，但不受任命，乃搁置。"

（《国内专电》，《申报》，1922年2月1日，第2张第6版）据《新闻报》称，梁士诒原拟设"国学院"，任梁启超为总裁。梁士诒已副署，张弧为经费，齐耀琳为组织法，均有争议。梁启超又不愿受任命，已经搁置。（《新闻报》，1922年2月1日，第2张第2版，接国内专电）另据《北京晚报》载：

> 政府为提倡文化，保存国粹起见，拟设立一国学院，罗致名宿，延聘通人主持院事，并拟请梁卓如君担任总裁。此项命令，梁士诒于未销假前已经副署，惟以齐兼教长及张财长以组织法尚未完备，经费无着，表示反对，不肯副署，遂行停顿。而梁卓如亦言，虽可担任此职，但不能受政府任命。今梁（士诒——引者）去颜（惠庆——引者）代，已有不办重要事务之宣言，此案遂无形搁置。（《国学院组织之难关》，《北京晚报》，1922年2月3日，第2版）

章士钊后来记云："梁任公有创设国学院之计划，愿力甚宏，规模甚大。愚闻之已数年矣，前长邦教时，曾为愚详细言之。愚极愿为尽力，俾观厥成，事与愿违，付之一叹。"计划分六大内容：一、编著国学丛书。以一百种为一集，其目分学术思想、文艺、历史、地理、自然科学、社会现状等项。国学院拟定题目，聘请专家编著，或收已成之稿。其海外著作可采者，或亦译登。每年最少出二十四种。除专聘所编外，其投著稿译稿者，或优给酬金，或受其版权，或量给奖励金，版权仍归作者。二、编辑近代学术文编及国学海外文编。略师贺长龄《经世文编》之例，广搜清初迄今学者专集，及杂志中所发表凡研究国学有价值之文字，分类编录，使学者可以尽见难得之资料，且省翻检之劳。此书以一年完成。海外文编，则专译欧美日本人研究中国学术事情之著作。三、编制大辞书。分百科总辞书、分科专门辞书两种。四、校理古籍。凡古籍有不朽价值而较难读者，择出二三十种，精校简释，加圈点符号，补图表，冠以详核之解题，令青年学子，人人能读，且引起兴味。拟于五年内，将最重要的古籍校理完竣。五、续辑《四库全书》。搜集《四库》未收书，及乾嘉以后名著，编定目录，撰述提要，俟有力时乃刊。六、重编佛藏。精择各宗派代表之经论，删伪删复，再益以续藏中之主要论疏。约渤成三千卷，各书附以提要。（《孤桐杂记》，《甲寅周刊》第1卷第34号）

2月9日　鲁迅在《晨报副刊》刊文，抨击《学衡》"剖击新文化而张皇旧学问"，实则"于旧学并无门径"。

鲁迅从2月4日《晨报副刊》看见式芬的杂感《〈评尝试集〉匡谬》，诧其迂拘，竟"和《学衡》诸公谈学理"。《学衡》"实不过聚在'聚宝之门'左近的几个假古董所放的假毫光，虽然自称为'衡'，而本身的秤星尚且未曾钉好，更何论于他所衡的轻重的是非"。然后大量列举《学衡》所刊文章中词句不通、文理荒谬的例子，如"弁言"说"杂志迻例弁以宣言"，"宣言即布告，而弁者，周人戴在头上的瓜皮小帽一般的帽子，明是顶上的东西，所以'弁言'就是序，异于'杂志迻例'的宣言，并为一谈，太汗漫了"。马承堃《国学撼谈》一文说"虽三皇寥廓而无极，五帝搢绅先生难言之"，实则"人而能'寥廓'，已属奇闻，而第二句尤为费解，不知是三皇之事，五帝和搢绅先生皆难言之，抑是五帝之事，搢绅先生也难言之呢？推度情理，当从后说，然而太史公所谓'搢绅先生难言之'者，乃指'百家言黄帝'，而并不指'五帝'，所以翻开《史记》，便是赫然的一篇《五帝本纪》，又何尝'难言之'"。对文苑栏各诗词，更是大加指摘讥讽，斥其不通。"以上不过随手拾来的事，毛举起来，更要费笔费墨费时费力，犯不上，中止了。因此诸公的说理，便没有指正的必要。文且未亨，理将安托。穷乡僻壤的中学生的成绩，恐怕也不至于此的了。"

总之，诸公抨击新文化而张皇旧学问，倘不自相矛盾倒也不失其为一种主张。可惜的是于旧学并无门径，并主张也还不配。倘使字句未通的人也算是国粹的知己，则国粹更要惭惶煞人！"衡"了一顿，仅仅"衡"出了自己的铢尔来，于新文化无伤，于国粹也差得远。（风声：《估〈学衡〉》，《晨报副刊》，1922年2月9日，第3版）

吴宓晚年部分地认同其批评，曾说与《学衡》杂志敌对的有三：一是上海文学研究会的茅盾（沈雁冰）一派。茅盾时在商务印书馆，任《小说月报》总编辑。二是上海《民国日报》副刊《觉悟》（吴宓误为《学灯》）之编辑邵力子一派。三是上海创造社郭沫若一派，则在1923年始兴起，故与《学衡》杂志无直接对辩及论争。《估〈学衡〉》一文专就第一期立论，指出"文苑"门所登录之古文、诗、词，皆邵祖平一人所作，实甚陋劣，不足为全中国文士、诗人以及学子之模范。邵祖平"性逼隘而浮躁。胡先骕极崇奖而拥护之，甚至以其所作古文、诗、词，登入《学衡》第一期，为世人之模范，实属谬妄，为评者所讥毁"。"鲁迅先生此言，实甚公允。《学衡》第一期'文苑'门专登邵祖平（时年十九）之古文、诗、词，斯乃胡先骕之过。而彼邵祖平乃以此记恨鲁迅，至有1951年冬，在重庆诋毁鲁迅先生之事，祸累几及于宓，亦可谓不智之甚者矣。"[1]同时指出不乏赞成者。上海《中华新报》主笔张季鸾在其报中著论，且更进一解，谓"今全国青年所旁皇纷扰者，厥为人生观问题，盼《学衡》社诸君，能于此有所主张，有所启示"。日本国内研读汉文书籍，志在维持儒学，保存儒教之团体，则速起响应，以其出版物寄来交换。"五六月间，更有来中国各地游览考察之学者与政客清水氏等二十余人，持张季鸾君介函，直到《学衡》杂志社寻访，与社员会谈半日。"（吴宓著，吴学昭整理：《吴宓自编年谱》，第228、235—236页）

　　△　报载江苏扬州同善分社组织国学专修班，社长吴浩然主持，呈请县署备案。（《国学社请备案》，《时报》，1922年2月9日，第2张第4版）

　　扬州同善分社吴浩然前呈文扬州江都县王知事，称："古学日湮，风俗日坏。故遵照京师等处国学专修馆章程，在扬社设立预备科，招生教授，以备升送专修馆肄业，而资保存国粹。"是日获准设立，并于2月11日呈报江苏教育厅备案。（《同善社之教育》，《申报》，1922年2月14日，第3张第11版；《国学专修馆续闻》，《新闻报》，1922年2

　　①　另据郑孝胥1922年9月17日日记载："有江西邵祖平字潭秋者，持子培名刺来见，自言在南京东南大学，与胡先骕同编《学衡》杂志，斥胡适之新文白话；庄斯敦以呈御览，陈、朱师傅皆称许之。邵颇知诗学，谈久去，借去《伏敔堂诗》，其人才二十余岁。"中国国家博物馆编，劳祖德整理：《郑孝胥日记》第四册，北京：中华书局，2013年，第1922页。

月14日，第3张第1版）

据称扬州同善分社在教场北首创立后，"善举日见发展"。此前创设义学两处，学生颇多。刻又在社门对面组织国学专修馆文学预备科，聘请张晴峰为主教。"该社向以修身劝善为宗旨，今复注意教育，保存国粹，未始非世道、人心之一助也。"（《国学专备〔修〕馆之创设》，《新闻报》，1922年2月11日，第3张第3版）2月27日上午十时，举行开学礼。江都王知事委第三科长吴召封代表训话。其余绅商各界领袖均有到会参观，绅界陈次卿、凌仁山、汪馨一等，商界商会长朱竹轩、药业董朱明卿等，学界周芷芳等，连同其他来宾，为数甚众。首由道长报告开会宗旨，次由县代表及各界来宾读祝词，次由凌仁山演说"注重国学之要旨"，次即答词。闭会后，款来宾以酒面，尽欢而散。（《国学专修馆开学》，《新闻报》，1922年3月1日，第3张第2版；《国学专修科行开学礼》，《时报》，1922年3月1日，第2张第4版）

2月11日 北京大学第五次评议会通过研究所国学门委员会规则，蔡元培提出国学门委员会名单，为国学门核心。

国学门委员会职责有：规划研究所国学门一切进行事项；议决事件，交研究所国学门主任执行；与相关各学系及各事务机关有相互事件发生时，得会同商定；审查研究生入所资格；审查研究所所得论文，或委托相关各系教员审查；核定奖学金给予。暂不定会期，由委员长随时召集。设书记一人，由研究所国学门助教兼任。第一届委员共九名：所长蔡元培（当然委员长），教务长顾孟余，国学门主任沈兼士，图书主任李大钊，均当然委员，以及马裕藻、朱希祖、胡适、钱玄同、周作人。（《研究所国学门重要纪事》，《国学季刊》第1卷第1号；《提议北大研究所国学门委员会名单》，高平叔主编：《蔡

元培全集》第四卷，第151—152页）

　　新闻舆论颇为关注国学门。《申报》谓：

> 　　除所长（校长兼任），教务长，本门主任，图书主任，均
> 当然为委员外，计被推定者，有马裕藻、朱希祖、胡适、钱玄
> 同、周作人五人。马氏现为中国文学系主任，朱氏现为史学系
> 主任，胡氏于中国哲学文学方面，钱氏于中国文字学方面，周
> 氏于我国文学方面，研究均极深邃。当未经设立委员会以前，
> 所有审查研究生入所资格，均由各系教授会分别兼任，自此
> 以后，则责有专归矣。（平心：《北大国学研究所之发展》，《申报》，
> 1922年2月25日，第3张第10版）

　　这些身兼国学门委员会的文科教授，除胡适外，全是留学日本
的太炎门生。《京报》称："该门并设有委员会，以研究所所长为委
员长，教务长、各门主任、图书主任，均为会员。外加入之会员，
有马裕藻、朱希祖、胡适、钱玄同、周作人诸教授。"（《北京大学校
务之进行》，《京报》，1922年2月16日，第7版）鲁迅时任北大国文系兼
职讲师，曾应邀为《国学季刊》设计封面，却不是国学门委员。[1]

　　2月12日　周作人在《晨报副刊》发表《国粹与欧化》一文，
主张国人无须模仿国粹，却要尽量容受欧化，批判将国粹与欧化完
全对立的观点及中体西用说。

　　事起于梅光迪在《学衡》刊载《评提倡新文化者》一文，批评

---

　　[1]　鲁迅年谱、北大中文系编年史等论著称鲁迅为国学门委员，迄今查无实据。

新文化运动倡导者"非思想家乃诡辩家""非创造家乃模仿家""非学问家乃功名之士""非教育家乃政客"。所谓非创造乃模仿，主要指《新青年》等"最足动人听闻之说，莫逾于创造。新之一字，几为彼等专有物。凡彼等所言所行，无一不新"，专事盲目模仿西人。内称：

> 彼等以推翻古人与一切固有制度为职志，诬本国无文化，旧文学为死文学，放言高论，以骇众而眩俗。然夷考其实，乃为最下乘之模仿家。其所称道，以创造矜于国人之前者，不过欧美一部份流行之学说，或倡于数十年前，今已视为谬陋，无人过问者。杜威、罗素，为有势力思想家中之二人耳，而彼等奉为神明，一若欧美数千年来思想界，只有此二人者。马克斯之社会主义，久已为经济学家所批驳，而彼等犹尊若圣经。其言政治，则推俄国。言文学，则袭晚近之堕落派。庄周曰，井蛙不可以语海者，拘于虚也。彼等于欧西文化，无广博精粹之研究，故所知既浅，所取尤谬。以彼等而输进欧化，亦厚诬欧化矣。特国人多不谙西文，未出国门，而彼等所恃者，又在幼稚之中小学生，故得以肆意猖狂，行其伪学，视通国若无人耳。夫国无学者，任伪学者冒取其名，国人之耻也。而彼等犹以创造自矜，以模仿非笑国人，斥为古人奴隶。实则模仿西人与模仿古人，其所模仿者不同，其为奴隶则一也。况彼等模仿西人，仅得糟粕，国人之模仿古人者，时多得其神髓乎。且彼等非但模仿西人也，亦互相模仿，本无创造天才。假创造之名，束书不观，长其惰性，中乃空虚无有。彼等之书报杂志，

雷同因袭，几乎千篇一律，毫无个性特点之可言，与旧时之八
股试帖，有何别异？而犹大言不惭，以创造自命，其谁欺哉。

（梅光迪：《评提倡新文化者》，《学衡》第1卷第1号，通论）

周作人则辩解称："模仿都是奴隶，但影响却是可以的；国粹
只是趣味的遗传，无所用其模仿。欧化是一种外缘，可以尽量的容
受他的影响，当然不以模仿了事。"而国粹二字"不是单指那选学
桐城的文章和纲常名教的思想，却包括国民性的全部"。"我们主张
尊重各人的个性，对于个性的综合的国民性自然一样尊重，而且很
希望其在文艺上能够发展起来，造成有生命的国民文学。"无论有
多么尊重与希望，也不能拔苗助长，只能听其自然长发。

　　我们反对模仿古人，同时也就反对模仿西人；所反对的是
一切的模仿，并不是有中外古今的区别与成见。模仿杜少陵或
太戈尔，模仿苏东坡或胡适之，都不是我们所赞成的，但是受
他们的影响是可以的，也是有益的，这便是我对于欧化问题的
态度。

欢迎欧化至少可以得到一种新空气，供给创造之用，与乡愿
的中体西用调和说，先有一种国粹优胜的偏见，只在此前提条件下
才容纳若干无伤大体的改革有着本质区别。"我却以遗传的国民性
为素地，尽他本质上的可能的量去承受各方面的影响，使其融和沁
透，合为一体，连续变化下去，造成一个永久而常新的国民性，正
如人的遗传之逐代增入异分子而不失其根本的性格。"（周作人：《国

粹与欧化》,《晨报副刊》,1922年2月12日，第1—2版）

2月17日　罗庸、楼巍报名北京大学研究所国学门文字学、文学研究员，经北大国文学系教授会审查合格。

前几次报名，审核者名义均为各学系，不是国学门委员会。罗庸，北京大兴人，北大国文学系毕业，题目是清代小学家书目提要及其治学之方法。楼巍，浙江诸暨人，北大国文学系毕业，题目是唐诗源流。（《研究所国学门布告》,《北京大学日刊》第961号，1922年2月18日，第1版）

2月18日　北京大学研究所国学门委员会召开第一次会议。

午后三时，在北大第一院研究所国学门开会。（《北京大学日刊》第961号，1922年2月18日，第1版）蔡元培及顾孟余、沈兼士、李大钊、马裕藻、朱希祖、胡适、钱玄同、周作人等全体委员出席。会议分报告与提议两个阶段。沈兼士报告三项事务：

一、特别阅览室设立经过。

本学门成立后，曾要求图书馆在四层楼本所附近设一特别阅览室，以便将本所提用之书籍，公开阅览。嗣以图书馆无人可调，遂未实行。但为谋图书馆及本学门双方事实上便利起见，实非有一特别阅览室不可。现已在四层楼另辟一室，专供普通阅览，暂由本门代为经理。一面已请图书馆主任派人接管。且前次图书委员会将本学门之提书规则取消，于研究上殊感不便。

李大钊回应说："图书委员会对于研究所提用书籍，议决两种办法:（1）复本可借;（2）单本照借书规则办理,限两星期归还。"马裕藻说:"从前研究所尚无特别阅览室,图书馆或恐阅书者不便,所以取消提书规则。现在可再与商酌。"蔡元培主张:"可由本委员会向图书主任声明已设特别阅览室情形,由图书主任提出图书委员会复议。"

二、歌谣研究会。合并后,"此刻最重要的事情是定音标及发表已经收集之材料"。

三、考古学研究室已经设立,北大"前购得之甲骨及古代画砖均已置入"。校长蔡元培"又请罗叔蕴先生为通信导师。以后尚拟组织一考古学研究会,商请本校之美学家、地质学家、人类学家、化学家、工学家……对于研究或保存古物有兴趣者加入之,俾古物之搜求和研究有一定之计画,可以逐渐进行。一面与史学系联合,一面还可以和校外古物学会等机关联络"。

本次会议还提出讨论了研究规则、奖学金、出版杂志事宜。关于研究规则,沈兼士提出草案,"并说明本学门研究应打破学系观念。本学门虽由中国文学、哲学、史学三系组成,而国学范围所包甚广,研究上不应限于三系"。胡适亦主张:"国学门以文字为范围,而不以学科为范围。如有人研究中国数学史,本学门自可延请数学史家做导师。"（《研究所国学门委员会第一次会议纪事》,《北京大学日刊》第968号,1922年2月27日,第2—3版）

2月20日,国学门发布启事谓:

本学门之设立,其研究以文字为范围而不以学科者,盖吾国学术界向来缺少分科观念,在未经整理以前,不易遽行分科而治。故本学门设立宗旨，即在整理旧学，为将来分科之预备，非专已守残，以为可与他种科学分驰也。组织时虽以中国文学、哲学、史学三系为基本，不过以此三系关涉国学处较多于他系。至于他系之关涉国学者，虽数量有多寡，而其急待于取资，则固无殊。以此之故，本学门极欢迎本校之为自然科学及社会科学者到所提出题目，分别研究，俾古代学术制度之未经科学家搜求考证者，或虽经科学家搜求考证而其量犹不充分者，至此各得表襮其真价值，而占有科学史上之确当位置。（《研究所国学门启事》，《北京大学日刊》第963号，1922年2月21日，第1版）

研究规则也相应修订，沈兼士指出："评议会议决之研究所组织大纲第六条，研究生以本校毕业生及未毕业生之有特别研究成绩者为限。惟新学制规定入研究院者似不限于大学一校之毕业生。本所规则应否修改？"蔡元培主张："实在程度相当者亦不能拒绝，应有规则限制。可照本校未毕业生办法，限于曾作特别研究已有成绩者。"胡适建议，"组织大纲第六条，及研究规则第一条，在'未毕业生'之后，应加'及校外学者'五字"。蔡元培谓"可提出议案，请评议会追加"。结果议决《研究所国学门研究规则》，主要内容如下：（一）凡北大毕业生有专门研究之志愿及能力者，又未毕业生及校外学者曾作特别研究已有成绩者，皆可随时到国学门登录室报名，填写研究项目，有著作者并呈送著作，一并由国学门委员会审查；审查结果合格者，得领研究证，到所研究。（二）凡北大毕业生及校外学者不能到校而有研究之志愿者，得通信研究，报名审查手续均照上条办理。（三）研究生须将关于研究之经过及其成绩随时报告，以便在国学门所办之杂志中发表或刊入丛书。（四）研究生遇必要时，可要求国学门主任与有关系之各学系教授会代请北大教员及国内外专门学者指导研究。（五）北大教员可以自由入所研究。（六）北大教员可以提出问题，召集研究生入所指导，或共同研究；惟须先期通知，经委员会通过。（七）本学期随时聘请国内外学者为专门讲演，公开与否，临时定之。奖学金公推胡适起草章程，俟草就后再行提出委员会公决。

至于出版杂志，蔡元培提议以四学门为基本，每一学门出一种杂志。议决《北大月刊》改归北大出版委员会办理，由四学门分任编辑，每年每学门各分得三期，页数不拘，每年十二期。月份分配：1、5、9月国学门，2、6、10月外国文学门①，3、7、11月自然科学门，4、8、12月社会科学门。国学门公推胡适为主任编辑，其他三门未成立以前，由各相关学系分组担任。研究员用纸问题，议决："无论教员学生，研究时的用纸均应自备。"（《在北大研究所国学门委员会第一次会议发言》，高平叔主编：《蔡元培全集》第四卷，第155—158页；《研究所国学门委员会第一次会议纪事》，《北京大学日刊》第968号，1922年2月27日，第2—3版）

几乎与此同时，国学门将北大所藏古器物及金石甲骨拓本陈列于一室，以为考古学研究室预备，请马衡主持。（《研究所国学门启事》，《北京大学日刊》第961号，1922年2月18日，第1版；俞建伟、沈松平：《马衡传》，上海教育出版社，2007年，第38—39页）2月20日，沈兼士致

---

① 钱玄同记作"文学"。杨天石主编：《钱玄同日记》整理本上册，北京：北京大学出版社，2014年，第394页。

函北大化学系教授会主任陈聘臣称："研究所国学门考古学研究室藏有采色画砖两方，欲与贵教授会讨论保存采色之方法，为此函请先生一询贵教授会中如有对于此事有兴味者，祈复示，以便接洽。"（《研究所国学门致化学系教授会主任陈聘臣先生函》，《北京大学日刊》第963号，1922年2月21日，第2版；《北大国学门近事二则》，《京报》，1922年2月22日，第7版）

△　北京大学研究所主任沈兼士提出整理国故的几个题目。

沈兼士提出北京大学研究所国学门整理国故的几个题目，包括诸子所用学术专门名词索引、分类书目提要、方言和方音之调查与研究、古代民族语言之调查与研究、日本吴汉音与中国古音之关系等。"整理国故事业，千头万绪，有以私家及个人的力量可以做得到；有非借公家的帮助及多数人的研究，不能成功的；上面所提出的几个问题，除末了一条外，都是属于后者的，所以把他宣布出事［来］，请大家注意及此。"（沈兼士：《整理国故的几个题目》，《北京大学日刊》第961号，1922年2月18日，第3—4版）

△　张凤举致信北京大学研究所主任沈兼士，转述日本帝国大学教授滨田耕作有关考古学的建议，重点是与史学独立，看作自然科学。

沈兼士筹备国学门考古学研究室，曾经委托张凤举和在日本的沈尹默一起访问滨田耕作，请教进行办法。[①] 张凤举函复告知：滨田到帝国大学已经十年，当初并没有考古学，且东京大学现在尚缺。其间留学三年，去时大学里只有考古学材料两三件。后来回校，带

---

① 原文误为张凤峰，应为张凤举。

了许多自己买来的东西，以及与欧美博物馆等处交换的东西，渐渐搜集起来，现在成了陈列室三间，内容都很丰富。一间是中国的东西，有些是他亲身发掘的，有些是别人买的或送的。一间是日本、朝鲜、桦太等处的东西，大都是自己采取来的，或者是自己做的模型。再一间是西洋及印度的考古材料，也有自己去买的，也有和他国博物馆交换的，也有些是德国或其他所做的模型。至于印度或埃及的，是寄钱去那边的采掘财团（exposition fund）购买。不过，帝国大学考古学附属于史学，还没独立。"因为学考古学难谋生，所以学的人非常少。大学学生专攻考古学还没有。但是不能因为没学生便不去讲求。这门学问很费钱，每年此地专买东西和采掘时种种费用约二千元。"滨田知悉北京大学研究所设置考古学研究室后，"很快活"，由张凤举转述建议：

> 最好将他和美学研究联络起来，倘若专学史学的人去弄，难免没有偏颇的地方，难免单把他当做补助史学研究的材料看，那是错的。此地大学有这缺憾，他愿我们避去。倘若初办时存个计画，将来要将他独立做个研究所（Institute），那么结果一定好；要把他当做自然科学看，和理科大学的生物学研究一样才行。他希望我们开初搜集中国材料，同时也须买取西洋的，比较研究，不可偏于一边，免得将来生种种弊病，所以非养成年青又能通外国的文的人材不可。总之要知道本国同时知道西洋的，然后研究的结果才得用。就在西洋，虽有许多考古学者，但多是历史家兼的。所以言论总难得中。若请西洋人

教，这一点要留意。芝加哥大学教授Laufer①先生前于东方考古学素有研究，著作也忠实，若能聘请他来比请别人好。

且就具体布置指出："办考古学须得要有教授研究室，学生研究室，陈列，实验室（虽不是实验室，但与实验室相仿佛）和图书室。此外要幻灯片，或买或自制。此地有幻片多盒，因地分类，如图书馆的书目箱，映幻灯用delineascope，因为他不但可以映幻灯片，并可映书里的插画。"和外国博物馆或大学交换东西必须注意："是多搜集中国的东西，好的自己保存，坏的也留着和人交换。"且可以代为购买研究所国学门所需书籍，嘱沈兼士先行开具书单。（《张凤举先生与沈兼士先生书》，《北京大学日刊》第974号，1922年3月6日，第1—2版）

滨田耕作为研究所国学门开具的应购书籍12种，具体是：1.Jade,A Study in Chinese Archeology and Religion.(Field Museum of Natural History Vol.X.) By Berthold Laufer.2.Chinese Pottery of the Han Dynasty. By Berthold Laufer. Leiden,F.J.Brill Ltd.3.Chinese Pottery and Porcelain. By R.L.Hobson. Cassell and Company L.td.上两书怕已绝断。4.Alt-Kutsche.Von Grunwedel.价日金四百元。5.Air Buddhistische Runststatten in Chinesisch Turkistan.Von A,Grunwedel.6.Chotsho（高昌）Par A. Von Le Coq.罗振玉出版之高昌壁画精华即本此。7.Chinesische Runstgesichte. Von Miinsterberg.8.Chinese Art.Qools,By Bushell.9.Mission Archeologioque Dins La Chine Septentrionale.Par

---

①　原文为Saufer，应为Laufer。

Edoward Chavannes.10.La Seulpture sur Pierre En Chine.An Temps des Deux Dynasties Han.Par Edouard Chavnnues.11.L's Art Rhinois.Par M. Paleoloque.12.支那山東省ニ於ケん漢代墳墓ノ表飾（附圖），东京帝国大学工科大学纪要第八册第一号，丸著出版。(《张凤举先生与沈兼士先生书》,《北京大学日刊》第974号，第2版）

2月19日　北京大学研究所国学门歌谣研究会开第二次会议，讨论合并后计划。

午后二时开会，共议决应办征集、整理、发表三事。会后首先从事登报，刊印简章分寄各省教育厅，请其转嘱各县学校。并委托私人朋友及各同乡团体，代为帮忙征集歌谣。(《研究所国学门重要纪事》,《国学季刊》第1卷第2号，1923年4月）

钱玄同等出席，决议出版月刊和确定音标两事。"（一）先出月刊，以三四年来所征集之各地歌谣，为第一次之整理（整理初稿），又将古谚谣（《诗经》起）整理刊入。（二）定音标，因用注音字母及万国音标两种。"（杨天石主编：《钱玄同日记》整理本上册，第394页）

据《申报》报道，整顿歌谣研究会经日前开会专门详加讨论，师生到者二十人，议定三种办法。关于征集，分由会员担任在一地方征集，由会员托人担任征集，登报征求，函请各县高等小学代为征集等办法。此外，复议定编著音标比较表及各项说明书，随时发出，并确定寄稿酬报标准。关于整理，音标方面议定注音字母与罗马字比较表；方言方面另设方言一部，专门研究歌谣中的方言。分类方面，古代的分时代，新的分地方，新旧歌谣分别以流行与否作为判断标准。整理人不限籍贯，而以言语明晓为合格。关于发表，发行月刊，供给研究原料，以引起投稿者与讨论者兴味为宗旨，凡会员均为编辑，另举数人为总编辑，内容分古歌谣、现代歌谣、讨论三种。发行丛书，现在已着手筹办。议定注音字母与罗马字比较表由钱玄同担任。开始向各方面征集，拟编辑月刊，办法即日实行。（平心：《续纪北大之国学研究所》，《申报》，1922年3月9日，第3张第10版）

　　沈兼士后来说，北大从事歌谣征集已经好几年，最初由刘半农管理。后来刘半农赴欧留学，改由周作人办理。周作人中间病了一年余，歌谣研究会无人负责，遂致中断。国学门成立后，歌谣研究会重新整顿，仍请周作人主持。曾经开会一次，议决发行一种歌谣刊物，目的是一方面将已经收到的材料，编成一个有系统的报告，为将来"汇编"和"选录"的长编做准备，另一方面借此引起社会注意和投稿者兴趣。（沈兼士：《歌谣周刊缘起》，《歌谣周刊》第1号，1922年12月1日，第1版）

　　2月20日　段颐报名北京大学研究所国学门史学研究员，经北大史学系教授会审查合格。

　　段颐，江西雩都人，北大英文系毕业，题目为黄河变迁史。（《研究所国学门布告》一，《北京大学日刊》第963号，1922年2月21日，第1版）另据报载：

　　北京大学设立研究所，原为创办研究院之准备，曾于去年公布章程十条，并提先将研究所四门中国学一门，组织成立。该门主任沈兼士氏自任事以来，积极筹备，内则制定各种规则表册，外则整理各图书，分别部居，另度新馆。现在内容，已办理就绪，两月之间，赴所报名及提出著述物者数十起。惟该所对于报名各研究生，审查极为严格，计前后数十人中，经审查结果，认为合格，揭示校刊者，只有三人。

三人即段颐、罗庸、楼巍。《申报》记者平心称："该委员会委员长，仍由所长蔡子民氏兼任，所有召集开会事宜，均由蔡氏先期发布通告，现已开会两次。"

在介绍国学门研究规则、研究宗旨后，评论道：

> 是其应用近代最新科学方法，整理吾国数千年代表文化之著作物，不仅为国学之光，抑亦世界学术之幸。惟该所所苦者，研究工具，不甚充足。如图书古器古刊本，校内既所藏无多，而校外搜求，一时又难得许多良品。且或限于经济，或囿于习惯，殊有美中不足之憾。现在该校除将图书特加整理外，并已将旧藏古器物及金石甲骨拓本，陈列一室，以为考古学研究室之预备，且请马叔平专司其事。好在基础既立，不难逐渐扩充，吾华国学一线曙光，系于此矣。（平心：《北大国学研究所之发展》，《申报》，1922年2月25日，第3张第10版）

本日，国学门布告感谢钱玄同赠唐写本《唐韵》一册，沈兼士赠唐写本《切韵》三种一册。（《研究所国学门布告》二，《北京大学日刊》第963号，第1版）

△ 江苏省无锡县知事赵汝梅呈请江苏督军齐燮元，转请北京政府褒奖无锡国学专修馆馆长唐文治及孙鹤卿、杨翰西两人。

齐燮元（1879—1946），字抚万，号耀琳。

江苏督军齐抚万上将与现居本邑唐绅蔚芝有师生旧谊，闻赵知事每至督署晋谒，谈次辄殷殷垂询唐绅起居及国学专修馆状况，颇具敬师礼贤之诚。赵知事仰承意旨，返署后即嘱三科拟具呈稿，详叙唐绅在馆讲学成绩，并以孙绅鹤卿、杨绅翰西捐赀恢复尊经阁事插叙呈内，拟请督军、省长会衔转呈大总统分别颁给勋章，以崇师儒而扬国粹，其呈即日内发出云。（《侨绅尊经讲学》，《新无锡》，1922 年 2 月 25 日，第 2 版，转引自刘桂秋：《无锡国专编年事辑》，第 29 页）

赵汝梅呈称："唐绅文治等，讲学尊经，有功治化，可否请准予转呈，从优颁给勋章。"军民两长以该绅等"创修国学，尊经风世，洵属有功国家"，已准特电请奖。（《南京快信》，《申报》，1922 年 2 月 26 日，第 3 张第 11 版）

北京政府认为，"江苏国学专修馆请奖，应由教育部行查该校一切课本，审核办理"。（《京闻举要》，天津《大公报》，1922 年 2 月 24 日，第 2 版）

2 月 28 日　北京大学研究所国学门筹备考古学研究室。

顾颉刚参加国学门布置考古学室，并筹备歌谣研究室。（顾潮编著：《顾颉刚年谱》增订本，中华书局，2011 年，第 73 页）国学门考古学研究室藏有北大此前购得的甲骨及古代画砖。

蔡校长为该室特聘罗叔蕴氏为通信导师，以后并拟请该校之美学家、地质学家、人类学家、化学家、工学家及对于研究或保存古物有兴趣者，组织一考古研究会，俾古物之搜求与研究有一定之计划，可以逐渐进行。

考古研究会研究规则，参照研究所规则执行。(《北大注重国学之一班》,《民国日报》, 1922年3月3日, 第2张第8版)

北京大学研究所"现已成立者只中国文学、哲学、中学［历史］三系合组之国学门而已，其主要目的在整理中国文学"。具体措施则有歌谣研究会并入，考古学室购得甲骨及古代画砖，颁布研究规则七项，吴虞提出两条研究题目（唐律引经考、诸史议狱之文引经考）。现已决定四学门合办杂志，每一学门出一种。(《北大注重国学之一班》,《民国日报》, 1922年3月3日, 第2张第8版；《国学将有新发展》,《京报》, 1922年2月28日, 第7版)

吴虞所提题目中，"唐律引经考""诸史议狱之文引经考"（或断代为两汉、六朝、唐宋、明清，分代为之亦可）面向国学门考古研究室。此外，还有"儒家及诸子以尧舜传说异同考"。邀请北大毕业生及同学中对这些问题具有研究能力及兴趣者，到所报名研究。(《研究所国学门启事》,《北京大学日刊》第969号, 1922年2月28日, 第1版)

△ 曾载峄报名北京大学研究所国学门史学研究员，经史学系教授会审查合格。

曾载峄，湖南湘乡人，北大国文学门毕业，研究题目是中日交涉地理。(《研究所国学门布告》,《北京大学日刊》第969号, 第2版)

2月 无锡国学专修馆开学上课。

唐文治记云："正月，开馆上课。余讲授《左传》《礼记》《大学》《中庸》。乃上课未及旬日，忽患寒热，病颇剧，亦因积劳故也。功课请朱、陈、陆三君分任。淹缠至三月杪始愈。"（唐文治著，唐庆诒补：《茹经先生自订年谱》，沈云龙主编：《近代中国史料丛刊》第三编第90辑，《茹经先生自订年谱》，第83页）

本年春　湖南省龙山县名士唐止猿、吴安波、郭子纯、李德彰等在东岳宫倡办国学专修馆，得到县屯务指挥包轸、劝学所所长李翰楚支持，及省议员陈树森在省运筹资助。

翌年，经湖南省教育厅批准，龙山县国学专修馆改为龙山县立鸿文高等小学校。龙山县从教育经费中每年拨大洋800元，充作办学经费。鸿文小学仅有两届学生毕业，1924年春停办。（《从创办国学专修馆到鸿文高等小学校》，政协龙山县委员会文史资料委员会编：《龙山文史资料》第4辑，1988年，第38—39页）

3月1日　云南国学专修馆在昆明成立，聘陈荣昌为馆长，至1926年停办。

实际创办者，有不同说法。或谓云南省一中校长李春醴辞去校长职务，退居家中养病，于1922年初在昆明遇到早年老友杨觐东。杨为保山人，1903年癸卯科乡试第三名举人，因慨于当时"国学"已不为社会所重视，因而有意开办一所专授经史子集的古文学校。由于李春醴过去在办学中有显著成就，特意要求合作。他们邀约了会理籍文人周自镐等志同道合的朋友，捐资筹办。其中有杨觐东的同年周钟岳、曾任教育厅长的秦光玉、曾任政务厅长的游云龙，还有客居昆明的袁嘉谷。在这些滇绅名儒的赞助下，又得到学坛名宿陈荣昌的支持，于1922年3月，在海子边的赵公祠内成立国学专修馆。公推陈荣昌为馆长，李春醴为教务长。首期报名有150多人。按照李春醴的教务计划，根据学生水平分为乙丙两班，又称一二两班，分班上课。馆内学习，虽以古文为主，但在李春醲主持下，同时学习新知识，提倡体育，反对"故步自封，流入迂腐"，主张"识古通今，学以致用"等。专修馆开办两年后，学生逐期加多。由于赵公祠租期届满，在教育主管部门的支持下，迁入文庙，继续办学。乙班学生修业期满后，升入甲班。在陈荣昌主持下，国学专修馆虽曾进行"朔望祀孔"活动，但李春醲并非一味复古，在教学上，力求做到"国学为体、新学为用"。除开设地理课、举行课间体育活动外，还鼓励学生在家自学理化和外语等新学科、新知识，采用自学方法培养自己成才。因而不少学生在毕业后，出省升学都能不吃力地考入各类高等学校，如杨家麟、李竞西等人。没有继续升学的学生，因有比较扎实的国学基础，因而涉猎到其他学科也能驾轻就熟，取得成就。如周润苍，毕业后钻研化学，发明了受到大家喜爱的永不褪色的大道生各种色布。1926年，国学专修馆结束。（万揆一：《云南早期著名教育家李春醲》，政协昆明市五华区文史资料委员会编：《五华文史资料》第5辑，第106—107页）

或谓陈荣昌不仅是名誉上的馆长，而且承担实际责任。陈荣昌（1860—1936），字小圃，号虚斋，昆明人，前清进士。据曾在云南国学专修馆读书四年的曾钟瑜回忆，该馆为陈荣昌晚年约集门生友好，志同道合者李春醲（序青）、杨觐东（毅廷）、秦光玉（璞安）、周自镐（景西）在昆明创立。陈荣昌从拟定规章制度，到组织教师队伍，均亲自一一擘画。如在筹备之初，十分注意馆章。对学生入学年龄，学业成绩标准（入学程度）极为重视。入学学生以能熟背四书，文理通顺者，编入乙班；甲班则以具备抒发议论、条理作述之能力，并须能诵读五经者当之；丙班则以能识字，背诵经文者编入。国专原系私立，经费除由发起人筹办外，一部分靠学费收入开支。原筹备会议决定，学生缴纳学费，逾期10天，即不许入学。陈荣昌不同意，立即写信给教务主任李春醴，提出逾限二三次再开除。内称："招生章中，叙明本人为馆长，初意以为不宜。继思之，此次允为馆长，是虚名作招牌耳，即叙明亦无不可。书单可不必开，即如前日所云，买注疏可矣。"（曾钟瑜：《陈荣昌先生与云南国学专修馆》，昆明市政协文史资料和学习委员会编：《风雨忆当年：昆明市政协文史资料集粹》中册，文教篇，云南美术出版社，1997年，第180—181页）

陈荣昌对云南国学专修馆的影响，具体表现在：

一、朔望考课。为了提高国专学生学习兴趣，培养学习写作能力，陈荣昌规定每月朔望，延聘当时社会名流，轮流出题考课，或由他本人亲自出题，在馆学生，均可应考。成绩优良的，分别发给奖学金。他对各生试卷，无不细心批阅，严格甄取。凡名列前茅的，亲自书写墨迹，奖给学生，大大提高学生们的写作热情。试题多为一文一诗，文重议论，诗严格律。在他教诲下，学习气氛，成绩进度，大异于其他学校，大胆评论，独立思考，斐然成章。此外，允许学生参加校外考课。当时昆明有伦明学社，也设月考，略与国专考课方式近似。国专学生前往应考者，一般名次较高。

二、学习课程。陈荣昌与各位老师商定，以学习传统古籍为主，包括经、史、百家、诗、古文辞等。并将刘宗周所著《人谱》列为甲班学生基础必修科，秦璞安主讲，着重个人道德修养，提高精神境界，端正行为标准。基本学科方面，倪宜三主讲《易经》，秦璞安主讲《书经》《礼经》《孝经》三科，郭理初主讲《诗经》，杨毅庭主讲《中庸》。除依历代讲疏研习外，各就研究心得，编发讲义。春秋三传及其他子、史、书籍，则听学生各自选读。史部则规定学生自行圈点，从《通鉴》入手，再及其他通史、断代史。有求更进一步的，也指导学习阅读刘知幾《史通》、马端临《通考》、杜佑《通典》及章学诚《文史通义》等。子部规定先读《老子》，再及其他。

三、课堂教育与课外阅读。国专成立时间不长，学校藏书不多，不足供学生课外阅读之需。当时昆明有两个较大的图书馆，一是翠湖省立图书馆，一是长春路省教育会图书馆。陈荣昌在课后和学生谈到，读书必须专精外，更求博览。于是学生们除上正课外，经常到两大图书馆寻求自己喜爱的书籍。

四、中西并学，新旧并进。陈荣昌自清末以来，先后任云南经正书院山长、云南高等学堂总教习，创立劝学所任所长，办理云南省优级师范，创立两级师范学堂，分别创建云南法政、方言、工业、农业、桑蚕、森林等专科学堂。主持云南省高等学堂期间，除命学生研习中国传统文化书籍外，并主张吸收西方科学技术，先后在该校开数算、物理、化学、法律、方言等科系。并建议教育当局派遣留日学生，甚至亲自到日本考察。主持国专时，仍本昔日办学态度，鼓励学生中西并学，新旧并进，因此学生得以泛读各科新书。此外有自己学习外语的，也有钻研数理的。尽管有个别同学埋头故纸堆中，而大多数却能广取博收，丰富自己。

五、拜孔与祭孔。国专当时和一般学校迥异之处，是重经、尊孔。尊孔的表现形式是每月拜孔两次。陈荣昌除偶病、不适外，从不缺席。其授课时间，并未安排固定课目，每利用拜圣后，即席讲话。内容以儒家哲学为主，勉励学生，重视《大学》格物致知、诚意正心、修身齐家、治国平天下的纲领，反复讲授。

六、学不倦教不厌。陈荣昌勉励学生不说假话，谨言慎行，刻苦读书，安心治学。同时以身作则，每月朔望，必步行到馆，按时不差，从未迟到。

七、两建馆址。1922年建馆之初，陈荣昌出面，获得教育行政当局支持，向赵又新将军家属商借翠湖南路新建的赵公祠为校址，楼房宽广，房舍美观，地处湖滨，环境极为清幽爽朗，为理想的教学园地。1924年，借期届满，赵公祠主人催促迁校，陈荣昌又与省教育行政当局磋商，拨昆明市文庙内崇圣祠为馆址，馆侧为仓圣祠，馆前为尊经楼。

八、学期考试。陈荣昌严格去取，对升级留级持又宽又严的态度，十分近情近理。曾致函馆中称："学期考试，已定期否？鄙意甲班招选外生，恐不易。此次办法，提升从宽，淘汰从严，则甲班易成，丙班易并。舍此无善策。不知馆中诸君子同意否？"（曾钟瑜：《陈荣昌先生与云南国学专修馆》，昆明市政协文史资料和学习委员会编：《风雨忆当年：昆明市政协文史资料集粹》中册，文教篇，第182—188页）

陈荣昌并未在国学专修馆授课，反而于1923年受私立东陆大学校长董泽之聘，主讲国学。东陆大学原为私立，故不受薪，另捐千元助学。"讲课以经学为主，另讲考据、词章、义理，假期专讲诗法，每周三小时。云南远近学者趋道赶来东陆大学至公堂听课，座无虚席。每有好书出版，都购许多，捆载入校，分发同学。对学生的好作品口诵不忘，先后汇集为《东陆大学诗选》三集及《云南大学诗选》一集，为之序，尽力表彰，受益者颇多。"（李生莅：《陈荣昌传》，中国人民政治协商会议云南省委员会文史资料委员会：《云南文史资料

选辑》第36辑，1989年，第51—52页）

　　3月4日　梁启超在北京大学哲学社公开讲演《评胡适之中国哲学史大纲》，肯定其"知识论"角度站得住脚，重点批评其强古人以就我的毛病。两人对于墨子的评价具有共识，梁启超尤其欣赏胡适以"名学"眼光评判各家学术对于国学研究的方法论意义。

　　梁启超认为，胡适完全从"知识论"角度和方法来观察中国古代哲学，实属"空前创作"。不过，"以此为唯一之观察点"，"但以宗派不同之各家，都专从这方面论他的长短，恐怕有偏宕狭隘的毛病"。胡适最尊实验主义，此书专从此方面提倡，是"救时良药"。"但因此总不免怀着一点成见，像是戴一种著色眼镜似的，所以强古人以就我的毛病，有时免不掉。本书极力提倡'物观的史学'，原是好极了，我也看得出胡先生很从这方面努力做去，可惜仍不能尽脱却主观的臭味。"总之，"凡关于知识论方面，到处发见石破天惊的伟论；凡关于宇宙观人生观方面，什有九很浅薄或谬误"。主要表现在：一、"把思想的来源抹杀得太过了"。胡适"专从时代的蜕变，理会出学术的系统"，把诸子都出现的背景简单归结为长期战争、人民痛苦等，"可谓很浅薄而且无稽"，也违反胡适书中"大凡一种学说，决不是劈空从天上掉下来的"主张。原因是胡适"疑古太过"，"凡是他所怀疑的书都不征引"。二、"写时代的背景太不对了"。胡适归纳哲学史著作和观点出现的"怀胎时代"，却主次不分，忽略"出胎时代"中更为重要的四个时代背景，即"战祸连年百姓痛苦""社会阶级渐渐销减""生计现象贫富不均""政治黑暗百姓愁怨"。四者中，只有第二种稍带"时代的特色"，其余为几千年中国史"通有的现象"。原因是胡适"总不免有些拿二十世纪的洋帽子戴在二千五百年前中国诗人的头上"。（梁启超：《评胡适之中国哲学史大纲》，《梁启超全集》第十三卷，第3985—3990页）

不同于"知识论"的观察点，梁启超强调中国哲学上最重要的问题是宇宙观、人生观。并反对胡适关于老子在孔子之前的论断，批评胡适"讲墨子荀子最好，讲孔子庄子最不好"。两人相同之处，均以西洋科学解释墨子和别墨。梁启超注意到，名学几乎占据胡著的一半内容，应改为《中国名学史》，才名副其实。后来胡告知，确认以名学史底稿改成。胡"不认名家为一学派"，主张"各家有各家的名学"，显示出"绝大的眼光"。"评各家学术，从他的名学上见出他治学的方术，令我们古代哲学在认识论部门占得极重要的位置。这一部分事业，虽是章太炎先生引起端绪，却是胡先生才告成功，我们治国学的人，都应该同声感谢。"（梁启超：《评胡适之中国哲学史大纲》，《梁启超全集》第十三卷，第3988—3993页）

△　北京大学评议会通过研究所国学门研究规则。（《研究所国学门重要纪事》，《国学季刊》第1卷第1号；《国立北京大学研究所国学门研究规则》，《北京大学日刊》第974号，1922年3月6日，第1版）

3月8日　北京大学出版委员会开会，胡适主张《北大月刊》归国学门委员会办理，后来议决提出归出版委员会和另组月刊编辑部两个办法，请校议决。（曹伯言整理：《胡适全集》第29卷，第534—535页）

3月10日　北京大学研究所国学门征求私刻书籍及藏书家目录。

国学门发布启事称："本学门博采书籍，以资研究。现在设法征求私家所刻书籍，及藏书家目录。本校同学中，如有所知，乞通信见告，毋任盼感。"（《研究所国学门启事》，《北京大学日刊》第978号，

1922年3月10日，第1版）

3月11日　北京大学研究所国学门收到由罗振玉转来的伯希和赠十年来自著论文二十篇，皆与东方史学考古学有重要关系。国学门已经聘人翻译，将来拟陆续发表。

伯希和此次赠文目录如下：1.Les Âbdâl de PaǏnâp; 2.Notre Misston en Asie Centrale;3.La Fille de Mo-tch'o Laghan etses Rappor Axec Kül-tegin;4.Les Pretendus Jades de Sou-Te-heon(Kan-Sou) ;5.Le Cycle Sexagénaire dans la Chronologie Tibétaine;6.(Extrait du Journal Asiatique.Septembre-octobre 1913) ;7.Les plus Anciens M.nutaeuts de L'Écriture Arabe en Chine;8.Sur Quelques Mets D'asie Centrale attestés dans lel Textes Chinois;9.Chrétieas D'asie Centrale et D, extréme orient;10.La Version Ouigonre de L'histoire des Princes Kalyänamkara et Päpamkara;11.Le Vom Ture du vin dans Odor.c de Pordenone;12.Les Documents Chinois Trouvés Par la Mission Kozlov, Á Khara-Khoto;13. Notes à Propos D'un Catalogue de Känjur;14.Quelques Transcriptions Chinoises de Noms Tibétans;15.Lè ' Cha Tcheou Tou Tou Fou T' on King et la Colonie Sogdienne de la Région du Lod Nor;16.À Propos des Comans;17.Le Juif Ngai Informatenr de P. Mathinu Ricci;18.La Peinture et la Gravure Européennes en Chiue au Temps de Mathieu Ricci;19.Note sur les T'ou-Yu-Honen et les Son-P'i;20.Un Bilingue Sogdien-Chinois.

又论文二篇：M.A.I. Lvanov著Monuments de L'eeriture Tangent. M C.Coedes著A Propes de la Date D'edificailon D'angkor Vat.（《伯希先生赠书》,《北京大学日刊》第979号，1922年3月11日，第2—3版）

3月13日　北京大学研究所国学门委员会开第二次会议，议决由胡适草拟的《国立北京大学助学金及奖学金条例》。

会议出席者有沈兼士、李大钊、马裕藻、胡适、钱玄同、周作人，蔡元培、朱希祖请假，顾孟余未到（由沈兼士代）。

条例主要内容如下：（一）北大为辅助毕业生继续求学起见，设助学金额；为奖励毕业生学术上的贡献起见，设奖学金额。（二）助学金额每名每年得国币200元，分四次给予；奖学金额每名每年得500元，分四次给予。（三）助学金限于贫苦学生（且无职业者），奖学金以成绩为标准，不限于经济状况。（四）研究所每门设助学金额6个，奖学金额2个，皆以研究所各门名称称之。例如"研究所国学门助学金额""研究所自然科学门奖学金额"。有时为特别提倡某种学科起见，得由研究所委员会指定一部分金额为某种学科的助学金，例如研究所国学门得有一个"中国古物学助学金额"，或一个"中国科学史助学金额"。奖学金额不立学科名称，但每年的授予，应按照研究所内所包学科的种类，略采均匀轮递之意。例如今年奖中国文学及哲学的研究生，明年轮奖中国古史及美术史的研究生。如美术史缺人，则轮奖科学史的研究生。（五）除设立奖学金额之外，各研究所均得收受校外私人或法人捐助的助学金额或奖学金额，其每人每年应得金数，由捐款人定。此项捐助，即以捐款人姓名名之，例如"张××先生中国古物学助学金额"。（六）凡欲得助学金者须填志愿书，附加成绩、证书及著作物，于每年5月1日以前送至研究所所长办公室。由所长于5月内召集研究所委员会审查决定。审查结果，皆于6月1日《北京大学日刊》上发表。审查合格者，于下学年9月1日、12月1日、3月1日、6月1日到会计课领取助学金。（七）奖学金授予，由研究所委员会根据本年研究生成绩以四分之三以上的表决，拟定应得奖学金之研究生姓名，附加著作物，于每年6月1日前，函请所长决定发表。发表之后，应得奖学金者，于下学年9月1日、12月1日、3月1日、6月1日到会计课领取奖学金。（八）助学金额与奖学金额，如本年不得相当之人，宁缺毋滥。阙人之金额存储会计课，其用途或留为下学年特别金额，或供研究所购书之用，具体另由研究委员会决定。（九）凡本年得奖学金或助学金研究生姓名，皆刊于本年《北京大学一览》之末。（十）本条例经评议会通过后施行。（《研究所国学门委员会第二次会议纪事》，《北京大学日刊》第986号，1922年3月20日，第1—2版；《国立北京大学助学金及奖学金条例》，《北京大学日刊》第990号，1922年3月24日，第1版）

　　3月25日，北京大学评议会通过研究所助学金及奖学金条例。（《研究所国学门重要纪事》，《国学季刊》第1卷第1号）

　　3月14日　北京大学研究所国学门委员会开会，决定出版《国学季刊》。

　　钱玄同等出席，商量北大月刊事宜，"结果无专号之名，而有专号之实"。（杨天石主编：《钱玄同日记》整理本上册，第398页）

　　3月16日下午四时，北京大学月刊召开编辑部会议，决定废止北京大学月刊，另出四个季刊，《国学季刊》由胡适邀集。胡适称"此事确也好，但不知能持久否"。（曹伯言整理：《胡适全集》第29卷，第544页）此次会议只是略加修改前次研究所国学门所拟办法，定为分编四种季刊，《国学季刊》仍照原拟由国学门委员会编辑。（《研究所国学门启事》，《北京大学日刊》第985号，1922年3月18日，第1版）

　　3月21日午后四时，北京大学研究所国学门开《国学季刊》编辑部会议，讨论《国学季刊》问题。"请适之为主任，议决五月中第一期出版，用横行，标点符号必须完备。"（杨天石主编：《钱玄同日记》整理本上册，第399页）胡适日记载："他们仍要我做主任编辑。是日议决了几件事：（1）编辑人：胡适、沈兼士、钱玄同、周作人、马幼渔、朱遏先、李守常、单不广、刘叔雅、郑奠、王伯祥。（2）仍用横行，用全副标点符号。（3）用英文作提要。（4）定五月十五日出版，四月十五日收稿。"（曹伯言整理：《胡适全集》第29卷，第548—549页）

△　北京大学研究所国学门征购全套《国粹学报》；感谢闵孙奭等赠书。

国学门发布征书启事称："本学门欲购全份《国粹学报》一部（自乙巳年起至辛亥年止），如有愿出让者，请函致本所（北京大学第一院四层楼），价值若干，希并示及。"（《研究所国学门征书启事》，《北京大学日刊》第983号，1922年3月16日，第1版）

闵孙奭惠赠国学门《独诵堂遗集》一册，《京师通俗图书馆图书分类纲目》一册。又各项规则一册，《山东图书馆书目》八册，《无锡县立图书馆乡贤部书目》一册，又《无锡县立图书馆汇刊》一册。（《研究所国学门布告》，《北京大学日刊》第983号，第1版）

3月22日　张竞生在北京大学研究所国学门提出研究题目。

张竞生于1913年开始留学法国巴黎大学、里昂大学，1919年4月获得哲学博士学位，1921年10月—1926年，应蔡元培之聘，任北京大学哲学系教授。（张超：《张竞生年表》，政协饶平县委员会、张竞生史料征集小组编：《张竞生博士纪念专辑》，广东饶平印刷厂，1984年，第44页）此次提出题目"中国科学史之研究及编辑（数学，天文，物理，化学，博物）"，邀请北大毕业生及未毕业之高年级生有研究兴趣及学力者，到国学门登录室报名。（《研究所国学门启事》，《北京大学日刊》第989号，1922年3月23日，第1版）

　　△　张煦报名北京大学研究所国学门文字学研究员，经国学门委员会审查合格。

　　张煦，北大国文学系毕业，四川蓬安人，题目是广韵理董。（《研究所国学门布告》，《北京大学日刊》第989号，第1版）

　　3月24日　东三省巡阅使张作霖召集属下讨论翻印奉天《四库全书》，有舆论誉为"注重国学"。

　　奉天前清皇宫文溯阁《四库全书》，由张作霖负责保存。"日前有某县知事条陈，谓是书关系中国文粹，至为重要，请求翻印云云。闻张使颇然其说，昨特召集各厅长会议此事，并计画翻印手续云。"（《张使注重国学》，《北京晚报》，1922年3月25日，第3版）

　　3月28日　江苏省教育会黄炎培、沈信卿致函章太炎，敦请在上海演讲国学。

　　函称：

　　　　同人以欧风东渐，西学盛行，深惧国学衰微，非有淹贯古今，为全国所景仰如先生者，出而提倡，未足唤起研习国学者之兴味，爰由黄任之、沈信卿二君面恳先生莅会主讲，荷蒙允许，曷胜感幸。除已登报广告外，理合专函敦请，敬祈察照为幸。（《致章太炎先生主讲国学函》，《江苏省教育会月报》，1922年3月）

　　江苏省教育会通告称：

自欧风东渐，竞尚西学，研究国学者日稀。而欧战以还，西国学问大家，来华专事研究我国旧学者，反时有所闻。盖亦深知西方之新学说，或已早见于我国古籍。藉西方之新学，以证明我国之旧学，此即为中西文化沟通之动机。同人深惧国学之衰微，又念国学之根柢最深者，无如章太炎先生，爰特敦请先生莅会，主讲国学，幸蒙允许，兹经先生订定讲题及讲演日期时间，附开如后，至希察阅，届期莅会听讲为盼。

讲演时间安排，4月1日（星期六）起，每星期六午后准四时二刻开讲，请听众四点十至二十分齐集。"（讲演顺序）第一次论国学大概，第二次论国学派别。凡志愿听讲诸君，幸先自审量，对于国学确有研究之兴味，并能按期准时听讲，不至中辍者，即日开示姓名，预向本会报告，以便预留坐位。"（《省教育会请章太炎先生讲国学》，《申报》，1922年3月29日，第4张第15版）

△ 刘文玠等书画界人士在上海组织的国学讨论社发布招生广告。

广告称："慨自士风凌替，国学沦亡。文字揭橥，趋于俚俗。诗歌变鹄，失其正声八法。仅袭皮毛，俨以钟王自命。三家未窥，蹊径谬云。同浩复生，此有心人伤吾道之日孤，惧斯文之将丧焉。爰创斯社，广集同人，墨灸笔针，口讲指画。"

招生男女皆收，共分为四科。一、文学科。骈散文、诗词。二、艺学科。书画、金石。三、古学科。经史子学。四、小学科。训诂、声韵、六书。社址暂设上海法界贝勒路二十七号天台山农鬻画之庐，随时可向《大世界》报社报名，面报邮报均可。开学夏正三月初三日、初五日上课。署名者天台山农（刘文玠，又名青，字照藜、介玉，浙江黄岩人）、海上漱石生（孙家振，字玉声）、王均卿、贾粟香、许指严、步林屋、彭彭山、陈亦陶、孙尖凤、陆盦澹、颍川秋水（陈秋水，字镜如）、七子山人（朱染尘）、朱丙一、钱病鹤、钱瘦铁、朱大可。（《国学讨论社招生》，《大世界》，1922年3月28日，第3版）

3月 江苏吴江保赤局开设国学专修馆，分为高、低、识字三级。

《吴江》1923年7月载："去年春，保赤局内开设国学专修馆，已志本报。所收学生，自七八岁起至十七八岁均有之。其间以十二三岁为最多，十七八岁者仅一二人。"课程以《孝经》《弟子规》《论语》《孟子》《唐诗》为主。最高级则课《左传》《汉书》，及《东莱博议》等，最低级则课《三字经》《百家姓》。亦有方识字者，逢朔望则讲《圣谕广训》，举行跪拜礼。开办后，"大得社会信用，已向丝捐项下筹有的款，下半年将大加扩充"。（希天：《保存国粹因如是耶》，《吴江》，1923年7月11日，第3版）

△ 圣约翰大学学生陈樾和张原絜在校刊《约翰声》撰文，一则主张重视本国语言文字，批评蔡元培、胡适等新文化家废弃国学，一则批评教会学校仅以国文为修辞学工夫的偏弊，否认国文即国学。

上年，圣约翰大学当局颁布《本校之大计划》，原有的中国文学哲学科裁撤，归并入文科，以便施行选科制。此举增加了中国文化在整个教学中的分量。据说黄炎培曾于1921年来校考察教学状况，[1]指出："圣约翰大学的中文改进之计，事不可缓。"于是，该校

---

[1] 《圣约翰大学校史》将此事系于1923年，疑误。

"广延四方博闻之士，讲诵旧贯。凡所兴革，有改良教授法，变革课程，改易教材，增多大学国学学分，添购图书，注重课外作业。"

（熊月之、周武主编：《圣约翰大学校史》，第 246—247 页）

本年，圣约翰大学邀请黄炎培组成三人委员会，制定整顿措施如下：一、严格考查成绩。大学毕业共需修习学程满 154 分，国文必修科占 16 学分，不及格者不能得学士学位。二、添聘国文教师。曾请具有学理、经验之国文教员，如何仲英、伍叔傥、洪北平等担任教职。"下学年又添聘省立第三师范教务主任钱基博为国学教授，并闻卜校长已聘定东南大学教育科教授孟宪承为国文部主任。"三、成立教学研究会，请中华教育改进社主任干事陶行知到校演讲，指导一切。四、添购图书设备。约翰大学国文藏书向不丰富，近年逐渐添购，现已有 8900 余册，普通经史子集，均应有尽有。五、举行国文成绩展览。前于毕业同学恳亲会日，举行国文成绩展览会，颇有可观。兹因美国纽瓦（Newark）博物馆举行巡回展览，征求约翰大学出品，又将部分国文成绩运美，以备陈列。（《约翰大学国文部发展消息》，《申报》，1923 年 6 月 28 日，第 4 张第 14 版）

孟宪承早在南洋公学受唐文治影响，培养了国文基本知识。留学期间，也注意欧美汉学研究的趋势。归国后，起初在大学也是教授国文，并逐渐注重经学。钱穆在无锡县江苏省立第三师范学校任教时，通过钱基博结识时在光华大学任教的孟宪承，终生难忘，忆称：

时宪承方将转北平清华大学，任中文系主任。宪承告余，出国前，国学根底未深。此去当一意通体细诵《十三经注疏》。俟阅读此书毕，庶对国学或可稍有所窥。余闻语深为感动。

《十三经注疏》常在余案头，然余迄今始终未通读其全部。每念宪承言，心终不能释。此后余与宪承晤面极少，然当时此一番话，则时在余心头也。（钱穆：《师友杂忆》，第133—134页）

钱基博、孟宪承关系密切，先后加入圣约翰大学国文部。孟宪承曾任圣约翰大学国文部主任、江苏省中等学校国文教学委员会主任，著有《中国国文教学论丛》一书。曾经在沪江大学演讲，总结教会学校国文教学每况愈下的原因，主要有三：一是课程由外国传教士编制，与中国言文、习尚隔膜。名义上分为"西文"和"中文"二部，中西并重，实践中喧宾夺主，摒弃国文于正课之外。二是教师不受尊重，待遇菲薄，敷衍塞责。三是学生没有需要，不感兴趣。相应的改进之法，首先是采用中国学制课程。"学校办在中国，学生是中国人，与普通学校不同的，仅在以基督教精神陶冶学生人格的一点。""宗教信仰，在教会学生，认为是人生经验中重要部分，但是其他生活经验，如职业、公民、文化等方面，教会学生不能和其他学生有什么根本分别。"其次是提高教师待遇，改换教师人选。"国文教员，是最难请的。单有旧学而没有新知识不懂新方法的人，固然不算理想的国文教师。而新的学校毕业生，似乎领解新方法了，对于国文的学识，又往往不够用。所以要兼有旧学识、新方法二者之长，已经很难了。"新方法是指"在教学上运用教育的原理"，包括"积极负责的精神"和"管理学生的能力"等。再次是改造学生心理。"现在教会学校的国文，只有先生教，没有学生学。以后改革，须侧重学生自动的学习。教师的职务，只在引起学习的动机，指导学习的方法，考查学习的成绩。"（孟宪承：《教会中学国文教学问题》，上海理工大学档案馆编：《沪江大学学术讲演录》，上海交通大学出版社，2011年，第30—35页）据圣约翰大学校史记载，国文部特聘孟宪承教授为主任。添聘教师，"增高国文程度不少。"（《圣约翰大学自编校史稿》，《档案与史学》1997年第1期）

陈樾和张原絜的文章，正是在圣约翰大学整顿国文的背景下出现。陈樾批判了新文化运动兴起之后，国学危亡加速的处境。

> 欧化西来而国学危，新文化出而国学死。危者犹可救，死者遂弗能生，良可浩叹。盖一国有一国之文化，一国有一国之思潮，此国之文化，之思潮，往往为彼国之所无。故当此国之文化思潮新灌输于彼国时，彼国之人士，往往乐从而善之理之甚当者也。

中国人轻视国学，始于科举改革后的语言文字变化，戊戌维新之后遂突破八股试帖的束缚，逐渐肆力泰西学术，厌弃本国文字。

> 夫文字固灌输文化之媒囮，而散播思潮之种子。彼伊藤、山县改造日本诸元勋，何莫非借他国文化思潮，习而通之，攫其精萃，返为国用。回顾我国涉重洋，求新学者，亦大有人，其初非不有甚高远之志，迨其返国，泯然无以异于众，固已趋于下乘矣。降至今日，风气日窳，三尺之童，目不识一丁，口未读一籍，即趋而习西学，习与性成，渐忘其本。见他人之攻国学者，反鄙夷而唾弃之。以吾所见，留学归来者，衣西服，一书一扎作西语，一举一动作西式，庞然自得，心目中无复有

中国人，无复有中国学。一执笔，疵谬百出。鲁鱼亥豕之讹，
满篇皆是，而曰我某国硕士也，某国博士也，究其所学，实不
过耳食名人口头禅数语，以夸耀于国人之前而已。国人如是，
为国之羞。国学如是，为国之垢。

面对国学速亡的境况，教育界深知明远、怀抱远大之士，如蔡
元培、胡适等，本足以号召全国，铸造风气，挽狂澜而砥柱中流，
扶大雅之轮纳于正轨，结果大谬不然。

彼辈见国人之好新务奇也，思有以迎合其心理，以博美
名，遂倡作一种荒唐怪诞之文化，抛弃典籍，故作村童牧竖
之土语以树奇。又杂引西洋句号符号混乱其中，任造新字如
"她"字等以立异，而美其名，曰新文化、新思潮。一般青年，
见其浅近易学，遂亦靡然从之，而我国数千年之国粹，足以代
表我国人民之文化思潮之高尚者，遂为蔡胡辈，一举尽弃之，
而易以不中不西，非驴非马之白话文。吾故曰，新文化出，而
国学死。呜呼，国学云亡，斯文将丧，我为我国数千年之国粹一
哭。（陈槭：《国学前途之悲观》，《约翰声》第33卷第2期，1922年3月）

张原絜则批评教会学校以国文为修辞学的偏弊，否认国文即
国学。

国学退化，是普通一般人的感想。读了十多年书，堂堂大
学堂的毕业生，提起笔来之乎也者矣焉哉的文章，不能交卷，

是社会上茶余饭后的笑谈。他们目光所注，多侧重着教会的大学。但是，有人把教会大学的章程宣开一看，那吗，他的国学一科，包容洪富，经史子集，诸子百家，国学国粹，要有尽有，而且多是必修之科。此等现象，骤然视看，不免拍案惊奇，大呼怪事。但仔细观查，其病源也不难立见。社会合学校两方面，都把作文修辞学的工夫，并作什么中国所有的学问一道。

如"教会大学习理化之人，老庄为必修之科"，原因是"老庄文奇"，显然受了"古文的遗毒"。其实，"研究中国的学术，与用中国文字，简直是二件事"。"中国学术，若有他国文字的译本"，"他国之人，虽不会用中国的文字，也可以研究中国学术，好像中国人虽不晓得梵文，也可研究佛经一样"。根本上，"会做文章之人，不必有学术，有学术之人不必会文章"。"社会合学校对于国学的真义，不过是做文章"，然而教师"不去研究修辞学，却东摸西摸无条理的研究不成片段的学术"，教得学生"初学做文章，倒还清楚，后来越做越糊涂"；而学生"受了多年科学的教育，自然不是心头漆黑，对于那种胡调的奇文，自然不愿意读，对于原本古书，因乏根基自然也没趣味，因此对于国学，自然一天疏远一天"。"现在专门学术的世界，有所不知，是极其寻常之事；我们对于国学原无研究之必要，我们对于国文，为便利起见，固有相当的价值；我相信我们只须稍为留心，万不会不通的。"（张原絜：《国学与国文》，《约翰声》第33卷第2期）

4月1日　章太炎在江苏教育会开讲国学，先讲"国学大概"。

"江苏省教育会，以国学一道，亟应研究，但主讲之人，殊难其选。章太炎氏为国学泰斗，近经商定邀于每星期六日主讲。"是日下午四时许，听讲者先后到会，四时半开讲。沈信卿致词谓：

> 太炎先生之学问，夫人而知，不俟再赘。今日开讲，预备时促，筹备不周，来听讲者众，深恐座位不敷，至为抱歉。夫西人近来研究我国哲学，吾人对于我国自有之学，转置不问，良可惜也。今请太炎先生主讲，此后或能将此学问，传布世界，则于中国文化前途，极有关系。惟讲时简要，仍盼各自研究而发挥之。下次地点，或更觅较宽之所焉。

听众鼓掌。随后，章太炎登坛主讲，先说在日本及北京讲学经过，次论讲学难易，次言讲学须对症发药。讲至此，遂书明所讲"国学大概"之标题：一、国学之自体：（甲）经史非神话；（乙）经典诸子非宗教；（丙）历史非小说传奇。二、治国学之法：（甲）辨书籍真伪；（乙）通小学；（丙）明地理；（丁）知古今人情之变迁；（戊）辨文学应用。再依次讲述，讲完国学自体，时已六时有余。沈信卿谓："今日讲时已久，余俟下期续讲。"听众鼓掌。"方讲述时，全堂三四百人，静肃无哗。而讲述时，引经释典，非常清晰，故听者殊有兴趣焉。所讲述者，另有纪录员纪录，以便整理，送由章氏核阅，以便发布云。"（《章太炎讲学第一日纪》，《申报》，1922年4月2日，第4张第13版；《会务录要》，《江苏省教育会月报》，1922年4月）

章太炎本次国学演讲主要有曹聚仁和张冥飞两个记录版。曹聚仁回忆说："开始把章太炎师的《国故论衡》《检论》读了一遍，这才每逢星期六，到南市职业教育社去纪录章师的国学讲稿，那便是

《国学概论》的来源。"因此机缘，拜入章氏门下。

　　章太炎师的国学讲演，原是江苏省教育会邀约在职业教育
社按周举行，会方请了几位老夫子在讲坛边记录，《申报》所
载讲题实在不高明。邵先生（邵力子——引者）称许我的记录
稿，在《觉悟》连载。连章师也十分惊异，想不到我这个执
笔的，乃是年方二十的小伙子。因为钱玄同先生的嫂嫂是单师
（单不庵——引者）的姊姊，章先生就叫钱先生转告单师，要
我去拜门，我便成为章门最年轻的弟子了。（曹聚仁：《我与我的
世界》，《新文学史料》1981年第1期，引自汤志钧编：《章太炎年谱长编》
增订本下册，中华书局，2013年，第808页）

"老夫子"可能指张冥飞等。张冥飞以文言记录章太炎的国学
讲演，并大量添加自己的评论、解释甚至删减，故而其记录流传不
广。以往学界重视不够，其实有些内容，可以与曹聚仁所记互相
印证。

章太炎首先表示，现代学校教育令人不能读书，不得已才讲国
学。曹聚仁记云：

　　国学很不容易讲，有的也实在不能讲，必须自己用心去读
去看。即如历史，本是不能讲的；古人已说"一部十七史从何
处说起"，现在更有二十四史，不止十七史了。即《通鉴》等
书似乎稍简要一点，但还是不能讲；如果只像说大书那般铺排
些事实，或讲些事实夹些论断，也没甚意义。所以这些书都靠

自己用心去看，我讲国学，只能指示些门径和矫正些近人易犯的毛病。（章太炎先生演讲、曹聚仁编：《国学概论》，泰东图书局，1922年初版，1923年第四版，第1页）

随后演讲国学的内容，说："今天先把'国学概论'分做两部研究。"国学的本体分为：

a.经史非神话。古代书籍原有一些记载是神话，如《山海经》《淮南子》，经过王充看破，已无存在的余地。正史却不载神话，如盘古开天辟地、天皇地皇人皇、女娲炼石补天、后羿射日等。"经史所载，虽在极小部分中还含神秘的意味，大体并没神奇怪离的论调。"正史中仅极小部分有神秘记载，如《史记·高帝本纪》记汉高祖神龙附其母之身而生高祖，《尚书·尧典》《尚书·禹贡》记古代圣帝贤王因不能详叙事实而多用"考语"，都可以用后人捏造或假托，予以"有理的解释"。经史以外的书，如《竹书纪年》为明代伪托，《穆天子传》不在经史范围，不能以此混彼。"后世人往往以古书稍有疑点，遂全目以为伪，这是错了！"

b.经典诸子非宗教。中西于"经"的理解，存在巨大差异。经典诸子中有说及道德的，有说及哲学的，却没曾说及宗教。近代人因为佛经及耶教的《圣经》都是宗教，就混同国学里的"经"，实是大误。经字原意只是一经一纬的经，即是一根线，所谓经书只是一种线装书，有别于散的没有保存价值的八股文墨卷。中西"经"差异的根本原因是：

中国自古即薄于宗教思想，此因中国人都重视政治。周时诸学者已好谈政治，差不多在任何书上都见他们政治的主张。这也是环境的关系：中国土地辽广，统治的方法，急待研究，比不得欧西地小国多，没感着困难。印度土地也大，但内部实分着许多小邦，所以他们的宗教易于发达。中国人多以全力着眼政治，所以对宗教很冷淡。

c.历史非小说传奇。"后世的历史，因为辞采不丰美，描写不入神，大家以为是记实的。对于古史，若《史记》《汉书》，以其叙述和描写的关系，引起许多人的怀疑。"以《刺客列传》"商山四皓"为例，说明司马迁选材慎之又慎，记载有凭借详略的悬殊，不等于虚构。其他史书写更始帝"刮席"，王莽如同"骇子"，都是政敌贬斥，以成败论人所致。在梳理"小说"观念的演变史后，强调新旧唐书所记事实不详备，才会采取笔记，而与近来小说最相近的是《宣和遗事》，但宋以后正史均不采取小说。"所以正史中虽有些叙事很生动的地方，但决与小说传奇不同。"（章太炎先生演讲、曹聚仁编：《国学概论》，第1—12页）

听讲者详情，4月1日《申报》《民国日报》载江苏省教育会鉴于"预函报名志愿按期赴会听讲者，竟有五百余人之多，而该会会场只能容纳三百五十人，故报名较迟者，已专函止驾。其已留座，而未领听讲券者，须于下午三时以前，到会领取，无券概不招待"。（《愿听章太炎先生讲学之拥挤》，《申报》，1922年4月1日，第4张第13版；《章太炎本日起演讲国学》，《民国日报》，1922年4月1日，第3张第11版）4月2日，《民国日报》专门连载《章太炎先生讲演国学记》，称昨日章氏讲演"历二小时，毫无倦容，听者亦始终肃穆，此诚国人注意学术之好现象"。沈信卿曾对记者说，国学概论和国学派别两题"讲完以后，或再延长，亦未可知"。报道并谓：

> 此次讲演，苏教育会预登广告，以报名先后定座次。然该会讲室只容三百余人，而至前日止报名者已达五百余，该会只得将报名在后者专函挡驾，故此次向隅者异常之多。昨日听讲各人，就记者所见，各学校校长、教职员甚多。博文女学黄校长及教员数人亦到。各校学生自然不少，而其中更多记者平素熟知其为欢迎新思潮者。此可知能迎接新潮流者多为好学之士也。又如穆藕初君亦到会听讲，则尤实业界之难得者矣。（《章太炎先生讲演国学记》，《民国日报》，1922年4月2日，第3张第10版）

4月5日，《北京晚报》载："大文豪章太炎前日在上海江苏省教育会讲演国学，听讲者四百余人。""此次讲演，省教育会曾预登广告，以报名先后定座次，然该会讲堂只容三百人，后来者已无立足之地，故拟择日继续开讲。"（《章太炎在沪演讲国学志盛》，《北京晚报》，1922年4月5日，第2版）上海《新闻报》、天津《益世报》、长沙《大公报》亦有简略报道。（《章太炎讲演国学》，《新闻报》，1922年4月3日，第4张第1版；《苏省教育会之公开讲演》，天津《益世报》，1922年4月4日，第2张第6版；《章太炎讲演国学》，长沙《大公报》，1922年4月8日，第3版）

有在华英文媒体将章太炎的国学讲演视为非基督教运动的宣传攻势之一。天津《大公报》据上海电称："此次北京万国基督青年大会，已惹起非基督教学生同盟之反对运动。本埠非基督教学生，现正从事此种运动。英字《华北每日新闻》云，该同盟之主脑者，系与在中国、日本、朝鲜之过激派运动，有密切之关系。即其宣言书之匿名人物，确系为热心过激主义之人。即近日本埠国学大家章太炎之国学讲演，闻亦无非为煽动反基教之气势。"（《特约电》，天津《大公报》，1922 年 4 月 6 日，第 2 张第 2 版）

4 月 2 日　章太炎的国学讲演开始引起批评和曹聚仁回应。

章太炎选择三个"自体"的原因，首先引起质疑。邵力子便不能理解，撰文批评称：

> 讲国学，为什么要从这三个节目讲起，太炎先生并没说明，听讲的人却必须详细想过，方能得益。据我的愚见，先生是要先坚听众对于国学的信心，而且先生承认这是适应现代病症的良药。我这种观察是否错误，本想在听讲后，当面求教于先生，只因时间关系，不得不匆遽回社。但我以为有两点须先请听众注意：一、太炎先生并非劝大家一味信古，他是处处提出"疑古"的好榜样来的；二、太炎先生所讲"经史非神话"等，当然是指大体说，决非全无例外。（邵力子：《听太炎先生讲演国学的感想》，《民国日报·觉悟》，1922 年 4 月 2 日，第 4 页）

那些缺乏国学根底，习惯于语体文教学的青年学生，连基本意思也难以清楚。"俶民"是江苏省立第二师范学校学生，听后便说：

> 听讲的人很多，先生所讲的话，自然很精妙，但他演讲的形式，不纯用近世科学方法，亦不采近人所倡的教授法。他每说一理，只说半面，或只说反面。其余的半面和正面，便须听

者自己领会。中国向来讲学家，大抵如此。可是听者诸君，除少数教员先生们，及国学稍有根柢者外，其余便是青年学生居多。学生是向来在课堂中听惯教员说话的，今骤然听那非科学式教授式，又较高深的演讲，便有许多不很明白。我们校中同学去听的也多，自然也同此感想。

于是，用语体文"略为解释"章太炎选择三个子目的意思。

他于演讲时，开宗明义第一章，便轻轻在黑板上写了五个白字，叫做"国学之自体"。那自体两字，是我们学校中人少见的，因此便有人怀疑，此两个字作何解？（自体两字出于佛经，意思就是本体）其实照现今科学说，只五个字，就是"国学之界说"或者"国学之定义"。若改做白话，就"是何课国学"？或者"国学是什东西"？这么一说，那个题义，就自然明白了。

三个"子目"就是"三个答案"，可惜三个答案之上缺乏"总答"，学生仍不明白。

章先生并没写出。他的意思，是在听者从分答中寻出。譬如题目是问"国学是什么"，他便总答一句道，是经史诸子。那末经史诸子又是什么？他便分开从反面说道，经史非神话，经典诸子非宗教，历史非传奇小说，这就是他三答案。但是天下事，有非必有是。他只说经史诸子非什么，却并没说是什么。听者心中就要疑惑，经史既然非神话，又是什么话呢；鬼话么，乱话么，（这两个名词亦是章先生定的，见在他的白话文中）笑话么？想都不是，经典诸子非宗教，是什么呢？妖言么，符箓么，咒语么？亦都不是。历史非传奇小说，是什么呢？说书么，故事么，戏剧么，也可说断乎不是。那末到底是什么？我们存了这个疑窦，亟要听他下面分解。

"回想"一番，再仔细"推考"以前读过的经史诸子，按照白话文和"科学的方式"，"才恍然明白"，原来章太炎的意思是：

> 国学者经史诸子也，经史非神话，乃是人话。人话即是研究人的问题。经典诸子非宗教的书，乃是研究一切政治、艺术、道德、法律的书。历史非传奇小说，乃是纪载前人之实事，并全体民族成败兴废之迹。（俶民：《听章太炎先生的国学演讲》，《江苏省立第二师范学校校刊》第 13 期，1922 年 4 月 15 日）

当然，也不乏支持章氏讲演国学者。署名"今云"者在《新闻报》"新评"栏用"风雨如晦，鸡鸣不已"一语，形容新潮澎湃之时江苏省教育会延请章太炎讲演国学一事。同时责怪讲演时间一星期仅两小时，听讲人数每次"仅限于三四百"，以沪埠之大，与国人"需要国学之殷"，实觉供求不能相给。鉴于此项讲演不能仅为教育会增门面，而应于国学有所裨益，建议听讲之时间与座位均须增加。

且年来国人为新潮所驱，专究国故之名宿，已渐就消沉，幸而健在，可以出其绪余以启迪后进者，当尚不止太炎先生一人。或广为征请，分地演讲。或聚集群贤，就教育会之机关，自成一学会，以专为国学灵魂之传布。如太炎先生昔年在东京所刊印之《教育今语》之类，当于国学之阐发，更多实益也。（今云：《对于演讲国学之意见》，《新闻报》，1922年4月3日，第4张第3版）

《时报》"时评"栏刊文指出，国学与文字相表里，学校兴国学微而文字衰。近年教育家提倡白话文之后，因不好学者借白话文以掩饰国学浅陋的缺陷，国学更加衰微。现在日本力图购置奉天《四库全书》，外人尚且以中国国学为宝，而吾人理应自保之。

　　保之道维何，曰近日章氏太炎演讲国学，各校师生听讲者，日形踊跃，大有近年鹜趋于国语之势，意以为诸君子得毋有感于衷乎。是故愿后学者，亟从章氏游，得知为学之门径，将来读书多，积理富，文字自佳，言论自高且远，又岂繁冗卑劣，用于下等社会之白话文，所可比拟哉。（翼：《国学与文字》，《时报》，1922年4月4日，第3张第6版）

4月7日晚，公开鼓吹疑古的章门弟子钱玄同校阅《民国日报·觉悟》所登载的章太炎国学演讲稿，"并加标点符号，拟明日送至北大油印"。（杨天石主编：《钱玄同日记》整理本上册，第403页）

考虑到报名听讲人数甚多，江苏省教育会于4月4日将第二讲地点改在中华职业学校附设职工教育馆。中华职业学校所在地迎薰路，系新辟马路，交通甚便利，自中华路经旧尚文门向南，即抵该路，车马可直达校门。津沪各大报载："兹悉四月一日第一期开讲，报名者竟有六百余人之多，临时到会者，又有一二百人。而该会会场狭小，仅能容纳三百五十余人，致后到者均不及招待。现该会为谋推广坐位起见，已商定迎薰路中华职业学校附设之职工教育馆内，计可容坐位千人，已通告于四月七日以前，继续报名领券，发券至一千号为止。"（《愿听章太炎先生讲学者注意》，《申报》，1922 年 4 月 4 日，第 4 张第 13 版；《章太炎讲国学更改地点》，《民国日报》，1922 年 4 月 4 日，第 3 张第 10 版；《国学演讲会推广坐位》，《新闻报》，1922 年 4 月 4 日，第 4 张第 1 版；《章太炎讲学消息》，天津《益世报》，1922 年 4 月 6 日，第 2 张第 6 版）

4 月 8 日　章太炎作国学第二讲，续前"国学大概"。

演讲主题是研究国学的方法，包括辨书籍之真伪、通小学、明地理、知古今人情变迁、辨文学之应用五项内容。本次演讲辨真伪和通小学两点。

关于辨书籍真伪，曹聚仁记章太炎说："对于古书没有明白那一部是真，那一部是伪，容易使我们走入迷途，所以研究国学第一步要辨书籍的真伪。"经史子集四部，除集部很少假书，其余经、史、子都包含很多伪书，以子部为尤多。大致有假造、伪托、半真半假等情形，以假为真，就要陷入迷途，所以不可不辨别清楚。"但反过来看，因为极少部分的假，就怀疑全部分，也是要使我们彷徨无所归宿的。如康有为以为汉以前的书都是伪的，都被王莽、刘歆改窜过，这话也只有他一个人这样说。我们如果相信他，便没有可读的古书了。"（章太炎先生演讲、曹聚仁编：《国学概论》，第 12—15 页）张冥飞记章氏云：

吾人欲讲哲学，只求其理，书之伪真，尚可勿论。若考据之学，则差之毫厘，谬以千里，不可不辨。又有真书中间有后人附会者，如扬雄后太史公百余年，而《史记》中已述及之，此自是褚先生之徒所加入。若概谓《史记》为伪书，则不可也。康有为谓汉以前之书，尽被王莽、刘歆所删改，此亦太武断，不足信。总之真与伪，须自辨，不能一概论，在人自抉别之也。

（张冥飞：《章太炎的国学演讲录》，平民印务局，1924年，第54页）

关于通小学，主要指现在研究古书，必先识字，非通小学无从下手。曹聚仁记云："小学在古时，原不过是小学生识字的书；但到了现代，虽研究到六七十岁，还有不能尽通的……这全是因古今语言变迁的缘故。现在的小学，是可以专门研究的，但我所说的'通小学'，却和专门研究不同。因为一方面要研究国学，所以只能略通大概了。"古书原本都用当时的白话、土话，后世格外难懂。大体读唐以前的书，都非研究些小学，不能完全明白；宋以后的文章和现在差不多，我们就能完全了解。（章太炎先生演讲、曹聚仁编：《国学概论》，第15—17页）

研究小学的方法有三种，即通音韵、明训诂、辨形体。通音韵是指"古人用字，常同音相通"，"但古时同音的字，现在多不相同，所以更难明白"。因此研究古书，"要知道某字即某字之转讹"。明训诂是指"古时训某字为某义，后人更引伸某义转为他义，可见古义较狭而少，后义较广而繁。我们如不明白古时的训诂，误以后义附会古义，就要弄错了"。辨形体是指"近体字中相像的，在篆文中未必相像，所以我们要明白古书某字的本形，以求古书某字的某义"。历来讲形体的书是《说文》，讲训诂的是《尔雅》，讲音韵的是《音韵学》。如对三书都有明确的了解，则研究国学就不至犯"意误""音误""形误"等弊病。即使研究古代的文学和哲学，亦须通小学。文学方面，看唐以前的文章，都要先研究小学。即如韩昌黎、柳子厚的文章，虽是明白晓畅，却也有不能了解的地方。桐城派也懂得小学，但比较少用工夫，对于古书中不能明白的字，便不引用，为消极地免除笑柄的办法，事实上总行不通。宋代朱熹一生研究五经四子诸书，寝食不离，可是纠缠一世，仍弄不明白，实因小学没有工夫。毛西河事事和朱子反对，也不从小学下手，所以反对论调也都错。哲学一科，似乎可以不通小学，必专凭自我观察，由观察而发表自我意思，和古人完全绝缘。倘仍要凭借古人，或引用古书，不明白小学就要闹笑话。如朱熹研究"理学"，解释"格物"为"穷至事物之理"，程序是"格"训为"来"，"来"训为"至"，"至"训为"极"，"极"训为"穷"，辗转训"格"为"穷"。又"释"训为"主一无适"，将"适"训作"至"，不知古时"适"与"敌"相通，《淮南子》的主"无适"即"无敌对"的意思。（章太炎先生演讲、曹聚仁编：《国学概论》，第15—20页）

据说听众知道本次讲演改变地址，争先前往索取听讲券，至4月7日下午已经满足千人，听讲者须于四时二十分以前，齐集职工教育馆。（《章太炎今日续讲国学》，《民国日报》，1922年4月8日，第3张第10版；《章太炎今日演讲国学》，《新闻报》，1922年4月8日，第4张第2版）听众实际人数，江苏省教育会谓六百余人，《申报》则说四百余人。现场备有蓄声机（一说"发音机"），对重要名词用机传送，以便座后者听得清晰。开讲时，先由沈信卿报告改换地址缘由，谓"此间可容纳一千人，愿报名来听诸君，继续到场，幸勿间断"。天津《大公报》称"预备座位一千个，到者大致将近满座。……首由沈信卿报告，略云今日太炎先生讲题，仍续前次所讲，题为研究国学方法"。讲至通小学，"因时已不早，遂散会"。(《章太炎演讲国学记》，天津《大公报》，1922年4月12日，第2张第3页)《申报》又谓，六时职业学校须用会场，故在五时四十五分停止。(《会务录要》，《江苏省教育会会务月报》，1922年4月;《章太炎今日继续讲学》，《申报》，1922年4月8日，第4张第13版;《章太炎讲学第二日纪》，《申报》，1922年4月9日，第4张第13版)《民国日报》谓"听者近千人。""讲毕众鼓掌而散。惟听众有从他处远道而来者，对于讲演时间短促，颇引为憾。太炎先生亦自愿加长演讲时间，俾可于十个星期讲毕。闻省教育会将另拟办法，以便听者。"(《章太炎先生讲演国学记》二，《民国日报》，1922年4月9日，第3张第10版)听众之中，还有团体形式参与者。察哈尔特别区第一次教育参观团4月4日抵沪后，与商务印书馆交际员黄警顽商定行程，周六当天最后活动为"听章太炎讲国学"。(《察哈尔区第一次参观团抵沪》，《申报》，1922年4月5日，第4张第13版)

4月10日　周作人写成《思想界的倾向》一文，担心章太炎的国学讲演埋下复古的种子。后以笔名"仲密"，载于《晨报副刊》。

周作人注意到京沪各处有人提倡孔门礼乐，朱谦之讲"古学"，梅光迪和胡先骕办《学衡》杂志，以及章太炎的国学讲演等现象，担忧思想界出现"国粹主义勃兴的局面"，客观上必然造成复古和排外两种情形。更有甚者，"现在所有的国粹主义的运动大抵是对于新文学的一种反抗"，"将成为国家的传统主义，即是包含一种对于异文化的反抗的意义"。因而，反对章太炎公开演讲国学。

对于太炎先生的学问，我是极尊重，不能赞一辞的，但我觉得他在现在只适于专科的教授而不适于公众的讲演，否则容易变为复古运动的本营，即使他的本意并不如此。我们要整理国故，也必须凭借现代的新学说新方法，才能有点成就。譬如研究文学，我们不可不依外国文学批评的新说，倘若照中国的旧说讲来，那么载道之文当然为文学之正宗，小说戏曲都是玩物丧志，至少也是文学的未入流罢了。太炎先生的讲学固然也是好事，但我却忧虑他的结果未必能于整理国故的前途有十分的助力，只落得培养多少复古的种子，未免是很可惜的。听说上海已经有这样的言论，说太炎先生讲演国学了，可见白话新文学都是毫无价值的东西了。由此可以知道我的杞忧不是完全无根的。照现在的情形下去，不出两年大家将投身于国粹，着古衣冠，用古文字，制礼作乐，或参禅炼丹，或习技击，或治乩卜，或作骈律，共臻东方文化之至治。（仲密：《思想界的倾向》，《晨报副刊》，1922年4月23日，第3—4版）

该文发表前，周作人曾与胡适沟通。4月24日，胡适看到周作人的《思想界的倾向》一文，又在日记里将章太炎《訄书》《国故论衡》列入中国精心结构而有系统之著作"近古"部分。（曹伯言整理：《胡适全集》第29卷，第598页）然并不认同周的悲观论点，指其根本错误在于"把已过去或将过去的情形看作将来的倾向"，强调："'复古与排外'的国粹主义，当然不在将来，而在过去。"无论着古衣冠、用古文字，还是制礼作乐、参禅炼丹，抑或技击、占卜、骈律，都已成过去，现在已不流行，更不代表将来倾向。切勿错误地"把'不思想界'的情形，看作了'思想界'的情形"。同时，澄清朱谦之既讲《古学》，也有《革命哲学》和《周易哲学》，不曾趋时变新。《学衡》梅胡诸人，仍是七八年前的老状况，不是现在与将来的倾向。"至于太炎先生的讲学，更是近来的一件好事。"盖章太炎当日在日本讲学，弟子中固然有黄侃及已故的康心孚，同时也有钱玄同、沈兼士、马裕藻、朱逷先诸君。此次上海讲学，"并不表现何等盲目的复古论调"。例如章太炎批评白话诗和白话文，次日即有邵力子和曹聚仁的驳论。"我们不能叫梅胡诸君不办《学衡》，也不能禁止太炎先生的讲学。我们固然希望新种子的传播，却也不必希望胡椒变甜，甘草变苦。"总之，"现在的情形，并无'国粹主义勃兴'的事实"。周作人"所举的许多例，都只是退潮的一点回波，乐终的一点尾声"。满怀信心地号召："文学革命的健儿们，努力前进！文学革命若禁不起一个或十个百个章太炎的讲学，那还成个革命军吗？"（Q.V.：《读仲密君〈思想界的倾向〉》，《晨报副刊》，1922年4月27日，第1版）

4月12日　午后，钱玄同"至北大检取《国故概要》"。（杨天石主编：《钱玄同日记》整理本上册，第403页）

4月15日　章太炎作国学第三讲，续讲"治国学之法"，包括明地理、知古今人情变迁、辨文学应用三项。

关于明地理，曹聚仁记章太炎说：

> 近顷所谓地理，包含地质、地文、地志三项，原须专门研究的。中国本来的地理，算不得独立的科学，只不过做别几种——史、经——的助手，也没曾研究到地质、地文的。我们

现在要研究国学，所需要的也只是地志，且把地志讲一讲。

地志分天然的（如山川河流脉络）和人为的（如郡县建置）两项。天然的或自古至今没曾变更，或虽有变更但可明白考出，比较容易。人为的如封建制度到秦汉改为郡县制度，沿革变迁极大，很不明白，相对难以研究。不明白地理而研究国学，要发生三种谬误：一是臆测。如南北朝时南北隔绝，北魏人郦道元著《水经注》，对于北方地势，还能正确，记述南方地志，错误很多。南宋时对于北方大都模糊，所以福建人郑樵著《通志》，错得很多。二是纠缠。中国土地寥廓，地名相同的很多，容易纠缠不清。三是意会。古书中称某地和某地相近，实际却相距很远。如诸葛亮五月渡泸，泸水是现今金沙江，诸葛亮所渡的地是四川宁远。后人因为唐代曾在四川设置泸州，以为五月渡泸在泸州，实为大错。河阴河阳本在黄河南北，后来水道已改，地名仍旧，也容易舛错。除了"通小学""明地理"，本来还有"典章制度"，史书多已载明，无以今证古的必要，"我们看那一朝史，知道那一朝的典章制度就够了"。（章太炎先生演讲、曹聚仁编：《国学概论》，第20—24页）

关于知古今人情变迁，曹聚仁记章太炎云："社会更迭地变换，物质方面继续地进步，那人情风俗也随着变迁，不能拘泥在一种情形的。"不明白变迁之理，会产生两种谬误观念。一、"道学先生看做道德是永久不变，把古人的道德，比做日月经天，江河行地，墨守而不敢违背。"二、"近代矫枉过正的青年，以为古代的道德是野蛮道德。"其实，道德可分"普通伦理"和"社会道德"二部分，前者不变，后者随着环境变更而改易。古今社会道德变迁有许多值得注意，以新文化运动集中批判的家族制度为例，从封建到郡县变迁的五个方面有：一是"封建时代的道德，是近于贵族的，郡县时代的道德，是近于平民的"。古今"家"的含义宽狭有别，古代是百乘之家、千乘之家，治家则可治国，不能治家则不能治国。《大学》有"欲治其国者，先齐其家"一语，《传》第九章有"其家不可教而能教人者，无之"，都是封建时代的道德。又如唐太宗治国有贞观之治，治家则糟糕。二是古代爱家如同现代爱国，亡家如同亡国，史家褒扬保家而贬斥灭家。三是古代贵族制度如同后代土司，王家一体同视，故有兄终弟及，摄政称王。后代则摄政不得称王，称王不得取消。四是封建大夫的家臣和天子的诸侯具有绝对服从主人的义务，均俨有君臣之分。五是古代父母兄弟姊妹之丧均要丁忧，唐代此风渐息，明代除父母丧不必去官。这些封建道德在郡县时代均逐渐没落或减轻，故"道德本无所谓是非，在那种环境里产生适应的道德，在那时如此便够了。我们既不可以古论今，也不可以今论古"。（章太炎先生演讲、曹聚仁编：《国学概论》，第24—28页）另据《申报》载，章太炎还提醒："故读古书须扩大胸襟，不可拘泥也。"（《章太炎讲学第三日纪》，《申报》，1922年4月16日，第4张第13版）

关于辨文学应用，曹聚仁记章太炎云："文学的派别很多，梁刘勰所著《文心雕龙》一书，已明白罗列。关于这项，将来再仔细讨论，现在只把不能更改的文体讲一讲。"从文体来讲，文学可分二项："有韵的谓之诗，无韵的谓之文。"文有骈体、散体的区别，历来两派争执很激烈。自从韩愈推翻骈体，后来散体声势很大，宋人以为古代经典都是散体，不必用骈体。清代阮元推倒散体，抬出孔子，称其在《易经》所著文言系辞，都是骈体。骈散争执实属无谓，应分别不同功能："凡简单叙一事不能不用散文，如兼叙多人多事，就非骈体不能提纲。"并存不能偏废。至于诗，主张："凡称之为诗，都要有韵，有韵方能传达情感。现在白话诗不用韵，即使也有美感，只应归入散文，不必算诗。"这是"自然的趋势"决定的，如"诗言志，歌永言，声依咏，律和声"。"诗歌本来脱口而出，自有天然的风韵。这种韵，可达那神妙的意思。"至于白话，古时素有，《尚书》的诏诰，汉代的手诏，差不多都是当时白话，经史所载更多照实写出。如《尚书·顾命篇》"莫丽陈教则肄肄不违"一语，从前不解两个"肄"。至清代江艮庭才说明多了一个"违"字，描写当时病人垂危舌本强大的口吻。《汉书》记周昌"臣期期不奉诏""臣期期知其不可"等，也是写其口吃。文言分离有其优点，而现代白话文"只是使人易解"，未必能"曲传真相"。如"语录"皆白话，源自佛家。宋儒二程和朱陆皆有语录，二程河南人，朱子福建人，陆象山江西人，"如果各传真相，应所纪各异"，如无文字统一，势必无法沟通。又假如李石曾、蔡子民、吴稚晖三先生会谈，而令人笔录，则李讲官话，蔡讲绍兴话，吴讲无锡咏叹调，便应大不相同，记成白话文却又一样。（章太炎先生演讲、曹聚仁编：《国学概论》，第28—32页）

张冥飞记章氏云："文章源流，言之甚长，今日姑置。文体亦极纷繁，容俟别论。《文心雕龙》一书，乃专讲文体者。"骈散之争无谓，"文章之妙，不过应用得宜，骈文可也，散文亦可也。如叙复杂之事，必须列举纲目，此即骈体。叙事简质，则须用散体。但骈体亦非绝对用四六句，只用对偶句法，均属骈体。唐宋间判案，亦作四六。""文本有无韵与有韵二种，大抵有韵者为诗，无韵者为文。……诗必有韵，方能传达情绪。若无韵亦能传达情绪，则永不必称之为诗。"（张冥飞：《章太炎的国学演讲录》，第70—73页）《申报》载章太炎云："惟今之新诗，连韵亦不用，未免太简。以既为诗，当然贵美丽，既主朴素，何不竟为散文。"（《章太炎讲学第三日纪》，《申报》，1922年4月16日，第4张第13版）

早在4月12日，《申报》预告章太炎国学第三讲消息，地点仍在职工教育会。惟演讲较以往提早半小时，即日午后四时开始，听讲者须于三点五十分钟到场。（《章太炎讲学预报》，《申报》，1922年4月12日，第4张第13版）"是日章氏讲解，颇多趣语，听者无不捧腹，以其趣语，要都从经史中证明出来故也。六时停讲，下次讲派别云。"（《章太炎讲学第三日纪》，《申报》，1922年4月16日，第4张第13版）

△ 舆论传闻北大国文系"国故派"教授黄节、张尔田、刘毓盘等辞职，蔡元培挽留。

北大国文系教授黄节，突于日前辞职，张尔田、刘毓盘亦各请假一月之久。本日，《京报》记者以黄等皆以"国故派"健将见称于世，为学生所最敬重，平时虽对某事常有不平之表示，然授课未尝稍生懈意。今忽相率辞职请假，不得谓非一可以研究之事。因特访该系学生某君，叩以此事真相。"某君答谓，黄等亦不肯告吾等以真正辞职请假原因。惟据余（某君自谓）揣测，大概系因学校对于黄等待遇上有不周到之处，黄等态度遂见销沉。但吾等决不能任其求去，已由单濂等七人，晋谒蔡校长于其背阴胡同私邸，恳切表示挽留之意。而吾等亦将召集同系同学开会计议一进行方法云云。"（《北大国学教授辞职索隐》，《京报》，1922年4月15日，第5版）4月20日，又称："兹悉该校蔡校长，对三君已为恳切之挽留。而黄教授，亦即复允取消辞意。至刘张二君，则尚未答复。其所存于图书馆阅览室各项珍奇旧书，亦已携回。但蔡校长及该系学生正力请其回校授课。说者谓蔡氏诚不愧为最高学府之首领云。"（《蔡子民挽留国学教授》，《京报》，1922 年 4 月 20 日，第 5 版）

张尔田、刘毓盘一时均未见返校。5 月 11 日，北大注册部布告："国文系教员张尔田、刘毓盘两先生月前因病回南，以交通阻碍，未能即旋。兹各处交通已渐恢复原状，不日当可回京。所有担任国文系功课，一俟张刘两先生回时，即行定期考试。"（《注册部布告》，《北京大学日刊》第 1024 号，1922 年 5 月 11 日，第 1 版）1923 年 12 月 11 日，北大注册部布告："张尔田先生因病未能来校，所授国文各种功课本学期暂停。"（《注册部布告》，《北京大学日刊》第 1362 号，1923 年 12 月 11 日，第 1 版）

△　北京大学研究所国学门感谢马衡、顾颉刚、王荣佳等赠书。

马衡赠《蟫隐庐书目》一册。顾颉刚赠《说文通俗》二册。王荣佳赠《广东图书馆目录》一册。浙江公立图书馆赠书目一册，年报一册，《重订浙江公立图书馆保存类目录》二册。河南图书馆赠书目十册，章程一册。直隶省立图书馆赠阅览室章程一份。广东图书馆赠书目三册。岭南大学图书馆赠中籍目录一册，纪事一册。泰东图书局赠书目一份。国粹学报社赠目录一份。中华书局赠目录一册。（《研究所国学门布告》，《北京大学日刊》第 1002 号，1922 年 4 月 17 日，第 4 版）

4 月 17 日　邵力子批评章太炎的国学讲演在道德变迁和文学应用两个方面，未能全部去除好奇与恶新的积习。

邵力子首先肯定："章太炎先生湛深国学，是我们不容致疑的，但他所给与我们的讲演，却又不容我们全信。这是我们研究一切学术应取的态度。"出于"决非唐突大贤，实为爱护真理"的考虑，批评章太炎未能去除"好奇"和"恶新"两种积习。一如"知古今人情变迁"，说封建时代之"家"与郡县时代之"家"不同，原是很有见解，所引例证却不免近于离奇。仅取《大学》"欲治其国者必先齐其家"一句，而忘却此句下面还有"欲齐其家者必先修其身"，再远些更有"自天子以至于庶人，壹是皆以修身为本"。《大学》所说"家"，只是在"身"与"国"之间的一个阶级，修身齐家治国的原理无论封建时代或郡县时代，要求都一样。章太炎引唐太宗治家糟糕之例，似乎郡县时代治国者便不必齐家，郡县时代治国者便不必修身，郡县时代的"身"和封建时代的"身"不同，否则唐太宗不能"修身"又焉能"治国"。况且，唐太宗不能真算"能治国"。贞观之治，不过大乱之后人心思治的一般表现，本不稀罕。唐太宗死后，武氏韦氏几亡唐室，明明是唐太宗宫闱紊乱贻谋不臧所致，正可为"治国必先齐家"的一个证据。章太炎是"通儒"，不该这样"近视"，却偏来翻案。此外，古今人情变迁只讲政治上封建与郡县不同，不及经济上游牧耕稼工商等变迁，也是缺点。

二如白话文和白话诗。章太炎虽然知道无韵的新体诗也有美感，并非一概抹杀，但不免恶新的成见。讲到《顾命篇》等，正应提倡用新式标点来读古书。因为"典丽陈教则肆肆不违"等句如果早有标点，则不必要等到清代王艮庭才能知道是临死时舌本强大的口吻。章又怀疑白话文记述方言各异的口语不应尽同，似乎未曾看过近人"文学的国语"的主张。白话文固然不能尽传真相，比文言文却不遑稍逊。"近年来，很有人怕白话文盛行，国学即将废绝，其实看了国学讲演会的情形，便可释此杞忧。国学讲演会的听众，据我所知，很有许多人是积极地主张白话文的。做白话文与研究国学决不相妨，太炎先生一定能知此理罢！"（力子：《听太炎先生讲演志疑》，《民国日报·觉悟》，1922 年 4 月 17 日，第 1 页）

4 月 22 日　章太炎在职工教育馆作国学演讲第四讲，主题是"国学之派别"。

下午四时半开讲。曹聚仁记章太炎说：

> 讲"国学"而不明派别，将有望洋兴叹，无所适从之感。但"国学"中也有无须讲派别的，如历史学之类。也有不够讲派别的，则为零碎的学问。现在只把古今学者呶呶争辩不已的，分三类讨论：一、经学之派别；二、哲学之派别；三、文学之派别。（章太炎先生演讲、曹聚仁编：《国学概论》，第 32 页）

张冥飞记云："今讲国学之派别，更可分为三端。……国学有不必讲派别者，如史学是。有零碎之学问，不能列举派别者，姑置不论，而论有派别之国学。盖研国学而不明其派别，有望洋兴叹无所适从之恨。"（张冥飞：《章太炎的国学演讲录》，第 74 页）

是日讲"经学之派别"，首先肯定"六经皆史"之说，复原"经"为线装书的原初含义，揭示秦始皇焚书之后，汉代今文家以宗教比经的风气造成经学派别的因由。据曹聚仁记，章太炎说六经中，《尚书》《春秋》都是记事典籍，当然是史。《诗经》大半部是为国事而作，夹入少量歌谣，也可以说是史。《礼经》记载各代典章制度，《周礼》载官制，《仪礼》载仪注，即后世史一部分。《乐经》虽然失去，想是记载乐谱和制度的典籍，也含史的性状。只有《易经》，看起来像是和史无关，实际上却也是史。太史公说："《易》本隐以之显，《春秋》推见以至隐。"可知《春秋》胪列事实，中寓褒贬之意，是显明的史。《易经》却和近代社会学一般，一方面考察古来的事迹，得着些原则，借此推测现在和将来，蕴着史的精华。"因此可见六经无一非史；后人于史以外，别立为经，推尊过甚，更有些近于宗教。实在周末还不如此，此风乃起于汉时。"其次阐述今古文二派的由来。（章太炎先生演讲、曹聚仁编：《国学概论》，第32—43页）张冥飞所记则未提"六经皆史"一语，而云："经学二字，前既言之，无特殊意味，盖经本史耳。"（张冥飞：《章太炎的国学演讲录》，第74—92页）

至于听讲情形，据说凡前次报名人员，应继续前往听讲，即有志研究国学，而前次未及报名者，亦可即为报名，领券入座听讲。（《章太炎第四次讲学预报》，《申报》，1922年4月22日，第4张第13版）"原定四钟开讲，因章氏车行中途，为行人阻塞，（大约为周扶九父子之大出丧所阻，可见无谓之大出丧，不但劳民伤财，且妨讲学）到馆开讲，已四时有半矣。"讲毕已六时。《申报》提醒读者临时笔记应谨慎对待。"按临时笔记恐多错漏，阅者备为参考可耳。至讲稿闻省教育会尚须将记录整理，送由章氏订正发刊焉。"（《章太炎讲学第四日纪》，《申报》，1922年4月23日，第4张第13版）

4月24日 裘可桴致信邵力子，对章太炎国学演讲中的道德变迁说有所批评，强调白话文代替文言文的趋势不可逆转。

函谓古代齐家治国平天下蕴含的政治精神至今不变，只是政治制度不断在变。治国必先齐家，是古代相传至今的政治学说。《大学》"只说政治精神，不及政治制度，因为制度是同时人个个知道的，可以不说"。"古时的国，是很小的，家是很大的。那时组织简单，只有家国两阶级。""整齐划一，统系分明，层层钳制，家不齐，国是不会治的。到了郡县时代，宗法制度的色彩虽依然存在，而地方日大，人口日多，君权日重，家政范围因此渐渐缩小。……郡县时代，家是政治精神的试验品，制度不能不随着时势变迁，精神是永不改变的。"不变的原因是："齐家的人，无论对于家中何人，不杂一些感情作用，可能洞烛物情，因应咸宜。这就是政治精神，也才〈可〉以说是科学精神。有了这种精神，才能不受蒙蔽。有了不受蒙蔽的原因，治家治国，才能收良好的效果。"因此，从唐太宗"杀兄纳弟媳"，实无"颜面"教导子孙这一点看，"其家不可教而能教人者，无之"一语，"也不无根本打破"。（裘可桴：《政治制度与政治精神》，《民国日报·觉悟》，1922 年 4 月 24 日，第 4 版）

裘可桴是江苏无锡人，早在戊戌维新期间就鼓吹新学，致力于开通民智和变法维新的宣传，主张用明白易懂的白话文代替佶屈聱牙的文言文，认为"白话文为维新之本，当今以扩张报务为第一义"。曾经与友人丁梅轩和侄女裘毓芳等创办《无锡白话报》，又发起成立白话文学会，推广白话文。（傅宏星编著：《钱基博年谱》，第 45 页）裘可桴对白话文的信念坚定不移，指出章太炎说经史所载都是照实写出的白话，足见其很重视白话文。"不过他的意思，是说现在的国语，只能描摹北方人口语的真相，不能描摹南方人口语的真相，这也是实在情形。我只祝颂太炎先生享二三百年的高寿，那时会议席上，人人能操国语，没一些土白，笔录的人一定无 [能] 把口语的真相，描摹尽致。那时太炎先生必不说这话了！"（*袁可桴：《政治制度与政治精神》，《民国日报·觉悟》，1922年4月24日，第4页*）

　　△　北京大学研究所国学门拟汇刊王国维著作，后者以正在出版《观堂集林》，婉拒。

　　沈兼士派顾颉刚于4月18日访王国维接洽此事，顾颉刚本日致函王国维称：

　　　　服膺十载，前日得承教言，快慰无既。惟以拙于言辞不能
　　自达其爱慕之情，私衷拳拳，欲有所问业，如蒙不弃，许附于
　　弟子之列，刚之幸也。当时匆匆，忘述一事：沈兼士先生前次
　　谈及，凡一家著述散见各帙者，均拟由研究所中汇刊为丛书。
　　先生所著书，以新法驭古学，凡所论断，悉为创获，如得汇刊
　　一集，俾研究国故者有所遵循，实为盛业。因嘱刚趋前接洽，
　　可否由先生编定目录，付校中刊印。至于向归书肆出版者，版
　　权上有无须行磋商之处，务请示及是幸。（*顾颉刚：《顾颉刚书信
　　集》第二卷，第107页*）

　　王国维以友人正在出版《观堂集林》，"一时不便两印"为由，复函婉拒。（*顾颉刚：《顾颉刚书信集》第二卷，第107—108页*）

　　4月25日　钱玄同致函胡适，谈《国学季刊》稿子尚不能收齐，只好慢慢地催，感慨能整理国故的人太少。（*耿云志：《胡适年谱》修订本，第90页*）

　　4月26日　北京大学研究所国学门更正研究规则。

　　国学门研究规则第三条规定，"研究生须将关于研究之经过及

其成绩，随时报告，以便在本学门所办之杂志中发表，或刊入丛书"，现改为"于每学期之终，报告成绩一次"。"本学年研究员务请于暑假前将研究之经过及其成绩，报告至本学门，以便汇齐交委员会审查。""研究员对于本学门之设备及阅览图书方面，倘感有缺乏或不便之处，请随时函告，以便逐渐改良。"（《研究所国学门主任启事》，《北京大学日刊》第1012号，1922年4月27日，第1版）

4月29日　章太炎作国学第五讲，续讲"经学之派别"完毕。

张冥飞记章太炎云："夫学派之别，初则有今文古文之争，次则南学北学，次则汉学宋学，次则吴派皖南派，今文将转入今文古文，如此循环无端，永无止息。意者天地混沌，而后学派之争始已欤。"（张冥飞：《章太炎的国学演讲录》，第115页）

另据《申报》所载，章太炎"就五经、七经、九经，汉唐宋明清学者之派别，条分缕析，阐发无遗，听者动容"。（《章太炎讲学第五日纪》，《申报》，1922年4月30日，第4张第13版）

4月　浙江嘉兴中学国文教员郑斐谌刊文建议教育行政当局于每县增立一个国学专修馆，宣扬儒家的仁义道德学说。

文章署名裴谌，应为嘉兴府中学（浙江第二中学）国文教员郑斐谌。倡议指出：

中国学术，上自天人之奥，性命之微，群圣之要道，百王之大法，下逮医巫占卜，百工之异伎殊能，亘几千年，萃无量数，贤哲杰士，笔之书，传之世，精至卓绝，浩博无涯。士生今世，患蕴之未宣，不患道之有所穷，患统之将绝，不患时之或不合。童而习之，贞而恒之，皓首而莫殚也，莫究也。

各有各用，即使仁义道德之说，彝伦之叙，能够风世淑俗，修己安人，也具有大效用。而新文化鼓吹者好以近世标准批评国学，表现卤莽灭裂，却暴露了不懂国学的本质。

为学之道，岂惟知新，要当温故。上下古今，融贯中外，斯为得之。然亦有难言者，积轴象万，生年不百，吾固云国学莫殚莫究也。重以鞮寄瘏口，挈计烦虑，百科晚出，兼营为劳。彼妄人者，非恶是而逃焉，力不足也。嘉肴弗食，至道弗学，甘美不知，故自离畔，不亦致可悯乎。是故昌明国学，厥宜专修。自昔中小学之求普通，大学高等之业专科，不变如故也。别立国学专修馆，县设一焉，不，则数县合设一焉。贤达父兄，见子弟之慧悟有志者，自就外傅，日令肄业其中，以句读始，以明晓大义止，假定十年毕业。国学无毕业日也，极深研几，终其身学之不厌也。特鼓箧之日，以是为程尔。夫薪之尽也，火弗传焉。识大识小，存乎其人。伏生且耄，平津怀诈，虽无秦火，学将落矣，吾为此惧。抑吾又有感焉，学所以传道，而载道者文也。滔滔天下，斯文将丧，兹无暇高谈守先待后，道之不可离也，诚得国学子弟，为学校文字师，无亦聊可满志踌躇乎。或难曰：在昔宗周东迁，王迹熄，学校歇。洙水邹峄，师儒于焉立教。今日修举废坠，当责家修之士，而乃谋之教育行政，疏矣。应之曰：予亦知吾说之不能行也，然而饩羊之告，河清之俟，弦歌干羽，万有一焉。视笮户皋比之泽，力当大而远也，吾安敢结舌而遂辍刍议哉。（斐谙：《增立国学专修馆议》，《嘉兴教育杂志》第三编，1922年4月，论著）

　　王蘧常毕业于浙江第二中学，老师除了刘子庚外，还有郑斐谌诸多名家，所言该校国文教学风格颇似单不庵批评的固守正统理学。王蘧常忆称：

　　　　时诸先生多名家，小学则朱蓬仙、陆颂襄，文学及印度哲学则郑斐谌，诗、词及文学史则刘师，历史则祝靖远，英文则王哲安，国维先生弟也，皆一时之选。我周旋进退于其间，甚以为乐。陆师授说文部首，我始知大小篆；郑师初授文学，多取顾亭林、黄黎洲文，并喜讲晚明事。我之服膺亭林自此始，其后作《亭林诗集汇注》《亭林诗谱》《亭林著述考》，皆造端于此。祝师熟古史，不携课本，书黑板尽三四，皆我所未闻。师寡言笑，不敢亲附。一日遇于途，我肃然旁立，师笑颔之。知我喜历史，遂招入室，我乃申倾慕博通之意。师曰："予《四史》之外，仅熟读《绎史》一部，《绎史》为马骕所作。"我急请观，师许借阅，乃陆续撷其要，尽数册。我之治古史始于此，其后欲作三代史及撰秦史，皆起源于此。（《王蘧常自传》，《中国当代社会科学家》第7辑，第142—143页）

　　据五四前进校的汪胡桢回忆，辛亥革命后嘉兴中学聘钱玄同、朱希祖、单不庵、陆祖谷等人任教。蔡元培出长北京大学后，聘钱、朱为大学教授。教授国文的先后有陆祖谷、朱蓬仙、郑斐谌。"到了中学，读的都是远古文，我的兴趣不大；后由郑斐谌先生教以魏晋六朝文，始觉清新可诵。郑先生给我看了《世说新语》及《六朝文絜》，及他所写骈文，我曾加以模仿，写小品文也居然清雅典丽。我在中学时白话文尚未兴起，学的都是文言文，故用白话文写作都是后来的事。"（汪胡桢：《回忆我在中学时代》，徐玉林编：《百年嘉中1902—2002》，出版信息不详，第43页）

夏　江苏泰县知事郑辅东在泰县图书馆附设国学研究社，以保存国粹，造就通才为宗旨，经史词章为教学内容，延聘韩国钧、吴同甲、刘显曾、王贻牟、袁镠为社长。至1927年春停办。

泰县国学研究社于本年5月开始见报。设于泰县图书馆内，县知事郑辅东（字静候，安徽桐城人）延韩国钧、吴同甲、刘显曾、王贻牟、袁镠为社长，刘法曾、沈秉乾、陈恩洽、管得泉、高炳华、徐天璋、单毓元、徐藻、徐炳华、陈祖培、王斯谋、马锡纯、王谌谟、曹学曾为评议员，订简章十二条。社长主持社务，指示学员读书方法并研究经世有用之学问及经史、政治、诗赋。凡愿入社者，经甄录后为学员。每月一课四题，课毕开评议会，择优调员住社。余亦给奖，仿书院制，首8元，末第40名一千文。年拨小宝带桥船捐一千元。1927年春停办。（单毓元纂修：《民国泰县志稿》卷十四，第4—5页。《中国地方志集成》编辑工作委员会编：《中国地方志集成》江苏府县志辑68，江苏古籍出版社、上海书店、巴蜀书社，1991年，第432页）

1922年以后长期在泰县图书馆供职，曾负责文牍事务的陆铨所撰《泰县图书馆简史》（稿，藏于泰州图书馆）存录了国学研究社简章，共十三条，主要内容如下：一、为保存国粹，造就通材起见设立。二、附设于泰县图书馆内。三、专为研究国学，不预闻地方其他事务，亦不蹈门户标榜之习。四、延请社长五人，由县知事公函敦聘，暂均名誉职，不支修脯。五、社长主持社务，提倡文化。分门命题，评阅课艺札记应由社长轮期分任。六、县知事函

聘图书馆经理兼任一切事宜。七、每岁由县知事出示布告，定期甄
别。凡学界有愿入社者均得先期报名，听候县知事甄录，一次录取
者为学员。八、学员平日研究国学以经史词章为标准。九、学员每
月一课，每课四题，凡与试学员须先于每月十六日赴社领卷，限十
日缴卷，送社由社长详细评阅，分别甲乙，送由县知事出榜公布，
其奖额及奖金由县知事酌定。十、学员研究国学图籍，须向本社声
明，自认一门学识或一种书籍。现以经史为范围，分条札记，以觇
心得，每年举行两次，由社长校阅，优者提升作研究员。每年只选
一次，暂行定额四人。十一、凡课艺札记由社长选其优者，汇印成
册，散给本社学员，以收互助观摩之益。十二、经费由宝带桥地方
税项下拨给。十三、未尽事宜及简章有应行修改者，得由社长或评
议会公同提议，随之改定。（殷勇：《泰县国学研究社述略》，泰州市海
陵区政协文史资料研究委员会编：《海陵文史》第14辑，2005年，第100—
101页）

　　泰县国学研究社属于合研究与书院教育为一的公立机构，而偏
重于教育，故《民国泰县志稿》将其列入"教育志"的"书院"目
中。同时，国学研究社沿用了文人结社的一些做法。国学研究社评
议员，除陆铨《泰县图书馆简史》所载14人之外，尚有卢求古、洪
沣、韩烺、吴宝森、袁祖成等5人。新文化运动以后，有关"国学"
的思想论争在泰县也有反响。林善伯《泰邑初立图书馆记》交代了
郑辅东上任后建立图书馆研究国学的缘起。

　　方今欧化盛行，士重西学，虽学校如林，而国粹已呈中衰
之象。有识之士憾焉，以为昔者科举之世，固有之文化未坠，

尚惧天下之士徒骛于利禄而导之以通经古学之方。矧今日世界
大通，各国皆讲保存国粹之道，如图书馆，如博物院，如研
究学术之集会，皆进行不遗余力。而吾国乃慕尚新奇，厌弃国
学，此匪独失数千年教养之法，亦无以应世界之潮流矣。桐城
郑公来守吾邑，有感于兹，乃创立图书馆并附设国学研究社暨
古物保存所。（殷勇：《泰县国学研究社述略》，泰州市海陵区政协文史
资料研究委员会编：《海陵文史》第14辑，第102页）

　　另，民国十一年订立的《泰县图书馆简章》第一章"总则"第
二条亦规定："本馆为保存国粹、研究国学而设，与普通图书馆略
别。"泰县新旧士人至少在如何对待"国学"或"国粹"的层面趋
于一致，或在国学研究社中任职，或致力于以古学为主要内容的地
方文献整理。国学研究社5位社长中，韩国钧，举人，曾任前清知
县、民政使等职，入民国后历任江苏省民政长、省长等职。吴同
甲，进士，曾任前清翰林院侍讲学士、安徽提学使等职。刘显曾，
经学传家，曾任前清甘肃道监察御史。袁镠，善诗书古文，博学多
闻，时任泰县文庙奉祀员。王贻牟，岁贡生，博学，善诗书。另，
泰县图书馆的倡设者及首任经理（馆长）陈启彤贯通群经诸子，后
曾任中国大学哲学系教授。上述6人及相当多的评议员自幼受"国
学"熏陶、教养，不仅有较深"国学"功底，亦对其有着难以割舍
之情，故他们关注的层面是如何保存"国粹"。另外，泰县国学研
究社评议员中亦有一批新派学者或革命者，如马锡纯、韩烺、单毓
元、袁祖成。其中，马锡纯，优贡生，南社早期社员，毕生从事教
育事业。韩烺，毕业于东京明治大学经纬学堂师范科，南社早期社

员，回国后长期从事教育事业，曾任泰县古物保存所所长。单毓元，毕业于江苏私立法政专门学校，时任泰县教育局长。袁祖成，同盟会会员，创办淮东中学并任江苏代用第一中学（由淮东中学更名）校长，后因响应北伐、宣传三民主义而被北洋军阀孙传芳部杀害。上述4人皆致力于教育事业，他们关注"国学"的原因，除耳濡目染于泰邑深厚的儒学传统外，更多的是如马锡纯《泰州乡土志·风俗》中所云"构造社会，学人之责也。学问有进步，风俗乃可以改良，泰之俗迷信最多，必教育明而后可去"。泰县国学研究社发起者初衷甚善，但学员的课艺、札记多囿于经史词章，少经世之作。课艺、札记后由夏兆麐汇辑成《国学研究社诗文选》，其卷一至三为文选，卷四为诗词选，多以泰邑人物、著述、古迹、物产、水利等为题。研究社的培才成效虽然不甚明显，但部分社长及评议员在整理、编辑地方文献方面所作的贡献值得称道。如马锡纯编撰《泰州乡土志》。韩国钧审校《[民国] 续纂泰州志》，编著地方文献丛书《海陵丛刻》。王贻牟总纂《[光绪] 续修泰州志》及《[民国] 续纂泰州志》。单毓元总纂《[民国] 泰县志稿》。（殷勇：《泰县国学研究社述略》，泰州市海陵区政协文史资料研究委员会编：《海陵文史》第14辑，第102—103页）

泰县国学研究社的日常活动，主要有三类。一、录取考试。第一次甄别考试在1922年5月举行，6月揭晓。

正副取各四十名。正取首名奖洋八元，第二名六元，其次四元、三元，递减至一千文止。计其奖金，约在百元。副取无奖。观所取人名，以学校生徒，暨小学教员占多数。其余一部份，则为强有力者。据内幕中人云，此回去取，实采名，而并不采文也。致一般老学究，屈落孙山，懊丧不置，甚有愤不可平，大骂主司无目之概。噫，以四十人而瓜分一百元之微，固不足以言利。社员之头衔，更不足为荣名，彼冬烘先生何戚戚为。虽然，此何足以资鼓励，徒多此举耳。(《国学研究社续志》，《时报》，1922年6月3日，第4张第16版)

1923年4月，在署西光孝寺举行甄别试验。知事郑辅东亲出题试，论题为"韩信说汉高取三秦诸葛亮说刘备取荆益论"。诗题为"春菜和东坡原韵"。是日以试时未封门，《时报》记者得以到场参观。发现：

> 自十余岁至鬓发苍白者，约八百人。有携试帖诗、八股文、律赋者，满场咿唔之声，大有二十年前制科风味。至日落清场，缴卷者仅三百有零。闻此次郑县长为普及与力倡国学起见，特行文各市乡学校，故与试者，尤多高小肄业生云。(《亭间国学声》，《时报》，1923年4月8日，第4张第16版)

> 报名者六百余人，而缴卷者只三百，余多曳白，诚辜雅意矣。有某君者，不知词章为何物，协韵调平仄，举未习也，硬将春日所有之菜蔬，青菜韭菜菠菜野菜类，胪列并陈，凑为七字。说者谓某君必好吃者，故能凑上如许菜名云。(《国学社甄别趣闻》，《时报》，1923年4月14日，第4张)

有录取某某卷中，称韩信单用一韩字，称诸葛亮单用葛亮二字。阅卷者戏题一律于上曰："先生先生太自由，古人与你为何仇。淮阴何罪曾枭首，汉相无辜竟断头。双字不如单字简，诸家承继葛家不。前茅高列殊堪笑，阅卷还应闭一眸。""按此诗颇觉滑稽。至于名姓之单用一二字，古人亦有此割裂，不足为某责也。"（《国学社之趣闻》，北京《益世报》，1923年4月30日，第8版）

二、值课月考。1922年6月，举行第二次值课，主课者为吴同甲（棣轩）太史。经题：中庸大经大本，郑氏礼注，程子经说，朱子牵句，解各不同，试择所从，引申其义。史题：修史之难，无出于志说。（题纸下，注为《文献通考》自序，引江淹语，此解可得）。记题：泰邑初立图书馆记。诗题：望海楼怀古，蓬莱阁怀古，不拘体。《时报》记者发现诗题却找不到所指何处。

> 但望海楼在城东南城墙上，巍然屹立，尽人皆知。独蓬莱阁为明代遗址，今已不存，作诗者寻遍兔园册子，莫知的地。有谓在城西泰山脚下者，有谓在察院中者。而且第一个经题，出于九经，或问本邑有此书者亦只二三家，腹笥便便之太史公，可谓恶作剧矣。（《国学研究社之研究》，《时报》，1922年7月3日，第4张第16版）

第三次课题，为"经学大家"刘显曾（诚甫）主课。首题：西汉两大儒贾子董子学术源流考。二题：推十合一为士说。三题：班师振旅颂。四题：海陵竹枝词，七绝不拘首数。《时报》谓：

> 各题皆有所指，惟第三题班师振旅四字，见《虞书·大禹

谟》，今特下一颂字，不知将颂舜禹欤，似无待颂。将泛颂古
之人欤，似不胜其颂。抑或颂今之吴玉帅欤，又似不值一颂。
吾腹笥便便之太史公，出此煌煌之大题目，敢请有以语我来。
（《泰县国学研究社三志》，《时报》，1922年7月24日，第4张第16版）

天津《大公报》则说考试题目"推十合一为士论"，语出孔子。
考友陈某，醉心新文化，振笔书曰："孔子诚圣人也，一言之微，
遂包括许多学问。既通算学，以为加减号。又通电学，以为号码数
目。"榜发时，阅卷刘君将陈取置第一。"群情大哗，谓如陈某所
言，实系孔夫子所梦想不到者矣。"（《考试趣闻》，天津《大公报》，1922
年9月28日，第3张第3页）

第四次值课，王贻牟（笠农）出题。包括：《左传》述息夫人
事，与《列女传》互异，以宗何说为是；《三国志》周瑜烧曹操于
赤壁，后来言赤壁者，异说纷歧，莫可究诘，试证以今地何在；弭
下河水患策；东山寺谒张王像七律二首，均用俞澄夫先生过东明寺
原韵。《时报》谓："惟所出之第三题，未免言之失当。盖近来下河
方忧旱荒，水患则为去年已过之事，彼何茫然若是耶。"（《国学研究
社四志》，《时报》，1922年8月20日，第4张第16版）

第五次值课，前清举人袁镰出题，包括：大学论，嘉定钱氏有
上下二篇，有与淮南格物同者，尚有余义未尽，请申论之；太史公
修《史记》，不虚美，不隐恶。班氏父子因其例而损益之，遂为史
家之宗。而王子师以为谤史，得无有偏心欤；柴虚赋，以吏部文章
二百年为韵；赋得半山松竹撼秋风，五言八韵；小西湖即景七律二
首。记者谓："惟第一题颇费解，且大学论不知出何处，无书不读

举人公，亦可谓恶作剧矣。"（《国学研究社五志》，《时报》，1922年9月19日，第4张第16版）

　　第六次值课，吴同甲出题。包括：今《毛诗》《左氏》《周礼》，各有传记，其与《春秋》共相表里说；徐陵庾信论；拟韩昌黎答柳河东论史书；秋获诗。记者谓"上次柴墟赋一题，查柴墟乃系吾邑储文懿公之别号，故一般社员难寻出处"。（《国学研究社六志》，《时报》，1922年10月16日，第4张第16版）

　　三、札记季课。据《时报》探得消息：

　　　　兹五大社长以月课尚未足以觇绩学之士之底蕴也，于是议决举行札记季课。报名者三百余人，人各一卷，卷面注明愿作或经，或史，或词章，或掌故，不出题目，自行拟文。三月后交卷，一俟评定甲乙，榜示通知，则领膏奖矣。风闻第一名有四十元之重奖云。（李星五：《国学研究社举行札记季课》，《时报》，1922年10月29日，第4张第16版）

　　又谓：

　　　　国学研究社，现新辟札记一门，为专研国学起见，不论经史子集，凡能有心得者，概可载之札记，送交社长品评，订其甲乙，而给以奖金。远近人士，皆可向该社言明领作，并不拘己取之人，真热心国学者也。（《国学研究社志闻》，《时报》，1922年10月28日，第4张第16版）

此外，泰县国学研究社还附设分社。泰县姜堰镇人刘麓孙以泰县知事创设国学研究社，以"造就国学人才"为宗旨，闻而继起，拟在当地创设支社。"其规模悉仿泰县，已与姜东税所长陈豫生君接洽，筹备进行，一切经费，概由私人筹集云。"（《拟组国学研究支社》，《时报》，1922年6月19日，第4张第16版）

泰县国学研究社引起姜堰人黄叔仁（黄同）不满，于1922年7月16日呈书江苏省教育厅，批评泰县国学研究社与小学文艺观摩会内容腐旧。该厅饬县查复，郑辅东并不理会，仍按月举行国学遥试。8月19日，黄叔仁再函请求取缔，奉复静候查办，郑辅东仍不具复。1923年，黄叔仁第三次呈函教育厅，阐明取缔的四大理由：一是"国学研究社每月举行遥试一次，据泰报所载月试各题，无一次无诗赋，即此可见该社专门研究腐词烂调，并非真正研究国学，名实不符"。二是"果真研究国学，则当改考试为演讲，若蹈科举时代之故辙，仅由主课者命题遥试，而遂谓应试者真能摸索国学真髓，此理绝无"。三是"仅有考试而无口授，已属浮光掠影，况今后生活日艰，重实行而不重空论"。而郑辅东"不指导社会去浮崇实，而反出此愚民手术，岂今后学子能复如旧时株守寒窗下耶"。四是"最难承认"者，与学制不符。"查新学制并无每县必设文社之规定，而设立学校乃为目前急务。该社月试出榜后，列取第一名者，给奖金八元，以次酌减，获奖者约有三四十人。"郑辅东"对地方呈请设学之呈文，每以无费拒却，独对该项文社，反不惜糜巨款以充奖金，设施倒置，伸莠妨苗。其实征诗文于学子，固无庸以金钱引诱。若为贪图奖金而应试，其价值更可想见"。于是，又一次"恳予饬查泰县国学研究社用款，究竟出于何项。并乞取缔该社，令将此款移归设学之用，以维教育而免妨碍"。(《再请取缔泰县国学研究社》，《新闻报》，1923年11月28日，第4张第3版)

泰县国学研究社的存废不仅涉及新旧教育的理念冲突，还关系经费争夺。1924年2月，江苏省教育厅派视学问荣生视察泰县教育状况，呈交报告指出：

> 查泰县知事按期召集学界人士，命题考试，评定甲乙，给以膏火，名曰国学研究社。调查内容，仅试验文字之优劣，与旧日书院月课无异，对于国学，并无研究方法及实在成绩。此于造就人才，无丝毫裨益，而普通社会十数年前之观念，因此复现脑海，入主出奴，于推行新教育至有妨碍。应请令饬停办，移其经费作教育用途，以免淆惑听闻。

教厅据呈省长核示，交付惩戒，给郑辅东记大过一次，转移经费举办"其他教育上之要需"。(《咨江苏省长黄同请停办国学研究社咨请查核办理文》，《教育公报》第11卷第11期，1924年12月30日，公牍)

另据报载，问荣生报告：

> 视察泰县教育状况，毫无进步。该县知事郑辅东，对于教育经费，事前事后，不肯切实整理，负责增筹，致积亏一万二千余元，无从弥补，现状诸多停顿。而教育行政，又复敷衍因循，毫无刷新气象，致该县教育废弛至此等语。

教厅"已综核省视学各县视察报告，教育状况之不良，当以泰县为最甚，应予惩戒，以为办学不力者儆。昨特呈请省长，将泰县知事郑辅东，予以惩戒"。（《苏教育厅重视地方教育》,《申报》, 1924年3月5日，第3张第11版）

　　然而，郑辅东除不遵厅令外，并提倡推广国学研究姜堰支社，"并多拨"地方公款，充该社奖金，以资鼓励。黄叔仁又函陈教厅，请严申前令，旋奉教厅5月21日函复，再次严令郑辅东，限期一律停办。（《咨江苏省长黄同请停办国学研究社咨请查核办理文》,《教育公报》第11卷第11期，公牍）报载黄叔仁以郑辅东"除不遵厅令外，并提倡推广是项国学研究支社，更备奖金，奖励前茅，荧惑学子，以致学校教员学生亦相率投考，不惜舍己芸人，旷废课业，关系该县教育前途至巨"为由，续函江苏省教育会，并经径函教厅，请再申前令，勿任违抗。（《再请撤销泰县国学研究社》,《新闻报》, 1924年6月1日，第5张第3版）黄叔仁的目的是使该社停办，将当地宝带桥船捐项下提拨该社常年经费1495元，由县教育局径呈教厅饬县，令其"将此船捐一成之数，拨充推广义务教育之经费"。（《请将泰县国学社经费扩充义教》,《新闻报》, 1924年6月3日，第5张第3版）

　　然而，黄叔仁月余后仍未见泰县国学研究社遵令停办，又函教厅详询。6月18日，教厅复称："查泰县国学研究社现奉省令，该社以通经致用为主，应准设立。"于是，黄叔仁直接致函北京政府教育部，历数时任江苏省长韩国钧的八宗罪。一是违反国家教育根本大法。"国家方励行学校制，科举早已罢废，乃省长纵任县知事托研究国学之名，恢复科举制之县试，荧惑学校教员学生。"二是违反国家教育改进大法。"国家提倡新教育，遇一切腐败学术，如咬文嚼字之类，则排斥之不遗余力，乃省长忍心害理，认此种遥试诗文论策之前清书院，以通经致用为主。"三是违反国家教育通行大法。"中央法令有系统的，非可任各地方自为风气。借使国家欲设此种文社，造就人才，亦应由大部颁行全国，一律推行，方不致引起教育上之纷歧。乃省长并未奉有中央命令，特于法外允许泰县一县设立此种文社。"四是违反国家教育设官大法。"国家特设教育厅，使之专司教育行政"，"厅长亦系中央命官，果对于地方教育有应行兴革之处"，应"直接呈请大部核示"。"此次蒋厅长以区区一县之腐败文社，予以取缔，呈请省示，已可了案。乃省长始则准如所请，饬县停办，继则翻其原案，准予设立。食言背信，自损价值"，实"不顾中央命官之威信"。五是违反国家推行义务教育大法。"国家方注重义务教育，苏省为之首倡，各县亦推行无阻。独泰县自设此社，子弟冀博奖金，趋之若鹜，遂阻其就学学校之思想，实为义务教育之一大障碍。"六是违反国家推行职业教育大法。"职业教育亦国家之所注重，泰县自设立此种文社，学生从事于腐词烂调，于一切农商工艺，有济世用之学术，概置不讲。长此以往，贻害青年，不堪设想。"七是违反国家推行平民教育大法。"国家提倡平民教育，亦发轫于吾苏，各县方极力谋此项经费。吾泰偏以有用之金钱，举办此无用之文社，其投考以攫取奖金者，皆非平民。此社蔓延，渐次分立支社，将使平民永无受教育之机会，即永无识字之一日。"八是违反国家注重女子教育大法。"女子教育，亦国家所殷殷注意者。泰县国学研究社专招男子，遥试其论文，且多诋毁时政，抱女子无才便是德之成说，谓国家不应兴办女学。"关键在于，该社性质模糊。"谓该社为私人设立耶，不应支拨地方公款，更何必由省署备案。谓该社为国家应准设立耶，宪法上已规定教育专章，不闻有此一条，该省长更何所依据，而自翻其核准厅呈之原案耶。"故请教育部令行江苏省长维持原案。10月7日，教育部咨文江苏省长查核办理。（《咨江苏省长黄同请停办国学研究社咨请查核办理文》，《教育公报》第11卷第11期，公牍）

在韩国钧支持下，泰县国学研究社及分社持续办理。1924年10月，姜堰分社假借文昌阁励材堂，命题考试。《新闻报》载："值课者为教育会某君，题乃千龄雅集摄影图记，（月前袁虬叟柬邀当地耆老，假公园作千龄雅集，并摄影以志盛）鞠有黄花义，诗题代庖二字，得迟字。与考者计有数十人之多，内有一事，可称趣史。有某生试毕，各题皆不作，于卷中题其诗云：无端茶话太纷纭，下笔知难敌万军。鞠有黄华归去赏，区区不想一千文。（考取者之奖金）诗题新颖费推敲，限韵迟迟漫代庖。纸赚三张君莫笑，平章风月返秋郊。"（松筠：《国学研究分社考试之趣谭》，《新闻报》，1924年11月4日，第4张第3版）

　　△　浙江省绍兴县同善分社附设国学专修馆。

　　绍兴同善分社"为培养道德，保存国粹起见"，遵循北京总社前例，已于日前上午九时开会成立国学专修馆。社员到者五十余人，学生四十余人。"首由张延庆报告设立国学专修馆宗旨，次社员贾鉴藩、张苍霖、周仲庠、张光耀等相继致训词。济济一堂，颇极一时之盛云。"（《同善社提倡国学》，《新闻报》，1922年5月2日，第2张第3版）

　　8月17日，绍兴县劝学所所长阮彬华向县公署转呈国学专修馆备案请求。绍兴县国学专修馆文学预备科创办人张苍霖等在呈文中，历数北京同善社呈请教育部、陆军部创设国学专修馆之事，声称已经遵照章程，自行在绍兴县锦麟桥地方同善分社内设立国学专修馆文学预备科，呈送简章转呈知事备案，并准给示保护。署名者还有张生渭、陈燮枢、张景帆、马瀛洲、马春煦、俞廷禄、杨祖同、应景福、张德奎、周培贤、许可、李法成、胡德辉、杜良容、张光祖、孟士刚、赵国琛、贾鉴蕃①、张禹鼎、俞诗兴、马鹏飞、陶维新、孔庆华、潘闿庆、言金瑞、周顺章、郑智亮、徐良孝、张征明、李士铭、张厥耆、魏孝先、冯镐。（《绍兴县公署指令第七二六号》，《绍兴教育公报》第18号，1922年9月16日）

9月3日，县知事尹圻指示阮彬华称，国学专修馆乃"研究古学起见，尽可自行开办"。"惟查部定各学校规程并无此项规定，不必备案。所请布告，随令附发。仰即查收，转给张贴。"（《绍兴县公署指令第七二六号》，《绍兴教育公报》第18号，第4页）

5月2日 报载浙江省教育会邀请章太炎到杭州讲演国学。

在章太炎上海演讲国学之初，杭州各学界领袖委托章仲明"绍介"，敦请章氏到杭州，在浙江省教育会讲演国学一星期。（《杭州快信》，《申报》，1922年5月2日，第3张第10版）

此外，东南大学亦"定下学期请章太炎来宁讲学"。（《南京快信》，《申报》，1922年5月9日，第3张第10版）

5月6日 章太炎国学演讲第六讲，主题是"哲学之派别"。

午后四时，章太炎仍在职工教育馆作第六次讲学。

据闻章氏此次讲学，虽每星期一次，每次两小时，然其撷

---

① 《绍兴教育公报》写作"贾鉴蕃"，前引《新闻报》作"贾鉴藩"。

菁采华，用极浅易之说法讲授，引初研国学者之入其门径。苟
能继续听讲，十次讲毕，于国学之大概情形，可以明白，胜闭
户读书三年焉。座次仍以先到者尽前云。（《章太炎今日第六次讲
学》，《申报》，1922年5月6日，第4张第13版）

据曹聚仁记，章太炎交代使用"哲学"名词的原因：

"哲学"一名词，已为一般人所通用，其实不甚精当。
"哲"训作"知"，"哲学"是求知的学问，未免太浅狭了。不
过习惯相承，也难一时改换，并且也很难得一比此更精当的。
南北朝号"哲学"为"玄学"，但当时"玄""儒""史""文"
四者并称，"玄学"别"儒"而独立，也未可用以代"哲学"。
至宋人所谓"道学"和"理学"，是当时专门名辞，也不十分
适用。今姑且用"哲学"二字罢。

**国学中归属哲学的领域及其深浅关系，最接近的是九流、宋明
理学。**

讨论哲学的，在国学以子部为最多。经部中虽有极少部分
与哲学有关，但大部分是为别种目的而作的。以《易》而论，
看起来像是讨论哲学的书，其实是古代社会学，只《系辞》中
谈些哲理罢了。《论语》后人称之为经，在当时也只算子书。
此书半是伦理道德学，半是论哲理的。九流的成立，也不过适
应当时需求。其中若纵横家是政客的技术，阴阳家是荒谬的迷

信，农家是种植的技艺，杂家是杂乱的主张，都和哲学无关。至和哲学最有关系的，要算儒道二家；其他要算法家、墨家、名家了。（章太炎先生演讲、曹聚仁编：《国学概论》，第55—76页）

张冥飞记章太炎演讲云："哲学之名词，为今日一般人所通用，然考之实际，尚不甚适当。惟求一较善之名词，亦不可得耳。"（张冥飞：《章太炎的国学演讲录》，第115页）《申报》载章太炎演讲云："周秦以迄宋明，其学说之最新者，谓庄子为颜渊之一派。以《庄子》中虽有非孔之处，而于颜渊则阐扬最精，如心斋之类。唐代哲学，只有韩愈、柳宗元、李翱三人，内以李为最佳。"次讲宋代朱、陆，次讲王阳明。是日"发挥尽致，直至六时余始止"。哲学派别仍未完毕，俟下期续讲。（《章太炎讲学第六日纪略》，《申报》，1922年5月7日，第4张第13版）

5月9日　北京大学研究所国学门感谢沈尹默、吴虞、陈钟凡等赠书。

沈尹默赠日本帝国大学文学部考古学研究报告二册。吴虞赠《其中堂发卖书目》一册，《骈文读本》一册，《文字源流考》一册，《古书流通处旧书目》三册，《杂言诗录》一册，《今古学考》一册，《西籍概论》四册，《群经大义》一册。陈钟凡[①]赠《尔雅释例》一部。直隶省立图书馆赠统计表二册。（《研究所国学门布告》，《北京大学日刊》第1022号，1922年5月9日，第4版）

5月12日　北京大学研究所国学门新到日文杂志《史林》第

---

① 原文误为"陈凡钟"。

七一、七二两号。（《研究所国学门布告》,《北京大学日刊》第1026号,1922年5月13日,第4版）

5月13日　章太炎作国学第七讲,讲完"哲学之派别"。

是日续讲元朝以来哲学派别。据曹聚仁记,章太炎最后比较中外哲学,总结四派,即古代九流、宋明理学、印度佛法和欧西哲学四种。欧西哲学都是纸片文章,全是思想,并未实验。讲惟心论,看着的确很精,却只有比量,没有现量,不能如各科学用实地证明出来,因而不是学问。宋明诸儒与欧西哲学专讲空论不同,虽然口头讲的原有,但能实地体认出来。理学家强分"儒释之界",过于执着,不如孔子"真如心"的境界。而佛法的奥妙和九流"可以并驾齐驱",故"九流实远出宋明诸儒之上,和佛法不相出入"。学习哲学的途径,应由浅到深,从宋人入手。直接研究佛法,容易流入猖狂。"古来专讲佛而不讲儒学的,多不足取。……因为研究佛法的居士,只有五戒,在印度社会情形简单,或可维持;中国社会情形复杂,便不能维持了。"（章太炎先生演讲、曹聚仁编:《国学概论》,第76—93页）

张冥飞记章太炎云:"欧洲近代,有所谓唯心派者,太理想而无实验,佛学所谓有比量而无现量也。总之,佛说多备于我国历代之哲学家,然今之讲佛学者,轻名节而不顾,亦未免缺点矣。"（张冥飞:《章太炎的国学演讲录》,第139—140页）

本次讲演六时半结束。"历述元代以来之哲学家,阐发宗派,极为详尽。在有统系之听讲者,实觉津津有味。"（《章太炎讲学第七日纪》,《申报》,1922年5月14日,第4张第14版）

△　北京大学研究所国学门感谢吴虞惠赠《史存》一部,《杨

文忠年谱》一册。(《研究所国学门布告》,《北京大学日刊》第1027号,
1922年5月15日, 第4版)

5月15日　陈望道以章太炎国学讲演听讲人数日渐减少为据,
批评国学不宜公众讲演。曹聚仁撰文反驳, 二人发生争论。

陈望道颇以周作人所谓国学只宜于专科教授, 不宜于公众讲演
的评论为然, 当时"也曾做了一点文章, 只是未曾发表", "至于现
在, 已有事实证明, 可以无需发表了"。以听众人数减少为证据, 说:

> 我最初听见说, 因为地太小, 改移在可以坐一千人的地
> 方。新移时, 这坐一千人的地方也还怕得不到位置。但过了一
> 次, 说只有七百人了。又过了一次, 说只有四百人了。又过了
> 一次, 说只有二百人了。今天替他笔记的曹聚仁君来说已经只
> 有六十人。

人数日少"或者可以作不宜于公众讲演的一个证明", "不然,
却是为何?"(晓风:《国学不宜于公众讲演的一证》,《民国日报·觉悟》,
1922年5月15日, 第4页)

曹聚仁批评周作人之言"凭理论", 陈望道则是"凭臆测", 都
与事实和理想不符。指出讲演可分"普通讲演"和"学术讲演"两
种。"国学固不宜于普通讲演, 和学术讲演是很相宜的。"就事实上
而言, 章太炎此次讲演国学, 是学术讲演, 也是有公众需求的讲演
之一。"太炎先生久不讲学, 要想请他专科教授, 事实上恐怕有些
办不到。并且一般想研究国学的人, 多没进大学的希望, 太炎先生
就算允许专门教授, 如何能满足贫士的缺望。""太炎先生的主张,

在他的著作里都已包容净尽，我们本可以从他著作里去求，但太炎先生文简意深，字古词奥，要想研究，谈何容易。这次讲演，能把纲领明白告诉我，真是和听者相宜极了。""据上看来，国学和公众讲演本没有什么不宜，而太炎先生的国学，更非讲演不可。"辩称："人数递减，并非不宜公众讲演的证据，其中别有主因。"一是声浪和方音。"太炎年老气衰，不能发明朗的声浪，听者稍在后列，便不明白，这是使听者乏味大原因。讲演用杭音，很不普通，又使听者不懂他的意思，也可以使听者裹足不前的。"二是日期和时间。"每星期六讲一次，递延太久，不能使听者恒久。讲演下午四时开始，常至六时告终，听者时有久待和肚饥之苦。"三是地点问题。"中华职业学校偏处南隅，奔驰不便，听者都感着许多苦痛。"（曹聚仁：《国学与公众讲演——质晓风、仲密两先生》，《民国日报·觉悟》，1922年5月16日，第3页）

陈望道反驳称，曹聚仁所说第一主因有点像，可惜不全像。

> 他该证明后来缺席者尽是号数在后列的人；又该证明缺席者，尽是不懂浙江话的人。而且要证明：太炎先生的声浪可是只能使六十人听见；可是只能使六十人懂得。又该证明：何以到这次才减至六十。

第二主因较可听信，只是若真为当面听讲所需要，"久待"当更渴望，"肚饥"当所不恤。曹聚仁的坚持本身，就是明证。第三主因毫无理由，中华职业学校电车四达，并非不便。"臆测"国学不宜于公众讲演的原因，共有两点："一、不是公众现代的需求；

二、怕有人要借此谣传复古。这两者或者都不免是'臆测'或'杞忧'，但也不免是可以有的见解。……至于人数问题，原不过只是'一证'罢了。"（晓风：《国学不宜于公众讲演——答曹聚仁君》，《民国日报·觉悟》，1922年5月16日，第4页）

章太炎虽然不能忘情于政治，但亦不以上海都市的喧嚣环境和功利风气为然，转而向往苏州。报载：

> 章太炎氏迩来厌弃政治，专事研究学术。近在本埠公开演讲，颇受学子欢迎。此间演讲完毕后，尚须赴杭州教育会演讲之约。章氏本寄寓沪上，现因此间过于烦嚣，颇思去而之他。闻现已托其友人在苏州购置相当房屋，以便专心典籍，避免政治之牵累与烦闷云。（《章太炎将卜居苏州》，《申报》，1922年5月20日，第4张第13版）

5月22日　教育部同意将部属历史博物馆所存清内阁大库档案移交北京大学研究所国学门和史学系代为整理。

北京大学研究所国学门主任沈兼士商请北大校长蔡元培同意，于5月12日呈请教育部，内称：

> 窃惟史学所重，尤在近世史，良以现代社会，皆由最近世史递嬗而来，因果相连，故关系尤为密切。外国中等学校历史教科书，自古代以至近世史占其半，最近世史亦占其半。吾国史学，首推司马迁，其作《史记》，自黄帝以至秦楚之际，篇数占其半，汉代亦占其半；班固首创断代史，实亦为其最近世

史。自是厥后，每当易代之际，首以修前代史为最要，诚知所重也。方今吾国最近世史，自当起于清代，民国以来，虽有清史馆之设，然前代修《明史》，约经六十年而后脱稿，清史之成，恐亦遥遥无期。本校研究所国学门及史学系知近世史之重要，特设专科研究，现正广搜材料，用科学之方法，作新式之编纂。稔知教育部历史博物馆收藏明末及清代内阁档案，如奏本、誊黄、报销册、试卷等甚伙，皆为清代历史真确可贵之材料，世人于此，均欲先睹以为快。惟是此项档案，积久尘封，卷帙又复繁重，整理良非易事，虽经该馆派员整理多年，迄未蒇事，良以此事非有多数具有兴会之人按日排比，断难克期成功。现在本校对于清史材料，需要甚殷。拟恳钧部将此项档案全数拨归本校，即由史学系、研究所国学门组织委员会，率同学生，利用暑假停课之暇，先将目录克期编成，公布于世，以副众望。然后再由专门学者，鉴别整理，辑成专书。如此办法，较为轻而易举。尚祈钧部顾念近世史之重要，史料之难求，准如所请，批示遵行，实为公便。（《呈请教育部拨历史博物馆所藏清内阁档案为北京大学史学资料文》，《北京大学日刊》第1036号，1922年5月25日，第2版）

5月22日，教育部批准北大呈文：

该校研究所广搜材料，以为编纂近世史之预备，既可有益史事，且使该馆所存有问题历史之材料，亦得具有统纪，用意甚善，应准照办。除令知历史博物馆派员协同办理外，仰即派员至该馆接洽拨交事宜，并明定期限于暑假期内将目录克编宣布。一俟整理成书，仍将原件送还该馆，以资保存。(《教育部指令第九九九号》,《北京大学日刊》第1038号，1922年5月27日，第1版）

同日，北京大学致函历史博物馆称："本校日前呈请教育部将历史博物馆所藏明末及清代档案拨校编订，曾奉指令照准在案。兹特派本校史学系主任朱教授希祖、研究所国学门主任沈教授兼士、史学系讲师马衡三人前赴贵馆接收，希即派员接洽一切为荷。"(俞建伟、沈松平著：《马衡传》，第34页)

5月25日，北京大学派史学系主任朱希祖、国学门主任沈兼士、史学系讲师马衡三人前往历史博物馆办理接收事宜。(《致历史博物馆》，王学珍、郭建荣编：《北京大学史料）第二卷中册，北京大学出版社，2000年，第1518页)

当时陈垣担任教育部次长，全力支持，5月25日派专员监督正式移交工作。本月，北京大学研究所国学门和史学系组织明清史料整理会，陈垣任委员。(刘乃和、周少川、王明泽、邓瑞全：《陈垣年谱配图长编》，辽海出版社，2000年，第122、124页)

6月17日，朱希祖、沈兼士、马衡、单不庵、杨栋林及研究所国学门同人将历史博物馆所藏明清档案搬运完毕，全部61木箱，共计1502袋，分藏第一院和第三院。此外尚有殿试卷及誊黄中之已经该馆编有草目者，均未搬运。已商准该馆将草目借给北大抄一副本。沈兼士以"此次搬运来校之内阁档案，卷帙极繁，非集合多数具有学识有兴会之人，共同整理，颇难克期奏效"，因而请示蔡元培"关于此事之进行办法"。(《研究所主任沈兼士先生致校长函》,《北京

大学日刊》第1065号，1922年6月19日，第2版）

6月26日，蔡元培邀请朱希祖、胡适（教务长）、谭仲逵（总务长）、李大钊（图书馆主任）、沈士远（庶务主任）、杨栋林、何炳松、陈汉章、马衡、沈兼士、单不庵、马裕藻、黎稚鹤、黄仲良、胡文玉等15人，于6月28日在第一院接待室开会，讨论整理办法。（《与胡适等通知》，高平叔编：《蔡元培全集》第四卷，第209页）6月29日，蔡元培致函朱希祖、陈汉章、沈士远、沈兼士、胡适、杨栋林、马衡、单不庵、刘叔雅、钱玄同、何炳松、李泰芬、马裕藻、沈尹默，暂定于7月3日开始整理。（《与朱希祖等通知》，高平叔编：《蔡元培全集第四卷》，第210页）

5月26日　郑天挺报名北京大学研究所国学门文字学研究员，经国学门委员会审查合格。

郑天挺，福建长乐人，北大国文学系毕业，题目是音义起源考。（《研究所国学门布告》一，《北京大学日刊》第1037号，1922年5月26日，第1版）

本日，北京大学研究所国学门感谢王畹薇赠《王塘南先生友庆堂合稿》一部，《自考录》一部。（《研究所国学门布告》二，《北京大学日刊》第1037号，第1版）

5月27日　章太炎国学讲演第八讲"文学之派别"。

此次讲演原定5月20日举行，因当日中华职业教育社在职工教育馆举行年会，江苏省教育会特商请章太炎延会一期，并登报广告听讲者，改本日起继续开讲。（《国学讲演延会一期》，《时报》，1922年5月20日，第3张第6版；《章太炎延期讲演国学》，《新闻报》，1922年5月20日，第3张第1版；《章太炎讲学展期续闻》，《申报》，1922年5月20日，第4

张第 13 版）午后四时，章太炎在职工教育馆讲，六时后停讲。(《会务录要》，《江苏省教育会会务月报》，1922 年 5 月，第 7 页）

　　章太炎阐述"文学"的含义及古今差异。据曹聚仁记云："据我看来，有文字著于竹帛叫做'文'，论彼的法式叫做'文学'。文学可分有韵无韵二种：有韵的今人称为'诗'，无韵的称为'文'。古人却和这种不同。""有韵在古谓之'文'，无韵在古谓之'笔'了。不过做无韵的固是用笔，做有韵的也何尝不用笔，这种分别，觉得很勉强，还不如后人分为'诗''文'二项的好。"必须注意的是，"古时所谓文章，并非专指文学"。"文章就是礼乐，后来范围缩小，文章专指文学而言。"至于诗文的内容，"文学中有韵无韵二项，后者比前者多"。文的分类有集内文和集外文两种，集内文包括记事文、论议文，记事文有传、状、行述、事略，书事、记，碑、墓志、碣、表，论议文有论、说、辨、奏、议、封事，序、（题词）跋，书；集外文包括子、史、经，和数典之文、习艺之文两类。"我们普通讲文，大概指集部而言；那经、史、子文非不佳，而不以文称。"依时序阐述文学派别流变，强调："我们平心论之，文实在不可分派；言其形式，原有不同，以言性情才力，各各都不相同，派别从何分起呢？"（章太炎先生演讲、曹聚仁编：《国学概论》，第 94—110 页）

　　5 月 31 日　高荣魁报名北京大学研究所国学门中国史学研究员，经国学门委员会审查合格。

　　高荣魁，京兆大兴人，北京高等师范毕业，现为中国大学教员，研究题目是西北民族对于中国之关系。(《研究所国学门布告》，《北京大学日刊》第 1042 号，1922 年 6 月 2 日，第 1 版）

6月1日　北京大学研究所国学门公布本学年所购图书目录。

计有清缪荃孙撰《艺风堂金石目》十八卷八册，光绪丙午年刊。清杨守敬撰《望堂金石初集》《二集》各六册，宜都杨氏飞青阁刊本。罗振玉撰《集殷虚文字楹帖》一册，辛酉二月上虞罗氏贻安堂影印。清王昶撰、罗振玉重编《金石萃编未刻稿》三册，宣统戊午二月刊。清朱枫撰《古金待问录》四卷二册，光绪庚寅二月常熟鲍氏后知不足斋校刊。清刘心源撰《古文审》八卷四册，光绪十七年四月嘉鱼刘氏龙江楼刊本。清孙诒让撰《古籀拾遗（附宋政和礼器考）》（经微室著书之一）二册，光绪戊子重刊。清黄易撰《小蓬莱阁金石文字》四册，嘉庆五年刊本。王襄撰《簠室殷契类纂正编存疑》四册，民国九年刊行。清陈寿卿所藏陶器拓本八册。日本林泰辅撰《龟甲兽骨文字》二册，椎古斋刊本。清朱善旂撰《敬吾心室彝器款识》二册，光绪三十四年刊。仓圣明治大学刊行的《周金文存》六册。日本国华社之《西域考古图谱》两函，大正四年五月印行。清孙诒让撰《籀膏述林》十卷四册，光绪五年刊本。林义光撰《文源》十一卷三册，民国九年刊行。清吴荣光撰《筠清馆金石录》五卷五册，道光二十二年刊本。罗振玉辑《云窗丛刻》九种九册，罗氏刻本。叶德辉撰《书林清话》十卷凡五册，观古堂本。明刘履撰《选诗补注》共十册，其中《选诗补注》八卷，《选诗续编》四卷，《选诗补选》二卷，明养吾堂本。《徐骑省文集》三十卷凡八册，南陵徐乃昌影宋明州本。《经进东坡文集事略》六十卷凡二十册，上海蟫隐庐刊本。明胡震亨撰《唐音癸签》三十三卷凡四册，原刻本。清陈春辑《湖海楼丛书》凡三十二册，湖海楼刻本。清缪荃孙辑《对雨楼丛书》凡五册，江阴缪氏刻本。清缪荃孙辑《藕香零拾》凡三十二册，江阴缪氏刻本。廖季平撰《六益馆丛书》凡六十四册，四川存古书局刊本。《心矩斋丛书》凡二十册。共二十八种，二百七十九册。（《研究所国学门布告》，《北京大学日刊》第1041号，1922年6月1日，第1版；《研究所国学门所购图书目录刊误》，《北京大学日刊》第1042号，1922年6月2日，第4版）

　△　曹聚仁为笔录章太炎演讲的《国学概论》撰成《小识》，说明章太炎演讲国学符合研究国学的四种目的和需求，主张用批评眼光对待。

　　曹聚仁记录并印行章太炎演讲的目的，是使国学更加普遍。

　　　　任在何时何地的学者，对于青年们有两种恩赐：第一，他运用精利的工具，辟出新境域给人们享受；第二，他站在前面，指引途径，使人们随着在轨道上走。因此可以说：学者是青年们的慈母——慈母是兼任饲育和扶持两种责任的。太炎先生是当代的学者；我们读他所著的《文始》《国故论衡》《齐物论释》《新方言》《小学问答》等书，就可明白他辟出多少灿烂的境地！先生以前在东京、北京，这次在上海，把国学为系统的讲明，更可见他对于青年们扶掖的热忱。

　　"学术界近来颇有研究国学的倾向，确是好的现状。但是大部分对于为什么要研究国学这个先决问题，还是持迷离混沌的态度，或者竟是盲从的。"讲演会第一次，曹聚仁就听到两种自以为妥适但可怪的论调：一是"西洋人研究中国国学的很多，我们对于自己的国学，那可不研究？"二是"当代有太炎先生这么淹博的国学学者，我们那可不赶快去研究？"类似论调很危险，"因为他们根本上没有明白国学是个什么，也没想到去研究国学的原因；只不过因循的盲从，胡乱提倡些国学，做冒牌的圣人之徒，替青年造成进化的障壁"。

"中国数千年来，不是没有讲论国学的人，却很少真正研究国学的人；所以国学愈讲愈失其真，荆棘蔽途，苦煞后生小子！"故现在研究国学，必须"澈底了解研究国学的主因"，才能"得着效果"。国学研究至少有四层目的：一是解决国学内容的取舍问题，取其精华，去其糟粕。二是将没有条理的国学整理清楚，分析出政治、哲学、伦理、宗教以及其他各种科学，使人观察明白，得到好处。三是找出国学的真面目，打倒那些以国学为护符，把孔老夫子作撑门面，将国学变成"糟粕形式呆板教条"的军阀和老顽固，使想要接受新人生观的大部分青年，不再感受到社会上旧势力的压迫，解除灵肉两方面的痛苦。四是找出国学和西方文化沟通化合的办法。"太炎先生讲国学，的确是使我们满足求知欲望，并且是适应这四种需求的。""但是，我们一方面完全承受先生的讲演，一方面却须用批评的眼光去观察，要记牢'我爱先生，我更爱真理'一语。"（章太炎先生演讲、曹聚仁编：《国学概论·小识》，第1—5页）

△ 吴文祺在《时事新报·学灯》发表《整理国故问题》《近代国学之进步》等文，强调国故研究以整理文字为先，指称近代国学以胡适、章太炎、王国维、朱丹九、梁启超为中心，明显为其父朱丹九之《读书通》张目。

《整理国故问题》谓现在头脑较为清楚的一些学者，渐渐知道整理国故的必要，"整理旧籍"和"输入新知"并重，而真能用科学方法做一番整理功夫者却无几个，只让头脑已死的守旧党，胡言乱道地大说"保存国粹"。理由有四：一、"懂科学方法的人，对于国学，未必有研究；研究国学的人，未必懂得科学方法。"二、"现在求学的人，往往存一个狭义的功利观念。他们不是'为学术而治学术'，不过把学问当一种得富贵利禄的手段，目的一达到，手段不要了！（留学生中，研究法制经济的很多，研究哲学和自然科学的就很少了。）研究国学的人这样少"，也是中了这种"狭义的功利观念的毒"。三、"虽然有少数之尤少数的人，懂得西洋的科学方法，而且对于国学，也很有研究，不过他们现在正努力做输入新知的功夫，以其余力来整理国故，效力终是有限的。"四、"盲目的趋时者，事事模仿欧美，方以'学得不像'为耻"，不肯"谈及国故"，"其实他们本来不配谈国故！"

　　从方法上说，整理国故的确太困难。"中国的古书，真难读到极点。不懂得考订学（Higher Criticism），便不能辨书籍的真伪；不懂得文字学（Philology，包括形音义三者而言），便不能了解古书中的意义；不懂得校勘学（Textual Criticism），便不能订脱讹的文字。因此，虽然有志整理国故的人，也不免要'望洋兴叹'，知难而退了。"其中，又以文字方面为最甚。"因为古书中的别体、异文，非常之多。再加之'音近通转''形近沿讹'之字，真如一团乱丝，无从理起。"大量例子证明，古书有许多"同""通""讹""变"的文字，使人难以了解书中的意义和思想。"清代的朴学家，虽已做了一些整理的事业，可是大都为一书做注解，不能遍及群书。——就算不是以一书为范围，也都只是平行式的记载，支离破碎，没有系统条理"，不能把相关的文字"从一条曲线中很明白地表示出来。

且各家著述既多，立说各异。五花八门，真所谓'治丝而棻'"。只有"把古今来的同、通、讹、变的文字，荟集一处，不用字形分部之法，以辞典的形式，类而辑之"，才能使后人整理文字，"简便得多"。（吴文祺：《整理国故问题》，《时事新报·学灯》，1922年6月1日，第2—4页）

《近代国学之进步》则谓自汉以后，学术之盛，莫过于近三百年。以国学论，经学史学，皆足以凌驾前代。然其尤卓绝者为小学，如高邮王氏、栖霞郝氏之于训诂，休宁戴氏、嘉定钱氏之于音韵，歙县程氏之于名物，金坛段氏之于说文，皆足以上掩前哲。余如孙渊如、洪筠轩、何义门、纪晓岚、吴兔床、毕秋帆等，皆钻研小学，铅椠毕生，虽不逮王钱戴段之博大精深，但远超乎汉唐学者。

> 近人章太炎治小学有心得；其训诂学胜〈王？〉氏，音韵学胜戴钱，文字学则又胜段氏，盖集小学之大成者也。其所著《文始》《国故论衡》《检论》诸书，多发前人所未发。……然太炎门户之见甚深，治文学则宗说文而斥彝器龟甲，治经学则信古文而非今文，百纯一疵，要不必为贤者讳。欲求其有百纯而无一疵者，曰：绩溪胡适之。胡氏学有渊源，兼精西洋哲学。以新知附益旧学，遂益闳肆。其所著《中国哲学史大纲》《墨子哲学》诸书，内容之精博详实，可称叹观止矣！他若海宁王静庵、朱丹九两先生，及新会梁任公先生，亦皆博通今古，卓然成家。……要之现代实国学之黄金时代也。（现代治国学者，当以胡章王朱梁为中心，其他虽尚不乏博雅之士，然未有出胡章……诸君之右者。）

本文"略述国学之源流，及其进步之历程"，"亦欲以破妄人言国学退步者之谬说耳"，实际仅在重点介绍王国维"由声音文字上而考定鬼方昆夷獯鬻猃狁之为同实异名"等学术贡献后，由王国维"重双声而不重叠韵"，推介朱丹九有关双声叠韵的书。"以两字联绵之词类为本位，普遍易识之词类冠其首，古来同通，讹变之词类次其下"，寓有"大胆假设，小心求证"的"科学之精神"。（吴文祺：《近代国学之进步》，《时事新报·学灯》，1922年7月4日，第1—2页）

泾县茂林人吴作民7月12日在本地圣公会读到吴文祺一文，撰文批评其"把胡适当做活偶像"。"我想胡先生自己犹不能说'我是百纯无一疵的'；因为学问是无止境的，一天有一天的'应当改良'，一天有一天进步，没有一个学者配称达到'百纯无一疵的'地步。"无论观察物质还是精神，角度不同，所见总不能完全一致。没有绝对的学说，也没有能够传百世而皆准的理义，都为努力进化留下可能。对于学者，"总要给他一条向前驱的路子，不能把他闭死"。奉劝学者"莫喜爱世俗的崇拜"，因为"崇拜里面留藏着害死你的毒药"。（吴作民：《"百纯而无一疵"》，《时事新报·学灯》，1922年7月25日，第3—4页）

6月5日　北京大学研究所国学门感谢单不庵赠《文渊阁志》三册和苏甲荣赠《中国地理沿革图》一册。（《研究所国学门布告》，《北京大学日刊》第1045号，1922年6月6日，第1版）

6月10日　章太炎国学讲演第九讲，续讲"文学之派别"，地点改回江苏省教育会会场。

本次讲演原定6月3日，因章太炎有要事，不克临讲，遂延会一期。《申报》载："本日为第九次讲学之期，仍定于午后四时起，在职工教育馆开讲。凡领券听讲者，应准时前往。并闻此次讲学，预定十次讲完，故有志研究之士，咸愿于此最后两期内，前往听讲，以示有始有终云。"（《章太炎九次讲学预报》，《申报》，1922年6月3日，第4张第13版）6月4日，又载："昨午后四时，往听讲者陆续到场，教育会职员先派车往接，至四时半，车夫持章氏回片云：章先生刻因实有特别要事，不克临讲。沈信卿氏遂即当众宣布情形，并表示事出临时，不及预告，致劳跋涉，良深歉仄，还祈下期仍到听讲云云。"（《章太炎讲学停讲一期之原因》，《申报》，1922年6月4日，第4张第13版）据江苏省教育会职员说："地点前因听讲者源源而来，故迁往职工教育馆。兹经数次之考察，现在常来听讲者，即江苏省教育会会场，亦足容纳。故本期起，仍改在西门外林荫路江苏省教育会讲述矣。"（《章太炎讲学确报》，《申报》，1922年6月8日，第4张第14版）

　　10日午后四时，仍在职工教育馆续讲文学之派别，六时后停讲。（《会务录要》，《江苏省教育会月报》，1922年6月，第5页）此次演讲，主要内容是有韵文。章太炎认为，诗至清末穷极，穷则变，变则通，若不向上努力，便要向下堕落。向上努力就是直追汉晋，向下堕落就是近代白话诗。提倡白话诗的人自以为从西洋传来，其实中国古代也曾有过白话诗。例如，唐代史思明是夷狄，其子史朝义称怀王。有一天史思明高兴起来，咏一首樱桃的诗："樱桃一篮子，一半青，一半黄，一半与怀王，一半与周贽。"那时有人劝史思明，把末两句上下对调，作为"一半与周贽，一半与怀王"，便与"一半青，一半黄"押韵。史思明认为周贽是臣，不能在怀王之上，太炎遂调侃史思明"可算白话诗的始祖罢。"照今日白话诗的主张，也可以说"何必用韵呢"。（章太炎先生演讲、曹聚仁编：《国学概论》，第

110—128 页）

△　北京大学研究所国学门布告从日本寄来一批杂志目录。

计有《其中堂发卖书目》两册。《古典聚目》第九十四号一册。《新刊月报》两册。《书籍新报》第十七号一册。《史学杂志》第五号一册，日本史学会发行。《文艺》第十三年第五号一册，京都文学会。《史林》第七卷一二两册。(《研究所国学门布告》，《北京大学日刊》第 1050 号，1922 年 6 月 12 日，第 1 版)

6月11日　曹聚仁致函章太炎，批评国学演讲以有韵与否作为诗文界限的观点。

函称感谢章太炎以"海内物望，造就淹博"，是青年"引领以望之慈母"。此次尤不胜劳顿，以《国学概论》"昭示治国学之途径，复明告以国学之概况"。惟立论或有偏激之词，对白话诗有所"误会"。"日昨先生论及白话诗一段，听者有掀髯而喜者，诚以先生之声望，益以先生之主张，附会周纳之，自易动人一时之听，彼是以欣欣然有喜色也。"坚执以有韵无韵为诗文区分的标准，不是"平允之论"。诗文之分，"不在形式，精神上自有不可混淆者在"，即"诗言志"。"盖文之为用，乃在敷陈事实。而诗则言志，即近人所谓'人生之表现'也。"古诗表现人生，已成为诗。语体诗表现人生较切且深，纯任自然，不拘泥于韵的地位，句的长短，自亦得谓之为诗。若以语体诗句有长短病之，则《诗经》中之句有长至十三字短至四字者，不能独独苛责语体诗。"是故统观一切，语体诗确有在诗坛占重要地位之价值，先生胡为而摈之？抑更有进者，语体诗在草创之初，何能责望其必完美无疵。若审其有存在之价值，则明哲若先生，亦应扶将补苴，以底于成矣。"（章太炎先生演讲、曹聚仁

编：《国学概论》附录，第4—7页）

章太炎复函强调"中国自古无无韵之诗"。"若夫无韵之作，仆非故欲摧折之，只以诗本旧名，当用旧式，若改作新式，自可别造新名。如日本有和歌、俳句二体：和歌者，彼土之诗也；俳句者，彼土之燕语也。缘情体物，亦自不殊，而有韵无韵则异，其称名亦别矣。""必谓依韵成章，束缚情性，不得自如，故厌而去之，则不知樵歌小曲，亦无不有韵者，此正触口而出，何尝自寻束缚耶？绝句不过二三韵，近体不过四五韵。古体语虽烦复，用语转换，亦得自由。惟词之用韵稍多，而小令亦只数语，绝无束缚情性之事，若并此厌之，无妨如日本人之称俳句。若不欲用日本名词，无妨称为燕语，不当以新式强合旧名，如史思明所为也。苟取欧美偶有之事为例，此亦欧美人之纰漏耳，何足法焉。"（《答曹聚仁论的话诗》，《华国月刊》第1卷第4期）

曹聚仁晚年回忆听章太炎国学演讲的体会，仅关注两人讨论诗韵关系。"他又举史思明的《樱桃诗》为例。沈信卿裂开大嘴，哈哈大笑；那正是白话诗流行的季候，太炎先生嘲笑了白话诗，沈信卿大为得意。其实太炎先生对于诗歌见解，素来如此。他嘲笑江西诗派，也同是这个说法，沈信卿还不必那么得意的。"如《国故论衡·文学论略》云："文学者，以有文字著于竹帛，故谓之文：论其法式，谓之文学，凡文理，文字，文辞皆称文。……是故榷论文学，以文字为准，不以文章为准。"这是"广泛的文学定义，和亚诺德的主张，几乎完全相同，而和阮元正走了相反的路。我们可以想见骈文家和史学家之间有多么长的距离。——太炎先生的学问，有如一根大树，枝枝节节是无从了解他的。还是说他《四书》《五

经》无所不通，让他莞尔微笑罢！"（曹聚仁：《曹聚仁杂文集》，第6—7页）

6月15日　章太炎致函柳诒徵，深悔《国粹学报》时期"诋诃孔子"，接受其批评，赞同论治国学笃信古文。

此函旨在感谢和回应柳诒徵在《史地学报》中批评章太炎过去"诋诃孔子"，是"诬蔑古代圣贤"，"坐儒家以万恶之名，不知是何心肝"。章太炎深悔十数年前"孔子窃取老子藏书，恐被发复"一类的"狂妄逆诈之论"，"以'有弟兄啼'之语，作'逢蒙杀羿'之谈。妄疑圣哲，乃至于斯。是说向载《民报》，今《丛书》中已经刊削，不意浅者犹陈其刍狗。足下痛予箴砭，是吾心也"。关于"孔子窃取老子藏书"，章太炎前在《国粹学报》上载《诸子学略说》一文，援以"诋孔"，此信误作《民报》。继谓："胡适所说《周礼》为伪作，本于汉世今文诸师；《尚书》非信史，取于日本人。六籍皆儒家托古，则直窃康长素之唾余。此种议论，但可哗世，本无实证。……长素之为是说，本以成立孔教；胡适之为是说，则在抹杀历史。"末谓：

鄙人少年本治朴学，亦唯专信古文经典，与长素辈为道背驰，其后深恶长素孔教之说，遂至激而诋孔。中年以后，古文经典笃信如故，至诋孔则绝口不谈。亦由平情斟论，深知孔子之道，非长素辈所能附会也。而前声已放，驷不及舌，后虽刊落，反为浅人所取。又平日所以著书讲学者，本以载籍繁博，难寻条理，为之略陈凡例，则学古者可得津梁。不意后生得吾辈书，视为满足，经史诸子，束阁不观。宁人所谓"不能开山采铜，而但剪碎古钱，成为新币"者，其弊正未有极。前者一事，赖足下力为诤友；后者一事，更望提挈后进，使就朴质，毋但依据新著，恣为浮华，则于国学庶有益乎！（汤志钧编：《章太炎年谱长编》增订本上册，中华书局，2013年，第366—367页）

对于柳诒徵所针砭的讲诸子之失，章太炎也有反省。10月10日，曾在《中华新报》增刊首载《时学箴言》，检讨流于肤浅和附会的弊病。

> 今之为时学者，曰好言诸子而已矣。经史奥博，治之非十年不就，独诸子书少，其义可以空言相难。速化之士，务苟简而好高名，其乐言诸子宜也。不悟真治诸子者，视治经史为尤难：其训诂恢奇，非深通小学者莫能理也；其言为救时而发，非深明史事者莫能喻也；而又渊源所渐，或相出入，非合六艺诸史以证之，始终不能明其流别。近代王怀祖、戴子高、孙仲容诸公，皆勤求古训，卓然成就，而后敢治诸子。然犹通其文义，识其流变，才及泰半而止耳。其艰涩难晓之处，尚阙难以待后之人也。若夫内指心体，旁明物曲，外推成败利钝之故者，此又可以易言之耶？偏于内典哲理者，能知其内，无由知其外；偏于人事兴废者，或识其外，未能识其内也；偏于物理算术者，于物曲或多所谕，非其类而强附之，则所说又愈远。岂以学校程年之业，海外数家之书，而能施之平议者哉！今人皆以经史为糟粕，非果以为糟粕也，畏其治之之难，而不得不为之辞也。至于诸子，则见为易解，任情兴废，随意取舍，即

自以为成一家之言，以难为易，适自彰其不学而已。魏晋之清谈，宋明之理学，其始皆豪杰倜傥之士为之，及其末流，而三尺童子亦易言之。今之好言诸子者，得无似其末流者耶？或曰：佛法至深，而禅宗不识字者亦能了之，诸子虽难知，未能过于佛法，又安用苦学为！然此非其喻也。佛法之真，不在语言文字，其聚积赀粮也，在乎修持，不专在乎学理。苟能直证心源，则虽以经纶为刍狗可也。今诚能涤除玄览，则可以不读《老子》矣；诚能得其常心，则可以不读《庄子》矣；诚能绝四无知，则可以不读《论语》矣；诚能兼爱尚同，则可以不读《墨子》矣。而今之为九流之学者，其趣向本不在是，唯欲明其学理、通其语言文字而已，此乃佛家之讲师，非可以禅宗喻也。夫讲师则未有能舍苦学而入者矣，进无绝学捐书之才，退失博文覃思之用，此时学之所以为弊也。

《中华新报》增刊首载章太炎此篇《时学箴言》，中附章氏与爱迪生照片，冠以"东西洋文化之提携"，下标"国学泰斗章太炎先生""世界大发明家爱迪生先生"。并加"记者识"："太炎先生国学泰斗，一代宗匠，吉光片羽，海内争诵。近年所作，多为关于建国问题者，论学之文，反不易见。顷者整理国故之说大倡，而率无门径。兹存先生特为本报纪念增刊撰文一首，示国人以治学之津梁。此文之出，足使全国学界获一贵重教训，固不仅本社之荣幸已也。"

（汤志钧编：《章太炎年谱长编》增订本上册，第382—383页）

　　△　浙江省宁波镇海县知事盛蔚堂否决李庆三设立国学专修馆的呈请。

镇海县西绪乡公民李庆三等呈请创办国学专修馆文学预备科，请求县知事盛蔚堂备案，给示保护。是日，盛蔚堂批云："西绪乡人烟稠密，风气未开。两年以来，仅有学校二所，经本知事督促开导，现已添设数所。该公民等拟在该乡创设国学专修预备科，精研国学，保存吾国固有文化，用意甚善。惟查各学校规程，并无是项之规定。且教育部未经备案，所请给示保护之处，未便照准。"（《请设国学专修馆未准》，《新闻报》，1922年6月16日，第2张第3版）

△ 四川省立国学专门学校发生罢课风潮。

据颇关注该校动态的《新闻报》报道，四川省立国学专门学校内容本系参照北京大学预科及文学、哲学两门办法，分文学、史学、哲学三科，因经费支绌，教授乏人，只办文哲二科。即两科科学，亦不完备，不过以招考先后，加以两项名称。如文学两班，每周科目无几，钟点亦少，大半皆为经学所占，因校长廖平系经学专家。哲学两班，虽略有科学，又多缺席。第三班更无哲学钟点，名实颇不相符。"近因文科毕业，省署以该校成绩未报，曾加驳诘。该校学生曾集众要求改良课程，廖校长称病不至。学生向教务长大闹，遂将所举代表十余人悬牌斥退。于是全体学生，激动公愤，完全罢课，并派代表分赴省署教育科、省议会、学生联合会请愿，未知能达到目的否。"（《国学校罢课缘由》，《新闻报》，1922年6月16日，第2张第3版）

6月17日 章太炎作国学第十讲，主题是"国学之进步"。

曹聚仁记章太炎谓：中国学术除文学不能绝对完成外，其余到了清代，都渐渐告一结束。清末诸儒如曾国藩、张之洞辈，都以为一切学问，已被前人说尽，至清已登峰造极，后人只好追随其后，决不再能超过。实则"后人仅欲得国学中的普通学识，则研究前人所已发明的，可算已足，假使要求真正学问，怕还不足"。即以"考据"而论，清代成就虽多，依着成规，引而申之，也还可以求得许多知识，未始没有别的途径可寻。"总之，我们若不故步自封，欲自成一家言；非但守着古人所发明的于我未足，即依律引伸，也非我愿，必须别创新律，高出古人才满足心愿——这便是进步之机。"（章太炎先生演讲、曹聚仁编：《国学概论》，第128—129页）

据张冥飞所记，章太炎批评曾国藩、张之洞辈的缺陷，由学者多兼官员的身份，为官而不能悉心求学，造成满足于略明大致的特点，清代缺乏好文学家。"如欲真为学问起见：（甲）为教员者，参考互证，析疑问难。所谓温故知新而以为师，然此未必有独特之发明者。（乙）学者。不仅如上所述，必依前人之条理，而更有所发明，以成新条理，使众人认为学者。"（张冥飞：《章太炎的国学演讲录》，第166页）

具体到经学、哲学、文学等三方面的进步希望，则是：其一，"经学以比类知原求进步"。曹聚仁记章太炎云，治经要在清儒基础上"温故知新"，"经史融会"。

　　从根本上讲，经史是决不可以分的。经是古代的历史，也可以说是断代史。我们治史，当然要先看通史，再治断代的史，才有效果；若专治断代史，效果是很微细的。治经，不先治通史，治经不和通史融通，其弊与专治断代史等。

诸史滥觞于《尚书》《春秋》，治经要对于制度，下求诸《六典》《会典》诸书，上归于《周礼》《仪礼》；对于地理，下考诸史及《地舆志》，上归于《禹贡》及《周礼》职方志；风俗道德亦从后代记载，上求源于经典。"总之，把经看作古代的历史，用以参考后世种种的变迁；于其中看明古今变迁的中心。那么，经学家所最忌的武断，琐屑二病，都可免除了。"（章太炎先生演讲、曹聚仁编：《国学概论》，第129—131页）

张冥飞记章太炎云："夫昔之讲经学者，要将前人所述之事迹原理，讲解清楚，即是其实讲经学不可与史学分。但究史学，而不明经学，不能知其情理之所在。但究经学而不明史学，亦太流于空论，不能明其源流也。且读史必读全史，而后能明一代之史。"所谓比类知原，即究经学时可以《汉书》等印证。书各有本，如官制原于《周礼》，仪典原于《仪礼》，纪事书及年表、本纪，事均原于《春秋》。讲地理不可不问沿革，以求其所变。风俗道德亦变，讲史学者不可不溯其开原之处。"经即最古之历史也，如此言之，适与泰西之社会学相似。然社会学之范围广，而史之范围狭，此其异焉。"（张冥飞：《章太炎的国学演讲录》，第166—167页）

其二，"哲学以直观自得求进步"。曹聚仁记章太炎云："不能直观自得，则并非真正的哲理"。"要知哲理非但求之训诂为无用，即一理为人人所共明而未证之于心，也还没有用处的；必须直观自得，才是真正的功夫。"理仿佛是目的地，各人所由之路，既不能尽同，所见的理，必不能尽同。不尽同和根源上并无不合。"总之，讲哲理决不可像天文家讲日与地球的距离一样，测成某距离为已精确了。因为日的距离，是事实上决不能量，只能用理论推测的；那心象是在吾人的精神界，自己应该觉得的。"（章太炎先生演讲、曹聚仁编：《国学概论》，第131—133页）

张冥飞记章太炎谓："凡学问之道，他种不能走两极端者，独哲学则可走两极端。然极端之论，除讲学于学校外，无所用之。彼讲天文者，推算太阳之距离速率，渺茫难证，然亦止可如此。若夫心则不然，固可印证焉。如不求直观自得，恐亦不过如朱子之说书耳。"（张冥飞：《章太炎的国学演讲录》，第171—172页）

其三，"文学以发情止义求进步"。据曹聚仁记，章太炎主张作文既要有"感情"，又要有"法度"。诗文二项："文有有法无情的，也有无法有情的；诗却有情无法少，有法无情多；近代诗虽浅鄙，但非出乎轨外。"学文学诗的初步当然要从法子上走，然后从情创出。初步即欲文学太史公，诗学李太白的，可称狂妄之人。（章太炎先生演讲、曹聚仁编：《国学概论》，第128—136页）

张冥飞记"法度"为"法制"，章太炎云："盖文章之有情而无规则者极多，有规则而无情者亦不少。人谓章太炎为正统派，此非余之欲主正统，盖为文而不先绳以法度，恐将画虎不成而反类狗。曾不如守法度，而遇情生时，下笔为文，则庶几矣。"（张冥飞：《章太炎的国学演讲录》，第174—175页）

《申报》6月16日预告本次演讲，谓"此期讲毕后，可作一结束，想听讲者，必格外踊跃"。（《太炎讲学第十期预志》，《申报》，1922年6月16日，第4张第13版）六时讲毕。沈信卿最后总结："要知先生之受人崇拜，不但学问，更为（一）人格上之修养，（二）自找头路。"《章太炎十次讲学纪》，《申报》，1922年6月18日，第4张第13版）江苏省教育会会务报告所载沈信卿之言云：

　　本会延太炎先生讲学，已十次，先生之学问，虽讲极长之年月，不能尽，然诸君得此，亦可为入学之门。由是而购书参阅，穷讨极研，不负先生此次指导之热诚，则无愧矣。余以为求学问，须"自己站住脚跟"，有"我的精神发动"，而有"兴味"。要知先生之受人崇拜，不但在学问，更在人格上之修养，诸君其熟察之云云。（讲学录另印）（《会务录要》，《江苏省教育会月报》，1922年6月，第5页）

8月20日，沈信卿在江苏省教育会常年大会报告年度会务，提及"请章太炎先生主讲国学，其讲义俟整理后再发刊"。（《省教育会常年大会纪》，《申报》，1922年8月21日，第4张第13版）

6月19日　北京大学研究所国学门布告本学年所购图书及图书目录。

计有张之洞撰《书目答问》，不分卷数，二册，扫叶山房石印本。《壬子文渊阁所存书目》，五卷，四册。明孙能传、张萱等撰《内阁书目》，八卷，四册，《适园丛书》本。周贞亮、李之鼎同编《书目举要》，不分卷数，一册。莫友芝编《邵亭知见传本书目》，十六卷，六册，适园藏本。丁丙松辑《善本书室藏书志》四十卷，十六册，钱塘丁氏刻本。钱大昕编《疑年录》，四卷，一册。吴修编《续疑年录》，四卷，一册。陆心源编《三续疑年录》，十卷，存斋杂纂之四。钱椒编《补疑年录》，四卷，共八册。钱学嘉著《韵目表》，不分卷数，一册，坊刻本。满洲费莫文良编《四库书目略》，二十卷，十二册，自刻本。鲍康、李佐贤合编《古泉汇》，正六十卷，续十四卷，补遗二卷，二十册，利津李氏石泉书屋刊本。（《研究所国学门布告》，《北京大学日刊》第1057号，1922年6月20日，第1版）

6月26日 北京政府教育部训令江西教育厅厅长李金藻，不能放任吉安县国学专修馆开设文学预备科，以致妨碍义务教育发展。

先是，吉安县劝学所所长萧斯呈文江西省教育厅，批评国学专修馆及附属文学预备科等有四大弊端：不属学制系统，妨碍国家师范教育；学龄儿童专修国学，妨碍义务教育；传授内容陈旧，妨碍新学传播；导致私塾复兴，危害学校前途。并强调推广学校，改良私塾，是现在实施义务教育时期最重要的办法。而城区同善社及横江渡同善社等均各设私塾，广招生徒，延师教授。派员劝令遵照学校规程，改办学校，金称系遵部章开办，实非同私塾可比。部定学校规程并无此项专修馆名目，彼等假借国学专修名称，而内容情形仍系私塾性质。现在私塾虽然不能全部改良，但尚有督责余地。惟自从该社设立文学预备科以来，从前停办之私塾，现均逐渐恢复。经派员前往劝导，金以该社为口实，几有不能干涉之势。

李金藻肯定萧斯处理正当，指出国学专修馆虽本为"精研古学、阐扬文化"起见，宗旨正大。所设预备科，一切办法几与私塾无异，亦确系实情。其办法节略，内容殊欠妥协。发起人姚济苍等前次呈请教育部立案时，仅呈送专修馆简章，并未将预备科办法节略送部请核。当此义务教育实施时期，此情形使办学人员深感困难，请示教育部如何处理，并附该馆抄呈附件一册。教育部不禁止国学专修馆，主张限制文学预备科，令云："查国学专修馆不在学校系统以内，本部并未准予备案。据呈各节，该馆所设之文学预备科，既于地方教育大有妨害，自未便予以放任，应仰该厅长酌量地方情形办理，务使不致于义务教育之前途发生障碍，是为至要。"

（《教育公报》第9卷第6期，1922年7月8日）

6月26日 王道昌报名北京大学研究所国学门史学研究员，经国学门委员会审查合格。

王道昌，北京高等师范毕业，四川雅安人，题目是清代文学家年表。（《研究所国学门布告》，《北京大学日刊》第1062号，1922年7月1日，第2版）

6月 第一次直奉战争后，直系军阀获胜，北京政府大总统徐世昌下台，影响无锡国学专修馆毕业生出路。

徐世昌曾允诺解决无锡国学专修馆学生毕业就职问题，去职后使得学生对明年毕业后出路何在议论纷纭，惟王蘧常与唐兰不为所动。（王运天：《王蘧常教授学谱》，第17页；刘桂秋：《无锡国专编年事辑》，第30页）

7月1日 北京大学研究所国学门公布成立以来抄录编辑校勘书籍目录。

编辑方面，编辑《太平御览引用书》六百一十一卷，七十六册；《补太平御览引用群书目录》一册；编《太平御览校勘表》二册，三种共七十九册。校勘方面，用明刊本、日本刻本、张刻本、汪刻本、鲍刻原本校鲍刻翻本《太平御览》一百一十五卷，十二册。抄录方面，《图书集成理学汇编细目》十七册，含《文学典目录》四册、《经籍典目录》七册、《字学典目录》两册、《学行典目录》四册；汪有诰汪氏十书，含《先秦韵读》两册、《群经韵读》一册、《诗经韵读》二册、《楚辞韵读》一册（附《宋赋韵读》）、《错声表》《入声表》《等韵丛说》一册、《广韵正》一册；《歌谣》四册；《伯希和敦煌将来目录》二册；《敦煌古写经尾题录存》一册；《历史博物馆第一次清理红本目录》一册；《历史博物馆第二次清理红本目录》一册；《历史博物馆殿卷名册》六册；《历史博物馆敕书目录》二册；《国粹学报目录》二册；《日本佛教大全细目》二册；《太平御览引用群书目录》一册，共十二种，计四十七册。（《研究所国学门通告》，《北京大学日刊》第1062号，第2版）

7月4日　北京大学研究所国学门档案整理会着手整理明清档案。

此项档案共计装运六十二木箱，一千五百零二麻袋。移运北大后，北京大学研究所国学门、史学系、中国文学系教职员沈兼士、朱希祖、马衡、单不庵、杨栋林、沈士远、马裕藻、陈汉章、李泰棻、胡鸣盛、滕统音、刘绍陵、刘澄清及毕业生王光玮，在校学生连荫元、魏建功、张步武、潘傅霖、魏江枫、陈友揆等富有整理档案兴趣者，组织一整理档案会，是日着手整理。不久，何炳松志愿加入，并于每周星期六上午到校办公。（《整理档案会布告》，《北京大学日刊》第1066号，1922年7月29日，第1版）办法约分三步：

第一步手续为形式分类及区别年代。形式分类分誊黄、敕谕、诰命、实录、试卷、表、题本、报销册等类，年代分天启、崇祯、顺治、康熙、雍正等朝。

第二步手续为编号摘由，如题本、报销册两项为档案大宗，并多系重要史料，故先着手。题本则就内容摘录年月、机关或区域及事实因果情形，再以事实性质归纳成若干总类，如命案、盗案、钱粮俸饷、建筑、财政、军政、学政、国际事件等。总类之下又分细目，如"命案"中分因奸谋杀、因仇谋杀、因戏误杀等目，然后编号上架。报销册则摘录年月、机关或区域及名目，大别为地丁、漕米、旗营、军饷、垦牧、建筑、浚治、清丈、盐引课税、织造、鼓铸、物价、给用火牌勘合、内府食品、支用柴碳煤斤、案件汇总，及大进、大出、四柱等黄册各类。至于各项档案特别重要的，随时提出公布。

第三步手续为报告整理成绩，研究考证各重要事件，及分别编制统计表。凡各项已编号摘由的档案，分别编目，或录全文，登载北大日刊公布。其他如大政变、文字狱及一切史乘不详事件，则加以考证，编为报告。题本、报销册分类后，即编成各地风俗状况，犯罪行为，历朝对于人民的待遇，物价的比较等统计表。即使不是很重要的贺表、会试榜等，将来亦拟利用以编成历朝职官人名表、地方文风统计表。其余如公文程式及文字递变的调查，历朝官印的编谱，皆拟酌量缓急，分别进行。（《研究所国学门重要纪事》，《国学季刊》第1卷第1号，第198—201页）

7月7日 北京大学研究所国学门主任沈兼士通过陈垣邀请叶恭绰前来参观。

陈垣曾于6月30日致函叶恭绰，提及沈兼士"两月前曾函请转约我公参观研究所（有明清史料多种，颇有一顾之价值）。当时以尊恙未痊，故未转达"。（陈智超编注：《陈垣来往书信集》增订本，生活·读书·新知三联书店，2010年，第172页）7月7日，陈垣再次致函叶恭绰称："昨日北大研究所国学门主任沈兼士先生送来考古学室藏器拓本一单，属转呈尊处，并希有所赐教。又明清史料整理会藏明季清初重要文件极伙，能惠临一览，尤所欢迎。公暇请先期电示云云。"（刘乃和、周少川、王明泽、邓瑞全：《陈垣年谱配图长编》，辽海出版社，2000年，第125页）

7月8日 罗振玉参观北京大学研究所国学门档案整理会，赞许整理方法。

国学门档案整理会商请罗振玉，以后将私人购得八千麻袋档案整理所得目录，抄送北大一份。(《整理档案第二次公布》,《北京大学日刊》第1066号，1922年7月29日，第2版)

7月20日　北京大学研究所国学门感谢顾颉刚寄赠苏州甪直乡保圣寺杨惠之塑释迦像。

先是，顾颉刚于7月10日函赠沈兼士与研究所两份苏州甪直乡保圣寺杨惠之塑释迦像，请沈与历史博物馆主任陈垣商量，呈请内务部保存塑像。(《研究所国学门布告》二、《顾颉刚致沈兼士先生函》,《北京大学日刊》第1065号，1922年7月22日，第1、4版) 此后，北京大学研究所国学门函嘱江苏省教育会及上海美术专门学校，会同甪直乡教育会会长沈伯安等，加意保存杨惠之塑像。(顾潮编著:《顾颉刚年谱》增订本，第77页) 此举为国学门本年10月中旬以前完成的第八项事情。(《研究所国学门重要纪事》,《国学季刊》第1卷第1号)

△　北京大学研究所国学门购得杨守敬影抄日本□昌住字镜一部十二册。(《研究所国学门布告》一,《北京大学日刊》第1065号，第1版)

7月21日　北京大学研究所国学门整理档案会首次公布7月4日至20日整理档案目录。(《整理档案会第一次公布》,《北京大学日刊》第1065号，第1版)

7月23日　钱玄同整理《国粹学报》刘师培、章太炎、罗振玉、王国维诸人的著作，至8月底完毕，拟付订。(杨天石主编:《钱玄同日记》整理本上册，第424、430页)

7月29日　北京大学研究所国学门整理档案会公布7月21日至

27日整理档案目录。

档案整理会拟俟形式整理结束，即将整理所得，依其性质，例如题本，分为任免官吏、赋税丁口、郊天祀孔、调遣将卒等类，制成统计表，陆续宣布。（《整理档案第二次公布》，《北京大学日刊》第1066号，第1—2版）

7月底 清华学校组织"国学课程委员会"，加大国文课程改革力度。

清华为留美预备而设，向来重视英文课程和毕业出洋。此次课程改革目的与以往不同之处在于，从改善国文各科的课程修订、教授方法，上升到中西学协调的思想融合。1924年，清华学生李惟果曾将清华国学改革分为三个时期。清华成立起到1914年，为国学课程成立时期，内容是中等科有修身、国文、中国历史、中国地理，高等科有修身、国文。自1914年至1922年，为国学课程蜕变时期，内容因袭旧章，略加修改，没有大规模计划。其间有过两次小修订，第一次是1914年下学期，中等科课程加修辞、作文、习字、说文、文学源流、法制史、阅书，高等科课程加说文、作文、阅书。增加科目的原动力在于，当局着意校内舆论，开始注重国学。周诒春长校后，留意学生注重西文，轻视国学，西学虽已深究，而国文普通书札及简单便条皆须倩代等情形，于是多加国学科目，以期学生回国后，不致同化于他族，得抒意达辞。第二次是1917年，首先是增加相关历史课程。高、中等科去掉说文，一年加文学史，四年加伦理学史，以讲文代国文，其余仍前。其次是严格考核。分数以百分为最高，分为甲（90—100）、乙（80—89）、丙（70—79）、丁（60—69）四级，全年平均分列入丙等以上，各科在丁等的升级，否则留级，连续两次留级者退学。1917 年冬，胡适为清华学生讲中国文学改良问题，清华同学对国学兴趣愈深。

　　五四运动后，清华国学氛围渐浓。1920 年 9 月，金邦正在就任清华校长演说中主张，清华以后国文与各科一律注重，决不轻视。10 月，拟聘请梁启超讲中国旧有文化等问题，胡适讲哲学史大纲。12 月，梁启超来讲中国学小史。此后校内讨论国学问题之文益多，国文课程变化主要是中学二、三年级去掉修身，加文法要略，讲文有语体、近体的分别，兼授小说诗歌，四年级则习清代史。高等科一年加翻译、论理，高二加辩论，选科有哲学史大纲、近世外交史暨法制概要。高三、高四除国文（唐文兼授诗歌）为必修外，选科有周秦哲学、宋元学案、明清学案、史学美术文等。高五除前述数种外，还有经学科（《易》《书》、三礼、《诗》《论》《孟》）。成绩用等数计分法。课程修订后优点有四：取用选科制；聘名人作长期国学演讲；采用集点法；国学范围扩大。仍有缺憾，如 1920 年国学课程施行规则第六条："凡国文班次较英文班次低一级者，其较高级内之课程一部，或全部，可于暑假内自行补习，在暑假后开学第一星期内考试。"第七条："如高等科四年级国文课程已经全习，而英文功课尚未习完者，其国文功课应在高五级内学习。"学生毕业本质上全以英文为准，难以致力国学。（李惟果：《清华国学问题》，《清华周刊十周年增刊》，1924 年 3 月 1 日）

　　第二期内清华师生反思国学不振的原因，共有八点。一、天然趋势。如陈达认为："本校为留美学生之预备，于西学讲之更专，朝夕取诵，类皆蟹行文字，虽欲求国学，其势尤难。"二、学制缺憾。如赵锡麟说："国文未及格而毕业，而出洋者多矣，国文未满年限而将毕业，而将出洋者亦不少也。"结果是"上为者有心国学，而朝夕憔悴于西文功课之中，日夜鉴于用力国文之不能补此西文功课之不及，遂亦废然而退，无暇计及"。三、教员姑息。四、学生忽蔑。五、教法不良。六、学科干枯。"讲文，法制，文学史，哲学等，皆在必修之列。九年后，虽有选科，然其范围颇狭。而讲文一科中之唐宋诸家名著数篇，中等科习之，高等科又习之，今年读之，明年仍读之，厌无味矣。"七、国学教员待遇不平。"薪水太少"，"住址不安适"，"权利较小"。八、无特别奖励。清华师生的国学课程改革动机分为两类，实用如罗隆基，认为清华学生注重国文，在求物质实用，不是专科的，而是普通的，不是美术的，而是简明的。这种宗旨与周诒春相同，即为实用而改革，眼光狭隘，并不足取。陈达等主张，国学代表国风民俗，苟假他国国学为己国国学，则将同化于他国，将来必致国亡。吴景超也主张："矫正外人错误观念，介'真正的中国'于他们，是我们应负的责任。"（李惟果：《清华国学问题》，《清华周刊十周年增刊》）

本年4月18日，曹云祥代理清华校长，清华国学课程改革进入第三个时期。总体而言，起初注重科目增订的延续性，后来随着升级大学，朝着中西文化融合的研究性方向发展。5月，曹云祥掌校之初曾透露，清华应当改革者不下十余端，而课程改良，尤其刻不容缓。"现今增加科目，有碍课程之规定。"（《校长谈话》，《清华周刊》第248期，1922年5月19日）于是，整顿课程，提高程度，便为紧迫。其中，改变轻视国文课程的制度和氛围，重视本国历史文化，厥为重要内容。"本年自戴梦松先生任国学部主任以来，亟思将历来萎靡不振，而为全校所要求改良之国学，大加整顿。"7月底，清华学校组织"国学课程委员会"，任命戴梦松、李奎耀（寿先）、汪鸾翔（巩庵）、朱洪（汇臣）、陆懋德（咏沂）、吴在（公之）六人为委员。（《国学部新闻》，《清华周刊》第250期，1922年9月11日）

7月　《安徽教育月刊》刊载高维祺《研究国故的方法》一文，内容与胡适上年在南京高等师范学校的讲演《研究国故的方法》高度一致。（高维祺：《研究国故的方法》，《安徽教育月刊》第55号，1922年7月）

8月1日　北京大学召开季刊编辑员讨论会，议决发行自然科学、社会科学、国学和文艺四个季刊，本月起每季出一本。

北京大学决定发行自然科学、社会科学、国学和文艺四种季刊，8月起每季出一本。每本页数，由各组自定。季刊形式：（1）横行用五号字。（2）纸张要好。（3）封面要美。（4）标点符号要完备。季刊体例：（1）附欧洲文字提要。（2）每年第4期，附全年索引。（3）页数每一年自为起讫。（4）长篇文必须在一年内登完。编辑员均于北京大学教授讲师中延订，每年至少缴稿一篇，愈多愈妙。国学组编辑员有胡适之（主任）、沈兼士、马裕藻、钱玄同、蔡子民、顾孟余、李守常、刘叔雅、单不庵、王伯祥（王钟麒）、郑奠、朱希祖、周作人。（《八月一日季刊编辑员讨论会议决之条件》，《北京大学日刊》第1069号，1922年8月19日，第1版）

李大钊参加社会科学和国学两个组的编辑工作。（李大钊年谱编写组：《李大钊年谱》，陕西人民出版社，1984年，第155页）由于长期从事政治社会活动，李大钊实际很少参与北京大学研究所国学门的学术活动，以致顾颉刚屡有啧言。其《国学季刊》编辑委员职务，后改陈垣接任。

△　王国维受北京大学研究所国学门聘为通信导师。

赵万里《王静安先生年谱》载："初岁，在己未夏，北京大学文科拟聘先生为教授，倩先生友人鄞县马叔平（衡）先生为先容，先生却之。庚申，又提前请，先生仍以不能北来为辞。辛酉，北大研究所国学门成立，函聘先生为通信导师，强之乃就。"（《国学论丛》，第1卷第3号）

马衡之举出自蔡元培授意，本年3月12日致函王国维称："大学新设研究所国学门，请叔蕴先生为导师，昨已得其许可。蔡子民先生并拟要求先生担任指导，嘱为函恳。好在研究所导师不在讲授，研究问题尽可通信。为先生计，固无所不便；为中国学术计，尤当额手称庆者也。日内有敝同事顾颉刚先生南旋，当趋前面陈一切，务祈俯允。"（王国维、马衡著，马思猛辑注：《王国维与马衡往来书信》，生活•读书•新知三联书店，2017年，第67页）

3月14日，马衡再次致函王国维称："大学同人望先生之来若大旱之望云雨，年频年敦请，未蒙俯允。同人深以为憾。今春设立研究所国学门，拟广求海内外专门学者指导研究。校长蔡子民先生思欲重申前请，乞先生之匡助，嘱为致书，征求意见。适所中同人顾颉刚先生南旋，趋前聆教，即烦面致，并请其详陈一切。想先生以提倡学术为己任，必能乐从所请。"（王国维、马衡著，马思猛辑注：《王国维与马衡往来书信》，第70页）

4月16日，马衡得王俯允，致函谓："大学研究所国学门承允担任指导，同人闻之，不胜欣慰。聘书当于明后日寄呈也。"并谓北大研究所现正编辑四种季刊，中有《国学季刊》《文艺季刊》，拟征求王国维近著，分别登载。法国伯希和博士关于东方古言语学之著述，王国维曾将译稿付马衡，本拟刊入《史学杂志》，而该杂志迄未出版，今将刊入第一期《国学季刊》，已由胡适校勘一过，尚有疑问，特将原稿寄呈审定。（王国维、马衡著，马思猛辑注：《王国维与马衡往来书信》，第73页）7月28日，马衡致函王国维称："大学会计课昨送来两个月脩金共计洋二百元，嘱为转呈左右，以后仍当陆续汇寄云云。"（王国维、马衡著，马思猛辑注：《王国维与马衡往来书信》，第76页）8月1日，王国维复函马衡，退回由张嘉甫带来的北大脩金二百元。（王国维著，刘寅生、袁英光编：《王国维全集·书信》，中华书局，1984年，第323页）

经过多次聘请，加上马衡的情谊，王国维终于同意担任国学门通讯导师。（俞建伟、沈松平编：《马衡传》，第63页）8月8日，王致函罗振玉称："京师大学毕业生（现为助教）有郑介石君者来见，其人为学尚有条理，又有顾颉刚者（亦助教）亦来，亦能用功，然其风气颇与日本之文学士略同，此亦自然之结果也。""大学竟送来两月薪水二百元，即令其人携归，并作书致叔平婉谢之，仍许留名去实，不与决绝，保此一线关系，或有益也。"（王国维著，刘寅生、袁英光编：《王国维全集·书信》，第325—326页）8月17日，马衡致函王国维称："大学致送之款本不得谓之束脩，如先生固辞，同人等更觉不安。昨得研究所国学门主任沈兼士兄来函，深致歉仄，坚嘱婉达此意。兹将原函附呈台鉴，并重烦敝友张嘉甫兄将前款二百元送呈，务祈赐予收纳，万勿固辞，幸甚！幸甚！"

沈兼士致马衡函内称："昨承转到静安先生不受脩金之函，敬悉一一。本校现正组织《国学季刊》，须赖静安先生指导之处正多，又研究所国学门下学年拟恳静安先生提示一二题目，俾研究生通信请业，校中每月致送白金，聊供邮资而已，不是言束脩也。尚望吾兄婉达此意于静安先生，请其俯鉴北大同人欢迎之微忱，赐予收纳，不胜盼荷！顷晤蔡子民先生，言及此事，子民先生主张亦与弟同，并嘱吾兄致意于静安先生。"

"新《国学季刊》行将付印，静安先生如有近作赐登，不胜欢迎之至。又及。"（王国维、马衡著，马思猛辑注：《王国维与马衡往来书信》，第83页）8月24日，复函马衡，接受聘请，并询问国学门详情："研究科有章程否？研究生若干人？其研究事项想由诸生自行认定？弟于经、小学及秦汉以上事（就所知者），或能略备诸生顾问；至平生愿学事项，力有未暇者尚有数种，甚冀有人为之，异日当写出以备采择耳。"前因《国学季刊》索文，随函寄去《五代监本考》一篇。（王国维著，刘寅生、袁英光编：《王国维全集·书信》，第327—328页）

8月21日　浙江省教育厅长马叙伦呈请浙江省长整顿浙江图书馆，国学科学并重。

本年马叙伦离开北京大学，出任浙江省教育厅长，未能参与北京大学研究所国学门具体事务。7月，浙江省孝丰县立高小校职教员王微、陈维源、朱绍诜、潘天授、郑子祥、余丈榕、诸心盦等，致电上海各报馆及浙江省长、浙江省教育会、北大校长蔡元培、副校长蒋梦麟称："阅报悉马叙伦委长浙教厅。马氏曾办浙江高等师范，任北大教授多年，国学新知，素为国人推重。此次被委，群庆得人，应请敦促视事，以重教育。"（《赞成马叙伦长浙教厅电》，《申报》，1922年7月19日，第3张第11版）

马叙伦注重图书馆的社会教育功能，于8月21日召集各厅科长科员，会议教育行政事项。并拟将公立图书馆，先行着手改组。呈文指出"图书馆为提倡学术，宣传文化之机关，所以补充学校教育之不足，抑亦提倡社会教育之纲领。是以东西各国，无不重视，每于大学中列有图书馆专科，以科学的方法，研究其管理庋藏，分类编纂之术，故图书馆日益发达"。现在浙江图书馆"实袭前清浙江藏书楼之旧，与各国图书馆办法，相去甚远，似应力加改革"。兹事体大，经费人才，关系皆巨，非一时所克即举，应容教育厅详慎筹划，徐图更新。目前似宜先予略为变通，加强科学图籍的购置和管理，以与国学分图并进。

查该馆现时所藏，大半均系本国图书，供求国学之阅览，大致尚能供用。至外国图书既鲜，又多为前浙江高等学堂所移交，颇嫌陈旧。且查该馆历年阅览人数，统计皆不踊跃。盖阅览者多系学生，省垣学校，以中等者居多。该馆图书或与中学生之程度不适合，或与其需求不相应，以致阅览者裹足。若不急予补弊救偏，恐该馆将同虚设。而该馆现行章程，馆长一职，虽规定遴选硕学通儒充任，按定实际，学贯中外者，既难其人，有之亦复未易罗致。馆长以下，竟置管理编纂各一员，国学科学，未能兼谙。职以购置编纂中外图书之任，自难免于偏趋，兹拟略予变通，于馆长下设本国图书部、外国图书部，主任各一员，编纂各一员。责任既有专属，人才亦易延揽，购置庋藏，管理编纂，自能适当。国学科学，亦可分途并进，不至有所畸重。

其他职员以事务繁简，亦宜稍有归并。员额既增，经费自当有加。本年度预算既经公布，未便追加。拟俟来年度别拟预算，呈请交议。在经费未予追加以前，馆长一席，暂由马叙伦兼任，庶可腾出馆长俸薪，移应馆员之需。现行章程系经省议会议决，此次变通请先予暂行试办，俟省议会开会时，再呈请咨交议决。(《浙江教厅长马叙伦之革新计划》，《晨报》，1922年8月26日，第6版)

8月25日 北京大学研究所国学门整理档案会嘱咐参与整理档案者，摘由时特别留意胡适、陈垣、杨恩元三位学者莅会参观后嘱托代查各事件，一经发现，即通知来会抄写。

胡适嘱查雍正年间，曹氏在南织造局任内各案。陈垣托查清代天主教案件。杨恩元由贵州特派来京调查收集续修贵州省志材料，托查贵州省自乾隆六年至道光二十一年乡试题名录，及清代关于贵州一切政务的题本。(《整理档案会启事》，《北京大学日刊》第1070号，1922年8月26日，第2版)

8月28日 胡适与钱玄同谈《诗经》，感叹现今国学界凋敝零落，整理旧书不易。

先是，胡适认为整理旧书不难，此时态度明显转变。胡适等在北京春华楼吃饭，谈《诗经》甚久。胡适日记载："玄同赞成我整理旧书的计划，但我们都觉得此事不易做。现今能做此事者，大概只有玄同，颉刚和我三人。玄同懒于动手，颉刚近正编书，我又太忙了，此种事正不知何时方才有人来做！""现今的中国学术界真凋敝零落极了。旧式学者只剩王国维、罗振玉、叶德辉、章炳麟四人；其次则半新半旧的过渡学者，也只有梁启超和我们几个人。内中章炳麟是在学术上已半僵了，罗与叶没有条理系统，只有王国维最有希望。"（曹伯言整理：《胡适全集》第29卷，第729页）9月1日的日记中又写道："从前我们以为整理旧书的事，可以让第二、三流学者去做。至今我们晓得这话错了。二千年来，多少第一流的学者毕生做此事，还没有好成绩；二千年的'传说'（Tradition）的斤两，何止二千斤重！不是大力汉，何如推得翻？何如打得倒？"（曹伯言整理：《胡适全集》第29卷，第734页）

8月底　清华学校国学课程委员会讨论课程改革略有眉目，建议国文部改为国学部。

曹云祥实施的此次国学课程改革方针，与成立清华大学的长远计划总体配合。步骤有二：一是维持现状之改良。从1922年至清华大学成立，国学课程特点是："应付环境，略加修正"；"逐渐增改，使将来之大学国学课程有所涵接"。二是根本大改革。"在清华大学成立后，此种国学课程，不受环境之支配，乃独立的、真正的中国大学之国学课程。"（李惟果：《清华国学问题》，《清华周刊十周年增刊》）

具体改革成果，《清华周刊》曾有披露，而李惟果后来补充解释个别细节变动及其原因。大致是，国学课程委员会自8月1日起，至8月底止，经一月讨论，始有眉目。已将讨论结果，订成一册，将送交学校职教员会议通过。主要内容有十个方面：一、原"国文部"改为"国学部"。二、中英文成绩并重。三、国学钟点无变化。据调查所得，"国学"内容真正改进之后，学生时间与精力所余无几。必须再略减轻英文方面，则学生对于各种课外作业，始能游刃有余，否则殊难负担。"减轻英文钟点之事，前西山消夏间，曾有一度之表示。但此举果否有效，则大有研究之价值。"四、国学教员见另条。教科书更改，中学历史改用赵瑞侯新编《中国史》，"此本以中国文化为主"。清史一科废除，因"中国史之下册即清史"。史学课本用李泰棻编《中国史大纲》。中学地理亦已改用新本。哲学史不用胡适《中国哲学史大纲》，改由教员陆懋德自编讲义。说文改为小学，理由是"说文不足包括小学，而习小学，则说文在其中"。文字源流改为文字学，理由是"文字源流本书名，非科目"。拟自下学年起，将经学归纳于文学、哲学中。史学则划分为政治史、法制史、文化史三科，只因办理不及，故未能实行。五、国文教授顺序，决定从语体文到文言文再到文学文，和从文言文分别到语体文或文学文的两种办法中，选择后者。国文课本，中学二、三年级用选文，分纪事、论说、书翰三种。所选划一，不致重复。中四级的文，分为文之比较、文之渊源、文之流别。选书方面，高一指定《孟子》《论衡》《郁离子》《潜书》《国故论衡》；高二指定《荀子》《孙子》《说苑》《颜氏家训》《检论》《国策》；高三指定《吕氏春秋》《韩非子》《列子》《商君书》《诗经》《左氏传》；大一指定《史记》《汉书》《管子》《淮南子》《楚辞》，具体由教员再分别伸缩选择。六、作文。分自作（命题与拟题）、助作（重著、笔述、伸缩），交卷分当堂交卷与限期交卷两种。七、考试。废止月考，以月中笔记与图表等作为成绩依据。八、课堂秩序，采取诚恳主义，务使教员与学生，互相了解，不致发生从前紊乱现象。九、长远计划和暂时调整的宗旨。戴梦松指出：此次国文改革之处虽然不少，只不过维持现状中稍加变动而已。"此后国学方面之进步，全视主任、教员、学生三方面能否和衷共济为断。开学后，凡有关于国学改良之事，可随时函知或亲往主任处陈述。（办公处在科学馆从前之招考处旧址）至于国学根本之大改革，则此时尚不能谈到，须待诸来日也。"十、学时要求。中等科毕业至少三十二学时，高等科及大学一年级毕业至少二十四学时。成绩要求，每学年终每学生至少应于规定之学科时内所得成绩平均0.6，并所得成绩总平均0.8，方能留校。(《国学部新闻》，《清华周刊》第250期，1922年9月11日；李惟果：《清华国学问题》，《清华周刊十周年增刊》)

9月初，清华学校代理校长曹云祥在秋季开学典礼上演说，阐述暑假教务改组办法。

> 现聘新教员三人，均富有教育经验者。曾组织国学讨论会，由国学部主任会同国学教员，每日集会讨论。如教材之选择，教授之程序，管理之方法，详细研究，使诸君于短少时间，多受国学之利益。我国数千年相传之文化，纵不能尽窥奥旨，亦可得其梗概。(《曹校长秋季开学演说辞》，《清华周刊》第250期，1922年9月11日)

清华在读学生王造时不满偏重英文的现状，认为"改良国文问题"几经讨论，始终不得根本解决，关键在于六个问题。一、人的问题。"现在清华的国文教授，鸿儒硕学，固属济济，然滥竽充数，亦非寥寥。"学生知之而不言，教员知之而不去，学校当局知之而不更。二、课程问题。"因为现在清华之教授国文，毫无系统。"不但中等科国文与中学国文大量重复，而且"中四选纪事体的文章，中等科必做文言，高等科可作白话，次序颠倒，彼此矛盾，各随各教员的便"。三、空气问题。"上至教职员，下至听差们，莫不惟英文是尊。能够讲得几句洋话，写得一手好洋文，不但可以毕业，可以出洋，且教员看得起，职员看得起，同学看得起，连听差也看得起。至于中文好的人，好像和'牛溲马渤，败鼓之皮'一般。此种空气不改，恐怕侵入膏肓，不可救药。"四、学时问题。"一切考试，完全以西部科目为标准，原来就讲不过去。我们既非洋人，此校又非洋校，那么主宾地位，总要分个清楚明白才好。虽说清华含有预备留美的性质，但是抛弃祖国文字，而费全力于西文里面，我们若是不回国做事还可说，我们若是不用中国的钱还有理，既是要回国做事，又要用中国的钱，那么老老实实，对于中文，总须并重。并重的法，就是平均。"五、待遇问题。"清华的国文教员，学生对之，固极不恭敬。即校中待之，也与西部教员有别。至于薪金之少，招待之恶，更是说来伤心，道来痛哭。在学生方面，于是由轻视国文教员，而轻视国文功课；由轻视国文功课，而不读国文书籍；由不读国文书籍，而不通国文文字；由不通国文文字，而与祖国断绝关系；由与祖国断绝关系，而变为外国人。……在国文教员方面，由被轻视，而灰心教授；由灰心教授，而潦草教授；由潦草教授，而误害青年；由误害青年，而伤及社会。好的教员性情高蹈一点，既在的必然远去，未来的必避的若臭。"六、奖励问题。"校中若是对于中文能予以精神上物质上种种相当的奖励，那么崇尚国文，恐怕趋之若鹜，惟恐不及。"并号召学生，若学校不改良提高国文程度，则"自己读书提高"。（王造时：《劈头一个问题——提高清华国文程度》，《清华周刊》第250期）

9月5日　上海圣约翰大学开学，改组中学国文课程，严格整顿大学国文。

圣约翰大学内部颇有改革，如国文课程改组及教授法革新。现中学部国文课程，添设模范文语法、文法、修辞概要、文字学大纲、阅书质疑等学目。大学部则采用学分制，国文占十六学分，修习不及格，仅能作为特别生，不得受学士学位。此项定章，均为严格整顿国文而设。近来聘请各教员，有何仲英、伍叔傥、洪北平、林尚贤、顾宝琛等。"闻去年黄任之等曾赴校详细视察教学状况，提出改进意见。此次计划，实于去岁发生动机云。"（《约翰大学注重国学》，《申报》，1922年9月8日，第4张第15版）中学部新增学目，"多有为普通中学所尚未试验者"。（《约翰大学注重国学》，《民国日报》，1922年9月8日，第3张第11版）

9月12日　钱玄同立志以整理国故、改革汉字为此生要做的十项事情之一。

钱玄同生日，在日记反省"不勤"和"无恒"的性情，决心以后努力十项事情。其中第三为"志愿要做的两件事——整理国故和改革汉字"，"务必努力做去，不可尽着迁延"。（杨天石主编：《钱玄同日记》整理本上册，第432—434页）

9月16日　北京大学研究所国学门档案整理会将目录改编为报告书。

档案整理会以前每星期六公布一次整理目录，现为便于稽考起见，改编报告书，凡经整理案件，皆摘录事由，最重要的抄写全文，分类宣布。并于《北京大学日刊》第四版印成书页式，以便剪订保存。（《整理档案会启事》，《北京大学日刊》第1073号，1922年9月16日，第3版）

9月18日　日本人永井郁斋谋划在北京、上海设立国际中国学会，专门研究中国哲学、政治、经济、文学等问题。

《申报》据国闻通讯社转日人消息称：

> 因近来中国社会思想变动而复杂，社会问题，亦随之发生，欲解决此种问题，必须从学术上，对哲学、政治、经济、文学，加以研究，故国际中国学会，亦应运而生。此会系就在华之各国研究中国学者，加以联络，并使在外之中国学界，及研究中国学者，得通信之联络，预备就各国各举一委员，以处理会务。每年在北京或上海开会一二次，于春夏秋冬四季，发行季报。现在日本之中国学者永井郁斋氏，尽力运动，刻已在北京东直门外肃亲王府设置本部，将来尚须添设文库及会馆。现正设法取得能年支二十五万元之巨额基本金云。（《国际中国学会创设先声》，《申报》，1922年9月18日，第4张第13版）

上海方面则正在筹划中，地址尚未定。（《日人组织之国际中国学会》，《民国日报》，1922年9月18日，第3张第10版）

9月20日　鲁迅陆续在《晨报副刊》刊文，讽刺上海租界鸳鸯蝴蝶派的"国学家"反对新文学的本质。

本年，上海鸳鸯蝴蝶派文学"风起云涌"。除已有《礼拜六》《半月》等刊物外，《快活》《星期》《红杂志》《紫兰花》《心心相印》《游戏世界》等又相继出现。此外，《长青》《晶报》《小时报》（即《时报》之社会、文艺副刊）、《小申报》等亦为喉舌。李涵秋即为五六种报刊写鸳鸯蝴蝶体小说，常在《时报》的社会、文艺副刊写文言短评。（鲁迅博物馆、鲁迅研究室编：《鲁迅年谱》第二卷，人民文学出版社，1983年，第81页）

9月14日，李涵秋在《时报》发表《文字感想》一文，内说"新学家薄国学为不足道，故为钩辀格磔之文，以震其艰深也。一读之欲呕，再读之昏昏睡去矣。"鲁迅反讽说："上海租界上的'国学家'，以为做白话文的大抵是青年，总该没有看过古董书的，于是乎用了所谓'国学'来吓呼他们。""钩辀格磔"是古人形容鹧鸪的啼声，并无别的深意。无论如何，"艰深"不能令人"欲呕"。闻鹧鸪而呕者，世固无之。即以文章论，"粤若稽古"，注释纷纭，"绎即东雍"，圈点不断，总该可以算得"艰深"，可是也从未听说有人因此反胃。"呕吐的原因决不在乎别人文章的'艰深'，是在乎自己的身体里的，大约因为'国学'积蓄得太多，笔不及写，所以涌出来了罢。""'以震其艰深也'的'震'字，从'国学'的门外汉看来也不通，但也许是为手民所误的，因为排字印报也是新学，或者也不免要'以震其艰深'。"感慨"国学"受其影响："国学国学，新学家既'薄为不足道'，国学家又道而不能亨，你真要道尽途穷了。"（某生者:《"以震其艰深"》,《晨报副刊》，1922年9月20日，第3版）

10月4日，鲁迅在《晨报副刊》刊文，继续批评两类"暴发的"伪"国学家"。"一是商人遗老们翻印了几十部旧书赚钱，二是洋场上的文豪又做了几篇鸳鸯蝴蝶体小说出版。"商人遗老们印书是书籍的"古董化"，重点不在书籍，而在古董，大吹大擂，借此获利。茶商盐贩趁着新旧纷扰，借刻书为名，挤进遗老遗少的"士林"。所刻书都无民国岁月，辨不出元版或清版，但都是古董性质，至少每本两三元，绵连锦帜，古色古香。学生们本来买不起，商人决不肯放过学生，便用坏纸恶墨别印"菁华""大全"之类搜刮。定价虽不高，和纸墨比较，却是高价。"国学"书的校勘，新学家不行，当然出自上海"国学家"。然而错字迭出，破句连篇（用的并不是新式圈点），简直拿少年来开玩笑。上海十里洋场的"国学家"，则是"以拆白饷阅者的文士"。（某生者：《所谓"国学"》，《晨报副刊》，1922年10月4日，第3—4版）

本年9月26日，《新申报》刊登署名"扰扰"之《做小说的秘诀》一文，批评新文学家作新体小说的秘诀就是故意"多放几个译音进去，如柴霍夫、屠格涅夫、高尔该、苏德曼、德谟克拉西等等，使旧文学家看了莫名其妙才是"。11月4、6日，鲁迅作《不懂的音译》一文，以充分的事例说明，在翻译、创作和研究国学中，极有必要对外国姓氏、地名实行严格的音译，从而揭露了鸳鸯蝴蝶派的所谓"国学家"们坚持复古、守旧、排外、反对新文学运动的本质。（鲁迅博物馆、鲁迅研究室编：《鲁迅年谱》第二卷，第85—86页）

鲁迅举例说："中国有一部《流沙坠简》，印了将有十年了。要谈国学，那才可以算一种研究国学的书。开首有一篇长序，是王国维先生做的，要谈国学，他才可以算一个研究国学的人物。"以序中有"案古简所出为地凡三，（中略）其三则和阗东北之尼雅城及马咱托拉、拔拉滑史德三地"等外文翻译名词，并不比"屠介纳夫"更古雅更易懂，但非用不可的原因是："有三处地方，是这样的称呼"。"当假的国学家正在打牌喝酒，真的国学家正在稳坐高斋读古书的时候，沙士比亚的同乡斯坦因博士却已经在甘肃、新疆的这些地方沙碛里，将汉晋简牍掘去了；不但掘去，而且做出书来了。所以真要研究国学，便不能不翻回来。""此外，如真要研究元朝的历史，便不能不懂'屠介纳夫'的国文。"总之，"要清清楚楚的讲国学，也仍然须嵌外国字，须用新式的标点的"。（《不懂的音

译》，《晨报副刊》，1922年11月4、6日，第4版）

9月23日　江苏省第二师范学校学生组织国学研究社，以教务长朱香晚为指导员。

由于各地普遍实行新学制，为了适应初级中学学习国文和培养国文师资的需要，江苏省立第二师范学校也设立了文科专修科，招收普通中学及初级师范学校毕业生，为各地初级中学输送合格的初中文科（包括国文、英文、史地等）教员。（唐盛昌主编：《史品上中：菁英教育的缩影》，上海教育出版社，2009年，第48—49页）该校师范学生鉴于一般学子"渺视国学"，特组织"国学研究社"，以唤起学生注意。是日召开成立大会，议决社旨为"修德讲学，温故知新"。当时推定朱香晚为指导员，并拟请"深造国学者"随时讲演。（《二师注重国学》，《时报》，1922年9月25日，第4张）

9月　北京大学研究所国学门主任沈兼士发布由顾颉刚起草的国学门经费建议书，请求庚子赔款和私人捐献的支持。

此建议书经过沈兼士修改个别文字，收进其文集。（沈兼士：《北京大学研究所国学门经费建议书》，沈兼士著，葛信益、启功整理：《沈兼士学术论文集》，中华书局，1986年，第362—364页）原文对比中外研究中国国学的冷热情形，强调中国人研究本国学术的责任。

窃惟东方文化自古以中国为中心，所以整理东方学以贡献于世界，实为中国人今日一种不可旁贷之任务。吾人对于从外国输入之新学，曰我固不如人，犹可说也；此等自己家产，不但无人整理之，研究之，并保存而亦不能，一听其流转散佚，不知顾惜——如敦煌石室之秘籍发见于外人后，法、英、日本均极重视，搜藏甚伙，且大都整理就绪。中国京师图书馆虽亦存储若干，然仅外人与私家割弃余剩之物耳。又如英人莫利逊文库，就中收藏中国史学上贵重之材料极多，中国亦以无相当机关主持收买，遂为日人岩崎氏所得。近闻已嘱托东京帝国大学文学部整理研究，不久当有报告公布——以中国古物典籍如此之宏富，国人竟不能发挥光大，于世界学术界中争一立脚地，此非极可痛心之事耶！

北大研究所国学门规模粗具，非有充裕的基金，真确完备的材料，不能进行系统的充分的研究。有关东方学的参考材料，范围广大。如古代器物为考古学重要材料，但"无意的损失"和"有意的障碍"甚多。必须集合各专门学者组织古物调查发掘团，应用智慧的测量，为考古学发掘。巨鹿宋大观古城、意大利罗马邦卑、安阳甲骨，也是同例。又如中国古代民族语言，可资凭借探溯无文字或载籍以外之事迹，考见现代文化与语言源流及其系统的关系。日本对其古民族语言虾夷语言，已有学者搜集研究，贡献极大。中国如西南各省诸族语言，虽略经外人探讨，但多不能深通中国古音学及文字学，难得圆满效果。将来国语渐渐统一，此等绝好考古资料，恐将淹没澌灭，亦须确定规模，从事调查。他如方言、方音、歌谣、谚语等普遍调查，与精密比较，皆不应蹉跎后时。此外，流传国外的载籍、古物，如《永乐大典》莫利逊文库、敦煌石室的书简古物，均应设法调查，编次目录，分别移抄、照相、毡拓、模型。国内亟待调查，保存整理研究的史迹古物、旧书雅记，种类数量更多。凡此种种，均非有负责机关，充分经费，相当人材，长久时日，莫能举办，经费尤为先决问题。

国学门对于以上所述多端，逐渐进行。其已著有成绩者，歌谣研究会，档案整理会。正在筹备中者，有古迹古物调查会，考古学研究室，风俗调查会，风俗博物馆，方言研究会。但为经费所限制，无力发展，深为可惜。若待大学预算增加，则现在固有之教育经费尚不可靠，增加之期殆犹河清之不可俟。"兹幸各国对于庚子赔款均有退还我国兴办文化事业之主张，深望此事实行后能每年拨给北京大学研究所补助经费若干元（倘蒙国内外公私团体及个人捐助经费，亦极欢迎，其承受办法，当另订详章），以为搜集材料，培养人材，延聘学者，建筑房屋之用。就此基础，扩而充之，即可成一大学附属之博物院，各学系均可于此取资参考。将来与各国间成绩之交换，物品之赠借，均可规定一圆满之办法，以共图东方学术之发展。"（《北京大学研究所国学门经费计画书》，《国学季刊》第1卷第3号）

△　高吹万等编《国学丛选》全集再版，唐文治、金天翮、张孔瑛、吴沛霖、徐珂分别作序。唐文治序中强调，爱国须讲国学，救世先在救心。

《国学丛选》初版于1912年10月。壬戌秋八月，唐文治序称："夫今世之士竞言爱国矣，而不知爱国在爱人。又竞言救世矣，而不知救世先在救心。人心之已死，又奚以爱之。"

盖自欧风东渐，异说朋兴，恂愁之徒，欲骋己私，乃举圣贤之典籍，宗邦之礼法，一切扫除而绝灭之，以为不足复存。叫嚣东西，骧突南北，上下倒置，是非晦盲。于是人心之

恣肆，若江河之去堤防，一旦横决，不可收拾。此狂惑之大害
也。爰有一二自好之士，腹诽而心谤之，顾常疾首蹙额，谓兹
者吾国已无父无君矣，虽欲拯之，其道末由。乃相与遁世闭
门，绝口不谈学问，而有识者亦复厌弃，目为迂愚。

**国学商兑会同声相应，同气相求，圣贤豪杰共商挽救之方，值
得珍重。**

　　夫国学者救心之良药也。《诗》以道志，《书》以道事，
《礼》以道义，《易》以道阴阳，《春秋》以道名分。六经灿明，
各日月之丽天，庶民与斯，无邪慝矣。乙部诸书，政体所载，
资治宏纲，殷鉴不远。其他诸子百家，胥足以穷理尽性，陶淑
身心。所以发挥奥旨，沟通今古，惟后儒是赖。余读斯选，得
商君为巨擘，而尤多通人达士之作，体用具备，政学兼赅。虽
其中间有愤慨专制，稍稍过激之言，然其用心一轨于正中，决
非狂而失当，迂而寡效者，皆能比拟于万一也。
鉴于当今之世类似战国、五代，唐文治主张效法孟子发明性善
之旨，文中子开辟贞观之治，宋濂洛关闽诸大儒精研性理，目的都
是纲纪人伦，扫除思想余孽，共同致力于以经史子集拯救人心陷溺
的事业。(《国学消息》，《国学周刊》第64期，1924年8月13日)
　　10月4日　天津《大公报》披露长沙府学宫被国学会等各种团
体占据的混乱情形。
　　据长沙特约通信称，长沙府学宫原为孔祀而设，产业为府十二
属共有。不料近年来，董事朱某任意渔利，任由一般私人占据学

宫房屋，使其变成劝工场之商店。"除孔道学校，及郡校师范部外，余如弭兵会，洗心社，礼行维持会，孔道大同社，孔道大同社医院，孔道高等文科，礼乐维持会，圣道讲演团，时中报馆，国学会，雅乐研究会等，名目繁多，不胜枚举。"大都请假借名义，以便寄居。或借此营业，以便私图。所居之人，良莠不齐，宫内物品，遗失不少。且常发生不正当之事，一片干净之地，变为龌龊之场。"外间呼为栖流所，诚不诬也。"（《府学宫之怪现象》，天津《大公报》，1922年10月4日，第2张第2页）

10月6日　章维燮报名北京大学研究所国学门中国文学研究员，经国学门委员会审查合格。

章维燮，安徽合肥人，北大国文系毕业，题目为晋二俊诗学。（《研究所国学门布告》一，《北京大学日刊》第1078号，1922年10月6日，第2版）

△　北京大学研究所国学门布告最近购得图书。

计有《道藏辑要》三十六套，二百三十八本。埃及石刻三十四张。《古书丛刊》二十本。《历代钟鼎彝器款识》四本。《大同石窟寺》（日本文）一本。（《研究所国学门布告》二，《北京大学日刊》第1078号，1922年10月6日，第2版）

10月13日　东南大学、南京高师国文系学生组织成立国学研究会，举行系列学术活动。

本年暑假后，东南大学、南京高师国文系学生以"国学沦夷"，非合众力不足谋挽救，遂与学校各科同志商组研究会，得多数同学赞成和诸教授指导，遂出通告，征求会员。不二日，签名者达一百人，奠定了基础。10月13日，在大学宿舍开成立大会，会员到者数十人。由李万育主席，草拟简章，选举职员。下设经学、小学、史学、诸子学、诗文学五部，由各会员自由加入。10月28日，票选分部干事五人，分司部务。指导员有陈钟凡、顾实（惕生）、吴梅（瞿安）、陈去病（佩忍）、柳诒徵（翼谋）。总干事李万育，副干事徐书简，经学部干事李万育，小学部干事吴绍瑄，史学部干事李竞芳，诸子学部干事黎群铎，诗文学部干事吴江冷，书记王汉、吴绍瑄、曹继韫，会计刘纪泽，庶务严洪江，交际员李俶。会员有余秉春、金执中、王继昌、王曾稼、李万育、吴绍瑄、胡庆保、张耀德、纪慕天、李竞芳、胡邃、严洪江、张世禄、赵万里、赵孝清、黄昌裕、尤庭坚、徐书简、乔云栋、方之栋、李俶、季国庆、王廷瑞、吕湘、田世昌、刘志南、冉樧、陆志光、申屠晋、温宗农、王嘉烈、吴江冷、洪瑞钊、端木承基、王福隆、邬德恩、陈忠、曹松叶、朱锦江、曹继韫、黎群铎、易正伦、张履芬、钱贞元、孙景、谢崔瀛、聂鸿仁、王镜第、王汉、刘纪泽、谢寅、陈毅。签名入会而手续未完者，下次补登。（《附本会指导员职员录》，《国学丛刊》第1卷第1期，1923年3月）

国学研究会举行了系列活动。一是讲习会。请校内外学者，作国学演讲，供会员研究。两月余来，举行十次，印行《演讲录》第一集。"其演讲会系取公开主意，凡热心国学者，皆得列席听讲。"李万育连任总干事后，更积极进行。"据云除经史子诗文学各种演讲商请本校教授外，并延蒋竹庄教育厅长演讲'佛学'一年，姚鹓雏先生演讲'小说'半年，皆已商得同意，不日开讲，时间在每星期五下午七时至九时，地点在大会堂，现正在通知南京各学校云。"（《东大国学研究会之演讲会》，《时事新报》，1923年4月25日，第5版）蒋维乔每周日曜日上午来会宣讲佛学两小时，编有《佛学入门》一书。

二是讨论会。由各部召集指导员会员，讨论各会员疑问与心得，及指导员指示。各部举行次第日期，11 月 15 日诗文学部，11 月 25 日经学部，12 月 2 日诸子学部，12 月 5 日小学部，12 月 9 日史学部，12 月 14 日诗文学部。

三是歌曲班。男女会员志愿学曲者，特请指导员吴梅每周两次分组教授谱调歌曲。

四是编辑《国学丛刊》。年出丛刊四期，指导员、职员合辑。

五是翻印书稿。无单行本古书，及未印行遗稿，拟广为印行。已经付印者有俞樾《古书疑义举例》、刘师培《疑义举例补》，正在搜集《左盦遗稿》。（《国学研究会记事》，《国学丛刊》第 1 卷第 1 期）

△　北京大学研究所国学门总结学生研究、编译书报、整理档案各项事业发展情形。

国学门内分文字学、文学、哲学、史学、考古学五个研究室，请北京大学讲师分任指导，校外学者已请罗振玉、王国维两人为函授导师。除了保存杨惠之塑像，其他情形如下：

学生研究方面，北大及国内各专门学校毕业生陆续提出的研究题目，经过国学门委员会承认有研究能力的，共计八人。研究题目及姓名分别是：《清代小学家书目提要及其治学之方法》，罗庸。《尹文子校释》（已有成绩报告），罗庸。《广韵理董》，张煦。《公孙龙子注》（已有成绩报告），张煦。《老子校注》（已有成绩报告），张煦。《音义起原考》，郑天挺。《黄河变迁史》，段颐。《中日交涉地理》，曾载畴。《西北民族对于中国之关系》，高荣魁。《清代文学家年表》，王道昌。

编译书报方面，国学门委员会全体委员编辑发行《国学季刊》一种，发表国学方面研究所得之各种重要论文。编辑委员并添请教授单不庵、教授刘文典、讲师郑奠加入，编辑主任为胡适。歌谣研究会搜集各省歌谣约万首，现拟发行一种《歌谣周刊》。整理《太平御览》，该书所引各书，现无传本者殆半。清严可均、马国翰、黄奭诸人，辑佚补亡，大都取材于此。遗漏未辑者，犹复不少。兹依其征引群籍书目，逐条类辑，总编成帙。已编辑就七百余卷，预计于本年11月中旬藏事。汪、鲍诸氏校刊《太平御览》，卷首均载有引用群书目录，共计一千六百九十种（伊秉绶《太平御览叙》所载种数与此同）。兹因逐条编辑，复发现数百种书为汪、鲍目录所未载及，特撰《太平御览引用群书目录补遗》一册，以补旧有目录疏漏。国学门前承罗振玉转交伯希和寄来研究中国古学的法文书二十种，由孙芳担任翻译，现已译出《利玛窦时代中国之欧洲画与铜版画》《哈喇和硕哥司罗夫发见之中国文书》《伊瓦罗夫中国哲学资料绪言之法家管韩译本》《沙洲都督府图经与罗布淖尔之梭布第亚殖民地》《犹太艾君小记》《吐谷浑苏毗笔记》《中国之阿剌伯文古建筑记》等。

整理清内阁档案方面，自7月4日迄9月30日，先后摘编誊黄、题本、报销册、金榜等类已近万件。其中发现要件不少，例如：《明宣宗实录底稿》；《明世宗实录底稿》；清太祖、太宗、世祖各朝《实录底稿》，及康熙、乾隆《起居注》；明兵部请杀袁崇焕的题稿；康熙讨郑成功的敕谕；雍正间内阁抄本上谕档，载有吕留良、陆生楠、谢济世、沈在宽、严鸿逵、曾静诸文字狱案件；《伐明誓师谕》（天聪四年）；《追尊摄政王生母为皇后诏》（顺治七年）；《摄政王上宾哀诏》（顺治七年）;《罢摄政王母子配享大庙诏》（残缺）;《招降郑成功部属诏》（顺治十八年）;《擒获伪永历祭告典礼诏》（康熙元年）;《立胤礽为皇太子诏》（康熙四年）。外国贡贺诸表，有明崇祯之朝鲜贺表，清南掌贡表、朝鲜贡表、贺表、讣奏等;《乾隆赐暹罗王礼物敕》。上述各件，有为官书所不载者，有虽见于官书而其词与此迥异者。此外可作史书重要考证者，尚不下数百种。现拟于北大二十五年成立纪念日开第一次展览会，将暑假期内整理成绩，分类陈列，以供留心史学者研究。（《研究所国学门重要纪事》，《国学季刊》第1卷第1号）

北京《社会日报》报道国学门近况后，称为"我国大学院之先声"。（《北大设立国学门研究所》，《社会日报》，1922年11月19日，第3版）

10月17日　北京大学研究所国学门布告新购中日文图书、杂志目录。

计有《簠斋尺牍》十二本，《草隶存》二本，《广仓古石录》二本，《簠斋传古别录手稿》一本，《簠斋藏古册并题记》一本，《三代吉金文字》一本，《百一庐金石丛书》十本、两函，共计七种。日文《考古学杂志》十三卷一、二两号，十二卷十一、十二两号;《史学杂志》第三十三编第七、八、九三号;《东亚之光》第十七卷第八、十两号;《艺文》第十三年第七、八、九三号;《东洋哲学》第二十九篇第八、九两号，共计五种。（《研究所国学门布告》，《北京大学日刊》第1088号，1922年10月18日，第1版）

10月20日　王国维复函北京大学研究所国学门主任沈兼士，提出四条研究题目。

函谓:"前日辱手教，并属提出研究题目，兹就一时鄙见所及，提出四条。惟'古字母'及'共和以前年代'二条，其事甚为烦重，非数年之力所能毕事，姑提出以备一说而已。"四个题目是：（一）《诗》《书》中成语之研究。（二）古字母之研究。（三）古文学中联绵字之研究。（四）共和以前年代之研究。（《研究所国学门通告》，《北京大学日刊》第1092号，1922年10月27日，第1—2版；《研究所国学门关于学术之通信》，《国学季刊》第1卷第3号）

赵万里《王静安先生年谱》载："是年冬，先生始提出研究问题四目，以寄研究所主任沈兼士先生。""尚有一目，曰六朝迄唐蕃姓之研究，因日本桑原骘藏教授已从事于此，故不复提出也。"（《国学论丛》，第1卷第3号）

△ 东南大学、南京高师国学研究会举行第一次学术讲演，邀请吴梅讲"词与曲之区别"。（《国学研究会记事》，《国学丛刊》第1卷第1期，第147页）

△ 报载江苏省靖泰国学专修馆举行月考，测验经学。

据本日《时报》载，"该馆开办甫两载"。（老梁：《国学专修馆近讯》，《时报》，1922年10月20日，第4张第16版）陈康祖乃前清解元，"国学精深，喜于难人"。本月15日举行月考，命题三则如下：一、时子因陈子而以告孟子，陈子以时子之言告孟子义。二、孟子言养心莫善于寡欲，顾端文言寡欲莫善于养心，试明辨之。三、问战国尚武功，而学说大兴。汉武杀钩弋，而外戚渐炽，其故安在。"学生多难之，群呼解元先生真恶作剧矣。惟一五十二岁之学生陶某，发已花白，独居甲等，获得奖金十五圆。各同学于钦佩之余，且称之曰白发先生独得利云。"（《国学专修馆近讯》，《时报》，1922年10月17日，第4张第16版）

测验经学试题为某翰林所出，手法新奇。要求："试就下列诸说，审其是非，如以为是，则填＋号于括弧之内。如以为非，则于括弧内填以－号。"题目：《中庸》言教育之原则，而《学记》言教授法。考之六经，中国古代教授法，重输入，不重启发。孔子之言中庸，在诚高明，安卑近。古典礼五十九句，在教儿童以克己。君子之于礼也，以美而文为贵。《乐记》郑音好滥淫志，宋音燕女溺志，今日南方之昆曲，苏扬之小调似之。卫音趋数烦志，齐音敖辟乔志，今日北方之梆子调、大鼓词似之。盖郑宋在河南，齐卫在河北，风之南北，不同形于声，终古如此。"以上六题，孰是孰非，学生多捉摸不定，遂群呼翰林先生恶作剧云。"（老梁：《国学专修馆近讯》，《时报》，1922 年 10 月 20 日，第 4 张第 16 版）

翌年，"骥江（江苏靖江古称——引者）国学专修馆主任陈康祖，鉴于各校多有游艺会之举，拟定孔孟故事十节，令学生先期演习。兹已演习谙熟，特于昨日午后，在梓撞殿戏楼表演。"节目关于孔子者有祷于尼丘、问礼于老聃、陈蔡绝粮、子路问津、子贡货殖、苛政猛于虎，关于孟子者有臧仓沮君、孟子去齐、陈仲子食李哇鹅、齐人骄妻妾。"表演时描神尽致，而尤以齐人骄妻妾一节为最有趣。是日文人学士之往观者，达五百余人，是亦提倡国学中之别开生面者也。"（瑶：《国学馆现身说法》，《时报》，1923 年 5 月 6 日，第 4 张）

△ 《上海先施乐园日报》社论呼吁青年爱国必须尊重国学，学习国文。

社论称，国文与国家兴衰关系密切，是强盛政治、发扬文明的利器，也是教育文化、风俗民性的工具。近代列强亡人国者，必先灭其文学。"盖立国之原素，文学与爱国心，本心心相默，团结维系一气。""今者吾侪青年，竟轻视本国国学，重视他国文字，几以吾国国文，为无用矣。呜呼，轻视国学者，轻视祖国也。轻视祖国者，侮自己也。凡人至轻视自己，则与奴隶何异乎。爱国青年，可不猛省哉。"（袁鸟：《论国人当尊重国学说》，《上海先施乐园日报》，1922年10月20日，第3版）

10月23日　梁启超连续在东南大学及北京法政专门学校讲授中国政治思想史先秦部分，为其"治国故"事业之一。东大讲演颇受学衡派学人攻击。

梁启超自称本次演讲内容，可以追溯到二十年前在《新民丛报》《国风报》等报刊发表的"断片"政治思想文章，"大致无以甚异于今日之所怀"。今春承北京法政专门学校之招，讲先秦政治思想，四次而毕，略庚前续。秋冬间，讲席移秣陵，为东南大学及法政专门讲此本。讲义且讲且编。起10月23日，讫12月20日。初题《中国政治思想史》，分序论、前论、本论、后论四部，后论自汉迄今。"中途婴小极，医者谓心脏病初起，既有征矣。宜辍讲且省思虑，不则将增剧而难治。自念斯讲既已始业，终不能戛然遽止，使学子触望。卒黾勉成之。幸病尚不增，能将本论之部编讲完竣。其后论只得俟诸异日矣。因所讲仍至先秦而止，故改题今名。"（梁启超：《先秦政治思想史》自序，东方出版社，1996年，第1页）

演讲宗旨，在揭橥中国文化的特色及其研究方法。指出我国文化，在十五六世纪以前，较之全世界任何其他文化，皆无逊色，发展途径皆殊其趋。希伯来人、印度人之超现世的热烈宗教观念，我无有。希腊人、日耳曼人之瞑想的形而上学，我虽有之而不昌。近代欧洲之纯客观的科学，我益微微不足道。中国学术在全人类文化史中所居地位，其特性在于"以研究人类现世生活之理法为中心"。"以今语道之，即人生哲学及政治哲学所包含之诸问题也。盖无论何时代何宗派之著述，未尝不归结于此点。坐是之故，吾国人对于此方面诸问题之解答，往往有独到之处，为世界任何部分所莫能逮。吾国人参列世界文化博览会之出品恃此。"（梁启超：《先秦政治思想史》，第1—2页）

　　本次讲演虽名为政治哲学思想史，其实"治国故"即治史，有三种方法可供选择。一是问题的研究法。即先将所欲研究之事项划出范围，拟定若干题目，每个题目，皆上下古今以观其变迁。长处在对于各种重要问题，得有致密正确的知识，而且最适于实地应用。短处在时代隔断，不易看出思想变化之宗因间因，且各问题相互之关系，亦不明了。二是时代的研究法。即按时代先后顺序叙述。长处在能使思想进化之迹历历明白，又可以将各时代之背景委细说明，以观思想发生之动机。短处是同一时代中或资料太多，对于各问题难于详细叙述，若勉强叙述，则"易时所述，与前犯复"，令读者生厌。且一派之学说，先辈与后辈年代隔离，令读者迷失脉络。三是宗派的研究法。即将各种思想抽出特色，分为若干派。长处是对于一学派之思想渊源，其互相发明递为蜕变及大派中所含支派应时分化之迹，易于说明。各派对于具体问题所主张，亦易于比较。短处在时代隔断，对于思想进化次第，难以说明。又各派末流相互影响者甚多，归类难以正确。数大派之外，其有独立思想而势力较微者，容易漏略。以上三法，各有短长，好学深思之士，任取一法为研究标准，皆可以成一有价值之名著。（梁启超：《先秦政治思想史》，第3—14页）

此外，必须坚持两种态度。一是要有客观的研究精神。"社会科学比诸自然科学完成较晚者，因社会事项，最易惹起吾人主观的爱憎，一为情感所蔽，非惟批评远于正鹄，且并资料之取舍亦减其确实性也。一切社会科学皆然。而政治上理论，出入主奴之见尤甚。"唐宋以后学者，"正学异端""纯王杂霸""君子小人"之论嚣然，而斯学愈不可复理。"吾侪既以治史为业，宜常保持极冷静的头脑，专务忠实介绍古人思想之真相，而不以丝毫自己之好恶夹杂其间，批评愈少愈妙，必不得已而用，亦仅采引申说明的态度，庶乎有当也。"二是避免以欧美思想衡量中国古人。

国故之学，曷为直至今日乃渐复活耶？盖由吾侪受外来学术之影响，采彼都治学方法以理吾故物。于是乎昔人绝未注意之资料，映吾眼而忽莹，昔人认为不可理之系统，经吾手而忽整，乃至昔人不甚了解之语句，旋吾脑而忽畅。质言之，则吾侪所持之利器，实"洋货"也。坐是之故，吾侪每喜以欧美现代名物训释古书，甚或以欧美现代思想衡量古人，加以国民自慢性为人类所不能免，艳他人之所有，必欲吾亦有之然后为快。于是尧舜禅让，即是共和；管子轨里连乡，便为自治；类此之论，人尽乐闻。平心论之，以今语释古籍，俾人易晓，此法太史公引《尚书》已用之，原不足为病。又人性本不甚相远，他人所能发明者，安在吾必不能。触类比量，固亦不失为一良法。虽然，吾侪慎勿忘格林威尔之格言，"画我须是我"。吾侪如忠于史者，则断不容以己意丝毫增减古人之妍丑，尤不容以名实不相副之解释，致读者起幻蔽。此在百学皆然，而在

政治思想一科，更直接有"生于其心害于其政"之弊，吾侪所最宜深戒也。（梁启超：《先秦政治思想史》，第14—15页）

谆谆告诫学生，此两种态度，自己能言之而不能躬践之，少作屡犯此病，今虽力自振拔，而结习殊不易除。据亲身经历演讲的东大学生黄伯易回忆，当时"学衡派""锐意提倡复古"，却"也在攻击梁启超"，致使梁启超情绪有些苦闷。黄伯易到国文系语文组办公室抄阅参考资料，听到系主任室几位教授正在高谈阔论："梁启超写先秦政治思想，日本学者已积累了不少资料，顺手拈来都可成书，倒是小石（胡光炜）的《中国文化史》不好编。""梁启超如果继续写汉、魏政治思想，就会感到江郎才尽了。""我敢担保凭梁启超这副本领，一辈子拿不出来！"连顾实讲《古韵学》引证《道德经》的徘句，也楞眉怒目地攻击梁启超："《道德经》是道家政治思想的精神，梁启超摸不到边，他讲的不是老子，而是'咱老子'。"在其他一些场合，抨击则更多。如谓"梁启超只主张'尊王攘夷'"；"梁启超毫不了解种族斗争相纠结的中原文化"；"梁启超用他的儒家思想写《先秦政治思想史》，完全背离客观的学者态度"；"梁启超治学术感情有余而理智不足，在精神上更莫衷一是"。令黄伯易感慨："这分明是一场'中国线装书'与'外国洋装书'激烈的战斗，可惜我们当时排遣不开，而处处为梁启超着急。"

梁启超与"学衡派"的最后一次会面，也令人扫兴。有次国学研究会二三十人借覆舟山下菊畔为背景摄完照片，公推梁启超讲话。"他用10分钟作开场白后说：'为了不辜负大好秋色，我建议本'各言尔志'主义，挨次普遍发言。'哪知竟好似出了一个难题，在座的教授默不出声，无人肯带头讲话。梁先生终于转变话题：'改为自由漫谈吧！最好讲出一件生平最感兴趣的事……'有位同学讲了一段笑话，虽然博得大家一笑，究未能丝毫削弱'学衡派'对梁启超的冷淡。"秋节，在校内六朝松下的梅庵举行第二次国学研究会，召集人在事前作了布置。开会时有教授作了专题启发报告，讨论时大家提出意见，使主题内容更为丰富。因此大家感到这一次会开得极好。这时圆月初上，余兴未尽，有人转变话题到顾实早年作品《人生二百年》。立时引起梁启超的兴会，说出："……我梁启超一定要活到78岁！"立时引来了教授们的不同意见。吴梅说："生死何足道！"王朴安说："未知生，焉知死？"柳诒徵说："人生实难，死如之何！"陈去病说："生死事大，无余涅槃。"教授们的人生观也是五花八门，总觉在态度上都是反对梁的。最后陈钟凡调侃地说："我们顾先生会算八字，让他给梁先生算算！"梁启超刚说完"我梁启超生平从不迷信"，就引起顾大为震怒地说："我不像梁启超，我自己算过，我要活80岁零一早晨，最后一早晨要与死神拼命！"（黄伯易：《忆东南大学讲学时期的梁启超》，全国政协文史资料委员会：《中华文史资料文库》第16卷"文化教育编"，中国文史出版社，1996年，第13—14页）

　　△　易培基复函陈钟凡，致谢寄赠东南大学、南京高师国学研究会简章，建议《国学丛刊》广开征稿途径。

　　先是，陈钟凡函赠国学研究会简章，并嘱易培基为《国学丛刊》投稿。易复函称：

　　　　奉书并国学会简章，诸君子维系文化，以光国典，甚盛，甚盛！承属投稿，至为荣幸！拙著《楚辞补校》，比时随读随记书端，并无副本。早年刘君（刘师培——引者）索稿，曾录数页塞责。《国故》中辍，未续寄。诸公承踵前徽，自当陆续抄寄。申未先生下世，闻遗稿尚多，未审能借此检出否？望望！再，今年暑假游沪，章君太炎过从甚密，知其未刊稿不少，如或需此，亦可缄索。

并询问《国学丛刊》第一期何时可出，请以三十份寄湘，分发此间欲先睹为快之同志。（《易吟邨来书》，《国学丛刊》第1卷第1期）

11月12日，易培基致函陈钟凡，寄去函索之金石拓本题跋、散氏盘原器拓本及释文，并言章太炎来书论此，颇多发明，询问是否可刊《国学丛刊》。（《易吟邨来书》，《国学丛刊》第1卷第1期）

10月24日　北京大学研究所国学门通讯导师王国维致函马衡，建议北大设立"满蒙藏文讲座"和派遣学生前往欧洲学习东方古国文字。

王国维除了提及为北大"研究科"即国学门拟就四条题目，覆交沈兼士外，并建议二点："现在大学是否有满蒙藏文讲座？此在我国所不可不设者。""东方古国文字学并关紧要。研究生有愿研究者，能资遣法德各国学之甚善，惟须择史学有根柢者乃可耳。此事兄何不建议，亦与古物学大有关系也。"（王国维著，刘寅生、袁英光编：《王国维全集·书信》，第336页）

10月25日　北京大学研究所国学门收到朝鲜总督府和黄文弼赠书。

朝鲜总督府寄来其出版的非卖品《古迹调查特别报告》（含

《平壤附近乐浪时代之坟墓》《北满洲及西伯利亚东部调查报告》，共两册），和《古迹调查报告》（含《大正五年度古迹调查报告》《大正六年度古迹调查报告》《大正七年度古迹调查报告》《大正八年度古迹调查报告》，共四册）。黄文弼惠赠《张克诚先生遗著》一册，《周秦诸子叙录》一册。（《研究所国学门布告》一、二，《北京大学日刊》第1091号，1922年10月26日，第1版）

10月27日 东南大学、南京高师国学研究会举行第二次学术讲演，邀请顾实讲"治小学之目的与其方法"。（《国学研究会记事》，《国学丛刊》第1卷第1期）

△ 容庚、冯沅君分别报名北京大学研究所国学门文字学、中国文学研究员，经国学门委员会审查合格。

容庚，广东东莞人，广东东莞县立中学教员，题目是殷周金文；冯淑兰（沅君），女子高等师范毕业，河南沁源人，题目是楚词的研究。（《研究所国学门布告》，《北京大学日刊》第1092号，1922年10月27日，第2版）

容庚此前自学为主，通过罗振玉向马衡推荐进国学门。10月7日下午五时，钱玄同访马衡，在马衡处看见容庚研究钟鼎文书的稿本，体例如《说文古籀补》。"据说此君尚是青年，拟入北大研究所。"（杨天石主编：《钱玄同日记》整理本上册，第454页）容庚于1916年中学毕业后，先从二叔容祖椿学画半年，不竟学。复到广州从母舅邓尔雅学篆刻，编《金文编》，欲补吴大澂《说文古籀补》的缺失。"1922年，与弟肇祖，同游京师，入北京大学研究所国学门，为研究生。四年，《金文编》成。"（《容庚自传》，东莞市政协编：《容庚容肇祖学记》，广东人民出版社，2004年，第3页）容庚经过天津时，谒见罗振玉，出《金文编》稿请教。罗振玉认为容庚研究古金文，可以造就，主动向北京大学金石学教授马衡推荐。"马衡重视人才，知道容庚的学历尚有一定差距，但认为容庚所著《金文编》稿，体例谨严，材料丰富，决定不予考试，破格录取为北京大学研究所国学门研究生。时容庚已考入朝阳大学，往朝阳上课，北大的录取，无异伯乐识良马，对自学成才的容庚来说是意外的机遇，成为他毕生事业的新起点。"（容肇祖：《容庚传》，东莞市政协编：《容庚容肇祖学记》，第7页）北京大学研究所研究生只需报名审查，似无不予考试而破格录取之必要。

本年夏，冯沅君在北京女子高等师范学校毕业，随即入北京大学研究所国学门做研究生，研习中国古典文学。"然而，由于受新文学运动的影响，特别是受郭沫若等人的文学作品的影响，沅君先生不仅接受了新的文学观念，而且激起了创作热情。"（袁世硕、严蓉仙：《冯沅君传略》，晋阳学刊编辑部编：《中国现代社会科学家传略》第3辑，第91页）

10月30日　小学教师吴文祺致函胡适，称赞其整理国故之功，希望帮助出版《读书通》。

函称最佩服胡适为人，思想行为受其影响最大。四年前是一个旧文学信徒，读了胡适的《文学改良刍议》和《建设的文学革命论》，不得不信仰白话文有"至高无上"的价值。四年前是一个庄子哲学信徒，读了胡适的《不朽》，人生观大变。1919年，读了胡适的《中国哲学史大纲》，佩服得"五体投地"。后来做了一篇《近代国学之进步》，指出胡适达到了"百纯而无一疵"的境界，敬佩"完全是凭着理性来批评的，并没有一些感情作用，和盲目的崇拜是大不相同的"，并非如吴作民"断章取义地"所说崇拜偶像。随附《整理国故的利器——〈读书通〉》一文，请求在《读书杂志》发表，借此"引起国人对于国故学的注意"。自己的几篇文章，"虽然不是尽拾"胡适的"绪余"，"但总脱不了"胡适的"影响"，最终目的是希望胡适帮助出版乃父所著《读书通》这部"很有价值而不为世人所知的名著"。"从前的学者，虽然有类于此书的著作，然万万不及此书。如阮元的《经籍纂诂》，专事胪列，没有系统条理；朱骏声的《说文通训定声》，比较的略有系统，然专从《说文》上打圈子，未免局于一隅；朱谋㙔的《骈雅》，吴玉桥的《别雅》，取材见简陋，且又无所发明，较之《读书通》相差远甚。"（杜春和、韩荣芳、耿来金编：《胡适论学往来书信选》上册，河北人民出版社，1998年，第617—619页）

《整理国故的利器——〈读书通〉》一文未见发表于《读书杂志》，11月5日发表于《时事新报·学灯》。首引胡适《论国故学》之语："学问是平等的，发明一个字的古义，与发明一颗恒星，都是一大功绩。"并举"近年来整理国故的声浪，越唱越高"的表现：

北大国学研究所自沈兼士担任主任以来，积极筹备，努力进行；又请胡适之、周作人、钱玄同等为委员，很有蓬蓬勃勃的气象。今年江苏省教育会曾请章太炎演讲国学。文学研究会今年七月中在上海开南方会员年会的时候，郑振铎有整理中国文学的提议。去年七月中蔡子民自欧洲初回时在北大的演讲，及今年三月中梁任公在北京女高的演讲，都极言整理国故之重要。《小说月报》自第十三卷第七号起，特辟"故书新评"一栏，据他们自己说，"兼以为小规模的整理国故工夫"。

报章杂志所载论说则更多，如胡适之《论国故学》，沈兼士
《整理国故的几个题目》，灵《整理国故的意见》，马叙伦《北京大
学研究所整理国学计画书》，吴文祺《整理国故问题》，毛子水《国
故和科学的精神》，傅斯年《清代学问的门径书》，卢隐《整理中国
旧文学和创造新文学》。"最近这几期《文学旬刊》很有几篇文章，
讨论到整理中国文学的问题；而《努力周报》的附张《读书杂志》，
关于整理国故的文章，尤多精审之作。"整理国故须先整理文字，
希望国内几位国学家，顺应时势的要求，聚精会神，编辑一部完备
适用的辞书。可惜近来谈国学者似乎都不大注意。只有梁启超曾
说："研究古代音读，与今不同者，使追寻声系，不致沿讹。……略
仿苗夔之说文声读表，以声类韵类相从，以求其同意相受之迹。制
新辞典，一反前此以笔画分部之法，改为以音分部；使后之学子，
得一识字之捷法。"沈兼士也以为辞典的编纂法，亟应改革，提出
凡关于文字的"变易""孳乳""引申""通假"，都是很应该研究的
重要事项。应以"目治的依据古籍来探寻历代文语蜕禅［嬗］的遗
迹，耳治的研究现代各地方语言流变的状况。然后用归纳的法子，
整理起来，分类编录，成一种尔雅式的字书"，为"将来纂辑辞书
的材料"。从前小学家"以形为经，以音义为纬"，现在根本转变，
"却专以音义为主"。此外，王国维曾欲"溯诸汉人'读为''读若'
之字，与经典异文，类其同声同义者，以为一书"，"因悟此事之不
易"，"终于没有做"。总之，"前代学者对于文字方面，虽已做了一
些整理事业，可是往往滞于一面，不能融会贯通，以明文字音韵的

纷纭变化之迹"。阮元《经籍纂诂》专尚胪列，没有条理，难逃支离破碎之讥。朱骏声《说文通训定声》虽然较有系统，只是专在说文上打圈子，未免居于一隅。近代学者如章太炎、刘师培、钱玄同、朱蓬仙等，或高谈音理，或泛论训诂，或斤斤于本字假字之辨别。"从没有人会集古今来同通讹变之词类，以辞书的形式，类而辑之者"。

朱丹九著《读书通》，共四十八卷，为"整理国故的利器"，"一部很完善的辞书"。即以两字联绵的词类为本位，以普遍易识的词类冠其首，沿流溯源，以本字假字，和古书中的别体异文次其下。一一引其出处，加以按语，证明变迁和沿讹的原因，全凭客观的证据，不凭主观的臆断。把古今"远陌纷错，不可究理"的文字，以极简明极有系统的形式排列出来，若网在网，有条不紊，使人一看即明。征引瞻博，考核精详，出乎意料之外。其按语有订正前人错误，或讨论修饰前人未完成的工作，或有独到精义，尽翻陈言，体现"创造的力量，怀疑的精神"。著者兼"文字学家（包括音韵、训诂、形体），校勘家，考订家"，著作"合文字、校勘、考订……诸学于一炉而陶冶之"。（吴文祺：《整理国故的利器——读书通》上，《时事新报·学灯》，1922年11月6日，第1—3页）

此外，《读书通》可以助推白话文革命，因其"又把现代的方言，溯其语源，推其本柢"，仿佛暗示："古时甲时代是言文一致的，到了乙时代，因了声音的转变，言和文分离了。但是言文虽然分离，总不能不互受影响，语中时常加入了些文中的词类，文中也时常搀入了些语中的词类。忽于不知不觉中，可以扩大文学革命的潮流，使顽固者可以因此发生一些觉悟，来同受新文学的洗礼。"

为了争取胡适支持，吴文祺转而痛批新文学运动的批评者。"近来国学两字，往往为一般顽固不通的人借去装幌子，他们要反对白话文，也用着国学做武器"，"国学先生"以为"古时言文是一致的；《诗经》《离骚》都是当时的白话诗"，实在是"大门反装转"。现在反对白话文者，"不是一知半解的老顽固，就是半通不通的留学生（如梅光之迪、刘伯之明、胡先之骕这一类东西）。他们至多不过能读读《古文观止》《幼学琼林》……这一类书；做做'科学之家，哲学之家，乌托之邦'的妙文罢了"。

> 尤其可笑的，连"不明白什么是国故"的吴宓，居然大做其"攻诋痛抗而不遗余力，虽然，岂尽然丑耶"一类的不通文章，不知愧怍地想自跻于国学者之列。甚至连没有常识的黑幕派小说家李涵秋，也大做其"以震其艰深也"一类的不通文章，老着面皮来谈国学，我不禁为国学痛哭！不客气说，国学的领土内，决不容你们这种东西逗留！滚吧！去走你们自己的路吧！（吴文祺：《整理国故的利器——读书通》下，《时事新报·学灯》，1922 年 11 月 7 日，第 2—3 页）

朱起凤（1874—1948），字丹九。早年任安澜书院助教时，批改课卷，把"首施"当作异形词"首鼠"的笔误，受到学生嘲弄，遂发愤编纂《辞通》。《辞通》初名《蠡测编》，又改为《读书通》《新读书通》，后开明书店出版时定名为《辞通》。（《海内耆英第一流——吴文祺教授传论》，陈思和、周斌主编：《名师名流：复旦大学中文学科发展八十五周年纪念文集》，复旦大学出版社，2000 年，第 246 页）

《读书通》因僻字太多，成本太高等原因，出版波折重重。吴文祺晚年回忆提及胡适在复信中说："丹九先生的书很有出版的价值。"1928年，胡适先介绍给商务印书馆王云五，遭婉言拒绝。再介绍给中研院史语所，亦以经费问题无果而终。（吴文祺：《〈辞通〉与开明书店》，中国出版工作者协会编：《我与开明1926—1985》，中国青年出版社，1985年，第212—213页）

△ 陈锡襄报名北京大学研究所国学门中国哲学研究员，经国学门委员会审查合格。

陈锡襄，福建闽侯人，福建协和大学毕业，题目是中国伦理学史。（《研究所国学门布告》，《北京大学日刊》第1094号，1922年10月30日，第2版）

10月 江西省同善社罗兆栋等恳请江西省当局保护同善社暨国学专修馆江西分馆，得到批准。（《督理江西军务善后事宜江西省长公署训令第六一五号》，《江西公报》第90期，1924年4月26日）

△ 李佩兰译刊乃父李南麟原著《国学论》，告诫青年学生国学有助于养成爱国心。

文谓中国是五大洲最大之国，有四千余年历史。近世文明先进列国，其在"世界市场"能称先进，莫不来自学术。如哥白尼、培根、笛卡尔、孟德斯鸠、卢梭、富兰克林、亚当·斯密、伯伦知理，以及奈端、嘉列、连挪士、康德、皮里史利、边沁、黑拔、仙士门喀莫德、约翰·穆勒、斯宾塞等，皆博学深思，独有创说，为今后时势之应用，积累学术事业。我国青年即使不能如上述诸人左右世界，亦当效法福禄倍尔、福泽谕吉、托尔斯泰，左右一国。以我国之大，能左右我国，即能左右世界。且"自今以往之二十年中，吾不患外国学术思想之不输入，吾惟患本国学术思想之不发明"。输入外国学术思想，未必于我有损。国于天地，必有与立，善其国者不可不淬厉增长其特质。今正过渡时代，苍黄不接之余，唤起同胞爱国心，必非可等闲视之。"不然，脱崇拜古人之奴隶性，而复生出一种崇拜外人，蔑视本族之奴隶性"，则"得不偿失"。告诫学生"皆以输入文明自任者"，教人必当因其性所近而利导之，就其已知而比较之，方能事半功倍。"不然，外国之博士鸿儒亦多"，却"不能有裨于我国民"，因"相知不习，而势有所扞格"。"若诸君而吐弃本国学问不屑从事也，则吾国虽多得百数十之达尔文、约翰弥勒、斯宾塞辈，吾惧其于学界一无影响也。"（译家君南麟原著，粤梅李佩兰女士投稿：《国学论》，《时兆月报》第17卷第10号，1922年10月）

11月1日　泰东图书局首次出版章太炎演讲、曹聚仁编辑的《国学概论》。

11月2日　北京大学研究所国学门感谢陈垣惠赠《摩尼教入中国考》一册。（《研究所国学门布告》，《北京大学日刊》第1097号，1922年11月2日，第1版）

11月3日　东南大学、南京高师国学研究会举行第三次学术演讲，邀请梁启超讲"屈原之研究"。（《国学研究会记事》，《国学丛刊》第1卷第1期）

11月6日　报载支那内学院约定章太炎明年在法相大学讲演国学和佛学。

《申报》谓，支那内学院在筹备之中，创办人欧阳竟无不废讲学，已经开讲"唯识抉择谈"。外间特来听讲者，有梁启超、蒋维乔、张君劢、汤用彤、郑立三、曾孟朴等。又有黄斐章、叶香石、释太如等，特由滇粤远来。此外在院内研究者，如吕秋逸、李石岑、邱希运、熊十力、聂耦庚等数十人。此项讲事，须至年底始竣。支那内学院已有具体计划，明年先开法相大学，各科教授除由吕、李诸人及梁漱溟等担任外，并已约定章太炎任国学及佛学，张孟劬任俱舍，德人雷兴任梵文，院内黄树因任藏文。（《支那内学院近讯》，《申报》，1922年11月6日，第3张第10版）

11月9日　东南大学、南京高师国学研究会举行第四次学术演讲，邀请陈仲英讲"近代诗学之趋势"。（《国学研究会记事》，《国学丛刊》第1卷第1期）

△　北京大学研究所国学门导师王国维复函何之谦等五位学生，讨论连绵字。

何之谦，北大中国文学系四年级，江西高安人；安文溥，北大中国文学系三年级，奉天沈阳人；何立权，北大中国文学系三年级，江苏盐城人；王盛英，北大中国文学系三年级，安徽合肥人；李沧萍，北大中国文学系三年级，广东丰顺人。（《研究所国学门布告》，《北京大学日刊》第1143号，1922年12月29日，第2版）

先是，王国维提出四条研究题目。五人鉴于兹事体大，不能胜任，致函请求先选《古文学中联绵字之研究》一题，共同研习，俟有眉目，再及其余。具体问题三端：一是材料选定。《骈雅》《别雅》诸书，取材不下数百种，几于经史子集，训诂名物，稗官野史，无所不包。两书庞杂，称引弗伦，自不必悬为准的。研究应由韵文入手，自《三百篇》以至《楚骚》《文选》，历代诗赋，宋元词典，悬为标的，以推其余。至于《说文》《尔雅》《方言》《释名》

《埤雅》以及经子诸书，似应涉猎一过。就中应以何者为先，何者为要，何者可以恝置弗问。二是研究标准。研究之初，可否确定一个标准。如《昭明文选》之类，先事研阅，然后旁通淹贯，参互交流，抑由上而下，循序推研，翻阅既竟，再事连贯。三是部居分别。既不以《骈雅》只知义不求声韵为然，自必推究声音，予以配比。但如徜徉有相羊、儴羊、常羊、仿羊的不同，呜呼有乌乎、于戏、鸣虖的各别，匍匐与扶服的异文，痀瘘与伛偻的并诂，自应加以考定。别其先后，极其繁变，可否先以声韵为归，略仿《骈雅》先例，再以义类相从。

　　11月9日，王国维复函详细解答。一是取材讲究。须遍四部，先以隋以前为限。五君共同研究，可以分担经、史、子、集四部。就一部分每阅一书，即将其中联绵字记出（并记卷数，以便再检）。有类似联绵者，亦姑记之（如《庄子》中人名三字者，中亦有联绵字）。再后增删，汇集，分类。二、分类方法。拟分双声字为一类，叠韵字为一类，非双声、叠韵者，又为一类。双声字以字母为次（古音字母不过二十余，不妨借用三十六字母）。叠韵字以《广韵》为次。非双声、叠韵者，则以第一字之声或韵为次。而一母一韵又以其音义最近者，互相系连，则可以观其会通。三、汉魏人经注中字，与《尔雅》《方言》《释名》《广雅》《说文》中字，任经部者兼。金石文字（汉魏以前者），任史部者兼。《史记》《汉书》中所载古赋，与《文选》往往有异同，亦须兼采。子部中如高诱《吕览》《淮南》注，亦可采入。集部于《楚辞》《文选》外，可参考《全上古三代秦汉六朝文》。（《研究所国学门通告》，《北京大学日刊》第1133号，1922年12月14日，第2版；《研究所国学门关于学术之通信》，《国

学季刊》第1卷第3号）

11月10日　梁启超在东南大学史地学会演讲《历史统计学》，主张历史研究的最大任务是归纳人类社会的"共相"和"共业"，必须利用历史统计学求取。国学研究会刊行讲演录时，附入《治国学的两条大路》。（梁启超：《历史统计学》，东南大学、南京高师国学研究会编辑：《国学研究会演讲录》第一集，第109—125页）

11月16日　北京大学研究所国学门布告近期购得书籍目录。

计有日本高桥健自著《考古学》一册。日本考古学会出版《考古学杂志总目录》一册。日本离屋铃木郎辑《雅念译解》一册。日本津田敬武著《释迦像之艺术史的研究》一册。日本考古学会编《纪年镜鉴图谱》一函。日本虎阴禅师著《广益三重韵》一册。[①] 日本贝原笃信编《日本释名》三册。日本贝原好古编《和尔雅》五册。日本筑后守原著《同文通考》四册。日本阿阇梨著《圆珠庵杂记》一册。日本楫取鱼彦辑，平春海、清水滨臣标注《古言梯标注》一册。日本东亚协会《东亚之光》第十七卷第十一号。日本东洋大学出版《东洋哲学》第二十九篇第十一号。日本支那学社出版《支那学》第三卷第一号。日本帝国大学文科出版《朝鲜地理历研究报》（自第一期至第八期，共八册）。日本史学研究会编《史林》第七卷第四号。吴大澂编《愙斋集古录》（涵芬楼影印）二十六册。文讷编译《中国小曲译本》一册。（《研究所国学门布告》，《北京大学日刊》第1110号，1922年11月17日，第1—2版）

11月17日　东南大学、南京高师国学研究会举行第五次学术

---

① 原文说作者是"日本虎关师炼"，兹据刊误改正。

演讲，邀请江亢虎讲"欧洲战争与中国文化"。(《国学研究会记事》，
《国学丛刊》第 1 卷第 1 期)

11 月 19 日　宋育仁主撰的四川《国学月刊》出版，以述先圣
先师之言为宗旨。至 1924 年出至 27 期后停刊。

《国学月刊》由成都国学会编辑，先后由国学月刊社、成都少
城公园图书馆出版，宋育仁主撰。分学说、时论、专门、掌故、艺
林、选言、书牍等栏，大多每月朔日出版。标榜四大特色："于学
说则发前人所未经道"，"于时论则道国人所未及知"，"艺文谈苑均
取其于国家掌故有关"，"书牍选言必择其于人群心理有裨"。内容
多涉及中国古代历史、文学、宗教、政治、经济多方面，也在"时
论"栏发表时事政治评论。[①]

宋育仁在绪言针砭新式学校不出学问的现象，主张推广学校
的同时必须注重学者讲学，可见国学会的旨趣。指出当今"道术将
为天下裂"的时代，"旧政界苦于护短，旧学界苦于未闻。新学界
苦于无所适从，新政界苦于无从说起。同堕苦海之中，致为潮流所
荡，中流飓作，为之奈何"。教育主导之学者，必须先讲求学问精
深，才能积极引导学校教育。

欧美成专门有用之学者，成于学会，非成于学校。学校之
专门，尚属专门之普通，出学校再由学会讲求增进，始成为学
问之专门。有高深之学理，始能支配浅近之教科，有精微之理

---

① 或谓："然而杂志的学术性不强，偏重于时事评论，仍在宣传已经过时的维
新思想，所以在学术界没有什么影响。"(谢桃坊：《四川国学小史》，成都：巴蜀书
社，2009 年，第 10—12 页)

论，始能发生国家学政治学专家之学业事业。此西人所恒言，奈何吾人充耳不闻也。为学者为世界之主人，而旧译误以学生当之，今新译渐开通，宜若知其谬误，而察其所趋，似尚知而未知也。惟广学校，增学费，学生多之是求，而不问校长教员之学业何如也。是所厚望于有学者，与讲学家，姑且降心思学，然后知不足之一言，潜心而进加研究，与学会互相切磋，则以此为发轫乎。（《国学月刊》第1期，1922年11月19日）

此外，国学月刊社还编辑出版四种《国学特刊》，包括《军国民主义》《礼乐萌芽》《王道真宰》《孙子评注》，"专为发皇内圣外王之道，以见国学之博大精深"。（王绿萍编著：《四川报刊五十年集成1897—1949》，四川大学出版社，2011年，第106页）

△ 署名"老梁"者评论无锡国学专修馆上课情形，称其专门培养中学国文教员。

唐文治"近因科学东输，国文程度日见低微，学校中之国文教员，皆为一二绩学之士，将来如晨星之寥落，则任国文者，皆今日之师范生"，遂设立师范科，专修国文，以"养成中学国文教员为宗旨"，现已开始上课。此外，"又因学生终日埋头窗下，颇不卫生，遂置办台球，开辟网球场，以便课外运动，并规定每日之晨，作十分间呼吸运动云"。（老梁：《国学专修馆之新设施》，《时报》，1922年9月19日，第4张第16版）

11月22日 北京大学研究所国学门布告近期购得商务印书馆出版的《历代人名大辞典》一册、日本考古学会出版的日文《考古学杂志》第十三卷第三号一册。（《研究所国学门布告》，《北京大学日刊》

第 1114 号，1922 年 11 月 22 日，第 2 版）

11 月 23 日　北京大学研究所国学门感谢陈垣惠赠钟用龢撰《粤省民族考原》一册、杨恭桓撰《客话本字》一册。(《研究所国学门布告》，《北京大学日刊》第 1115 号，1923 年 11 月 23 日，第 1 版）

11 月 24 日　东南大学、南京高师国学研究会举行第六次学术演讲，邀请陈钟凡讲"秦汉间之儒术与儒教"。(《国学研究会记事》，《国学丛刊》第 1 卷第 1 期）

11 月 25 日　署名"水"者在《清华周刊》撰文，批评中西课程成绩合并计算的清华国学课程改革，并不能使学生注重国学。

其文谓中西课程成绩合并计固然是正当办法，却不能使学生注重国学。国学教授认真，也恐难有效果。症结在清华学校性质，"学生第一个问题是要把英文学好，第二个问题是用英文去预备普通和专门的科学，以为将来作高深研究的工具"。除此以外，还要保持身体健康，否则将来不得出洋。鉴于以前国文考试只是作一篇"论辩类"文章，难以显示和检测作者的国学程度，建议在入学试验阶段注重国学，入学以后则不必注重。因根底好自学也不致荒废，无论如何不会倒退。具体是入学试验分为两步：国学为"第一试"，英文和用英文考的各门为"第二试"，第一试录取后才准接受第二试。

入学考试"国文"的范围广泛，包含以下五种：一是于指定的广义文学书若干种内，由投考者拣出数种，以简明文字述其大意，或略加批评。二是将较为普通的古文译为语体文。三是国语文法，及标点符号用法。四是按所考级次高下令译英文为中文，级次高者可加由中文译英文。五是口试。令作简短演说，或用别的方法试验，以能用国语为佳。清华素为注重英文的表率，入学试验注重国学的改革必定影响国内许多学校。因此，清华考取赴美的女学生和专科学生，也应该经过同样而加重的"第一试"。且中学入学考试非清华自办不可。（水：《解决国学问题的一个方法》，《清华周刊》第260期，1922年11月25日）

　　11月　无锡国学专修馆馆长唐文治组织学生刊印《十三经读本》完竣，唐文治作《施刻十三经序》。（王震：《凌鸿勋茹经老人记后赘言》，《茹经堂文集》附六，沈云龙主编：《近代中国史料丛刊》续编第40辑，文海出版社，1977年，第2432页）

　　《十三经读本》为唐文治辑，吴江施肇曾醒园刊本，全书共二十函，一百二十册。书前有陈宝琛、僧释印光、唐文治、施肇曾序各一。陆昌年、郭其俊、毕寿颐、白虚、唐兰、顾季吉、王蘧常、陈绍尧、方和靖、钱国瑞、王鸿栻、吴宝凌、侯堮、唐景升、陆遵羲、蒋庭曜、许师衡、夏云庆、严济宽、政思兴、陈庭实、胡凤台、丁儒侯、杨养吾、俞汉忆、陈宝恭、袁鹏骞、王钟恩、丁天兆、吴其昌、徐靖澜、孙执中、陈学裘、钱安定、戴恩溥、冯励青、陈渭犀、李家俊、蒋天枢、萧雪亮、钮方义、黄希真、胡集勋、杨仁溥、秦艾三、刘文灏、陈拔彰、姚继咃、王震、陈庆熙、陈雪艇、杨焱、王道中、徐世城、李耀春、童咏南等56名无锡国学专修馆前二届的学生，曾经襄校，得到一次很好的专业学业和学术训练的机会。自印行后，无锡国专学生学习所用书目，经部即为此书。其余各部，史部的传记类《史记》《汉书》《后汉书》《三国志》，编年类《资治通鉴》和《续通鉴》，文物典章类《通典》及《续通典》；子部为浙江书局之《二十三子》和唐文治撰《宋五子大义》；集部有唐文治撰《政治学大义》、段注《说文解字》《昭明文

选》、正续《古文辞类纂》《经史百家杂钞》、唐文治撰《古文四象》
《国文阴阳刚柔大义》《古人论文大义》等。（刘桂秋：《无锡国专编年事
辑》，第31—33页）

　　△　钱玄同编《国故概要》仅缺《荀子·正名》篇未付印，其
他均已标点完成。（杨天石主编：《钱玄同日记》整理本上册，第479页）

　　11月　何廷璋等编辑《国粹杂志》月刊，由香港文明书局编辑
发行，以阐发国粹，衍译儒释道三教真理为宗旨。至1925年4月停
刊，共出38期[①]。

　　《国粹杂志》由三教总学会承办，以专门"阐发国粹"，衍
译"儒道释三教真理"为宗旨，设论文、通论、杂著、文苑、纪
事、通讯等专栏。初定阴历每月出版一期。撰述员皆可自由发表意
见，绝不干涉。编辑经史事实、古今著作，或浅或深，随人领悟。
欢迎来稿，宗旨不合者，概不刊登，原稿恕不奉还。杂志系为善性
质，凡有余款，无论各同人募集，抑各界捐助，均拨入善举。义务
职员：编辑何廷璋，正主任冯其焯，副主任蔡绮文，正司理员麦
伯沅，副司理员梁环昭，司库员曾富，核数员罗佐笙，理数员茹
灼文，文牍员林竹卿，交际员欧阳炳初、唐梅初、谭德荣、冯达
明，庶务员冯耀南、何寿卿、钱雁如、蔡焕堂、黄泽初，督销员何
贤选、欧阳善觉、余植臣、蔡家骥、廖荫棠，劝销员余良奋、李如
川、欧阳炳初、赵少朴，义务撰述何廷璋、陈书琴、蔡品衡、区宝

---

　　①　目前所见收藏该刊最全的是四川省图书馆，保存1-23、25-26、28期，1922
年11月创刊，1925年4月停刊。（全国第一中心图书馆委员会全国图书联合目录编
辑组编：《全国中文期刊联合目录（1833—1949）》增订本，北京：书目文献出版社，
1981年，第787页）作者只在上海图书馆的"民国时期期刊全文数据库"查到第38
期，未见公元纪年时间，仅见封面有"中华民国丙寅年贰月份第叁拾捌期"字样。

公、奋觉、谭德荣、乾贞子、何仲箟、戴旨柚、晋苏、郑乐三、陈慈谿、林竹卿、谢宝书、因明子、袁达女、伍逢春、欧励庵、醒盦、冯其焯、梧桐子、蔡绮文、宝斋、何择闻。杂志办事处暂在广东省河南洪德五巷十七号三楼，香港中环德辅道中，一百一十一号三楼。

12月1日　东南大学、南京高师国学研究会举行第七次学术演讲，邀请陈去病讲"论诗人应具有之本领"。（《国学研究会记事》，《国学丛刊》第1卷第1期）

△　北京大学史学系教授会以该系报名参加国学门整理档案的学生已占多数，通告尚未报名者，速来报名，并自定整理时间。（《史学系教授会启事》，《北京大学日刊》第1125号，1922年12月5日，第1版）

△　德国生机主义哲学家杜里舒在《晨报副刊》发表《中西文化之互助》一文，主张中国对西洋文化应取长补短，不能失掉以伦理学为核心的国粹。

本年10月14日，杜里舒应讲学社邀请来华讲学，偕夫人抵达上海。此后，在上海、南京、武汉、北京、天津等地进行巡回演讲，介绍生机主义哲学。为《晨报副刊》六周年纪念号撰写《中西文化之互助》一文，阐述了中西方学术互助的观点。谓："一位欧洲的哲学家被聘到中国来讲学，第一件要知道是向那些人讲演，第二件要知道应当贡献什么，其所贡献的一定要是从前中国所无而又对于中国的思想界有益的。""中国国民有很完全的哲学系统。关于伦理学说，欧洲人对中国人实在无所贡献。""中国对于哲学问题之探讨尚未发达，欧洲哲学家所应贡献者约有二端"，即导源于亚里士多德的"论理学与范畴论"和导源于盖律雷（伽利略）的"近世之科学"。"中国对于这两层须要特别注意，然后教育乃能达于完全之境。中国人不宜抛弃中国之学，尤不宜自忘其为中国人。假令中国人尽弃其所学而学欧洲人，或欧洲人尽弃其所学而学中国人，这都不能算是正道。"欧洲人亦应效法中国两点："要学中国之以伦理学彻底支配实际生活而浸润于其中"，"对于宇宙整体有一种直觉的观察"。其中，《道德经》表现最为明了。"以最高最善不在此世，固中国人欧洲人所承认，但中国人对此原则颇示诚恳，欧美则惟以'时间即金钱'为其实际生活之原则。"总之，欧洲人可以贡献中国人的是，"严密的思想方法，以及专为学问而研究学问之实用科学，无所图利之学问研究"。欧洲人应该效法中国人的是"镇静之态度，文雅之品性"。（杜里舒：《中西文化之互助》，《晨报六周纪念增刊》，1922 年 12 月 1 日，第 1—2 版）

　　翌年 1 月 2 日，湖北教职员联合会在黄鹤楼欢迎杜里舒及其夫人。李联芳宣读欢迎词，梅经言翻译，略谓："杜博士为西方文化泰斗，对于东方文化，尤喜研究。此次惠临我国，和张瞿（张君劢、瞿菊农——引者）两先生讲学，一方面将西方最近文化输入我国，一方将东方固有文化，借资考证，使东西两大文化，融会贯通，互相补救，为沟通世界文化的先导。"杜里舒以德语致答词，张君劢翻译，再次阐述中西文化互助观。略谓："西洋的文化，在科学上对于中国有供给，在伦理上对于中国无供给。且西洋之伦理甚不及中国孔老学问之原理，中国人对于西洋文化之信仰，应取其长以补其短，慎勿一概盲从，反失中国固有之国粹云云。"（《鄂教育界欢迎杜里舒博士》，《申报》，1923 年 1 月 8 日，第 2 张第 7 版）

　　12 月 2 日　清华学校国学部组织成立国学教授研究会，分国文、哲学、史地三组，具体讨论改良课程及教学方法。即日起至 12

月15日，国学部开讨论会18次。(《学校方面一年来大事记》，《清华周刊第九次增刊》，1923年6月）

"国学部陆懋德教授为引起学生考古兴味起见，准自下星期起，择古代器物之有历史价值者，在本校图书馆陈列。每星期更换一次，以便学生观览。陆君在济南、北京一带经营古玩有年，故所见古器极多，其所陈列，必有助于历史的兴味不少。"(《古物陈列》，《清华周刊》第262期，1922年12月8日）旋"因图书馆有某种不便，拟另择合宜地点，改期再行陈列"。(《陈列古物改期》，《清华周刊》第263期，1922年12月15日）

1924年，高等科文化史班学生在陆懋德带领下参观古物陈列所。(《参观古物陈列所》，《清华周刊》第312期，1924年5月2日）"校长为引起历史班学生兴味起见，前托陆懋德教授代购历史古物标本一批。现已购得数十件，足以代表石器、铜器、铁器三大时代之文化。自本星期起，已陈列图书馆内。闻尚购得明代钢制盔甲二套，不久即可陈列。研究古代历史诸君当可引起兴味不少。所注名称，均由陆教授详细考定。如内有石杵一件，美国考古大家劳夫耳Laufer误定为石斧，陆教授始改定为石杵。本校美人施米士教授，对于古物，极有研究，亦赞成石杵之定名。其他名称，亦皆根据经典，同学中如有怀疑者，不妨函致陆君商酌一切。"(《图书馆陈列古物》，《清华周刊》第314期，1924年5月16日）

12月4日 北京大学研究所国学门布告新到日本杂志和目录书。

杂志有《史学杂志》第三十三篇第十一号，一册；《艺文》第十三年第十一号，一册。目录有《东京帝国大学附属图书馆和汉书书名目录》一册（自明治二十一年至明治三十一年、明治三十二年至明治四十年九月）、《得恩堡博士遗书目录》一册。(《研究所国学门布告》,《北京大学日刊》第1125号，1922年12月5日，第1版)

12月6日　张国焘在《向导周报》发表《知识阶级在政治上的地位及其责任》一文，批评学生运动受文化运动影响，错误地转向整理国故、教育救国。

文谓学生运动与文化运动有别。现今学生的革命气焰日见消沉，表面看战斗方法有许多错误，但根源是被文化运动的声浪所迷惑。文化运动的结果，"不过把那些以救国为己任的学生们赶回课堂，使那些五四运动中的领袖们学着做新诗，做白话文的出版物，出洋留学，到研究室去研究文学、哲学、科学去了，整理国故去了"。然而并未得到什么结果和成绩，除了做装饰品外，与中国民众无切身利益关系。不反对知识和教育，但只有投身民众中间去活动，才能得到与民众有利的最重要的知识；只有组织群众、率领群众运动，向群众宣传，才是最重要的群众教育。(国焘:《知识阶级在政治上的地位及其责任》,《向导周报》第1卷第12期，1922年12月6日)

12月7日　东南大学、南京高师国学研究会举行第八次学术演讲，邀请柳诒徵讲"汉学与宋学"。(《国学研究会记事》,《国学丛刊》第1卷第1期)

12月9日　钱玄同点阅章学诚的《与陈鉴亭论学》《与周永清论文》《又与永清论文》，认为清代学者中，思想高卓者只有戴震和章学诚两人，应将戴震的《原善》、章学诚的《原道》三篇、《原学》三篇加入《国故概要》。(杨天石主编:《钱玄同日记》整理本上册，

第480页）

12月15日　梁启超拟往南开大学商议成立文化学院，落实国学院事业。

北京政府拟设"国学院"的计划搁置后，梁启超拟在天津设立中国文化学院。梁与南开早有渊源，上年便在南开大学任课外讲演一个学期，成书《中国历史研究法》。（梁启超：《中国历史研究法》，河北教育出版社，2000年，第4页）文化学院原型应是东方文化研究院。本年1月17日，南开大学校长张伯苓为在南开大学筹建东方文化研究院，会晤梁启超、张君劢、张东荪、蒋百里等。（梁吉生：《允公允能 日新月异：南开大学校长张伯苓》，附四：张伯苓生平大事年表，山东教育出版社，2003年，第410页）据南开校刊报道："自梁任公先生与学校方面共议在本校大学部成立东方文化研究院后，一般有志东方学术研究者，莫不引领高呼，期此世界独一之研究院早成立。而学校方面半年来亦积极与任公先生筹划一切，如募经常费，敦请当代大学者张君劢、蒋百里诸先生来院讲学等，不遗余力。近复闻任公先生已订于本月十五日由南京来津，专与学校计议此事。吾人甚望此番计议，早见施行，裨东方文化得大放异彩于环球也。"（《东方文化研究院成立之先声》，《南开周刊》第54期，1922年12月30日）

12月17日　北京大学举行成立二十五周年纪念，胡适演说希望北大做到又开风气又为师，而北大整理国故比稗贩西学更有价值，责任重大。

校长蔡元培演说，从中西学术角度着眼，将北京大学历史划分为三个时期。第一时期（开办至民国元年），学校制度模仿日本，办学方针是"中学为体，西学为用"。教者学者大都偏重旧学方面，西学方面不易请到好教习，学者也不很热心，看作装饰品。"但是中学方面参用书院旧法，考取有根底的学生，在教习指导下，专研一门，这到是有点研究院的性质。"第二时期（民国元年到民国六年），国体初更，百事务新。严复署理校长，经科并入文科，自兼文科学长，大有完全弃旧从新之概，教员学生在自修室、休息室等地方，私人谈话均以口说西话为漂亮，中学退居装饰品，"但当时的提倡西学，也还是贩卖的状况，没有注意到研究"。第三时期（民国六年至今），提倡研究学理风气，工科归并于北洋，仅设文理法三科。又为沟通文理科及采用教授制起见，取消学长制，设立各系教授会。最近又由各系主任组织分组会议。凡此设施，目的都是谋以专门学者为学校主体，使不至于因校长一人更迭而摇动全校。"课程一方面，也是谋贯通中西，如西洋发明的科学，固然用西洋方法来试验，中国的材料——就是中国固有的学问，也要用科学的方法来整理他。"希望明年今日实现三大目标，除了造成大会场和成立同学会，还有"至少也要有关于世界上最重要最有价值的三部丛书照二十周年所预定的能印出来"。（《北大成立二十五周年纪念会开会词》，高平叔编：《蔡元培全集》第四卷，第295—297页）胡适主张国立北京大学"不但要开风气，也是应该立志做大众师表的"，务要做到"又开风气又为师"。北大此前空为新文化运动中心，文化建设成绩却不多。国学门实际开展时间尚短，成绩可嘉，学术贡献仍然有限。

诸位看看这边出版品展览部所陈列的报章杂志及书籍三百多种，总算是本校同人在近年中国著作界的贡献了，但是究竟有多少真正的学术上的价值！依据中国学术界的环境和历史，我们不敢奢望这个时候在自然科学上有世界的贡献，但我个人以为至少在社会科学上应该有世界的贡献。诸位只要到那边历史展览部一看，便可知道中国社会科学材料的丰富。我们只是三四个月工作的结果，就有这许多成绩可以给社会看了。这两部展览，一边是百分之九十九的稗贩，一边是整理国故的小小的起头。看了这边使我们惭愧，看了那边使我们增加许多希望和勇气。

满怀希望地指出："我们有了几千年的历史、思想、宗教、美术、政治、法制、经济的材料；这些材料都在那里等候我们的整理；这个无尽宝藏正在等候我们去开掘。我们不可错过这种好机会；我们不可不认清我们'最易为力而又最有效果'的努力方向。"（陈政记录：《教务长胡适之先生的演说》，《北京大学日刊》第1138号，1922年12月23日，第2版）

　　△　北京大学研究所国学门歌谣研究会出版《歌谣周刊》第1号，第97号之后并入国学门周刊。

《歌谣周刊》发刊词指出搜集歌谣的目的，分为学术和文艺两种。学术目的即民俗学研究。文艺目的即以文艺批评的眼光选择歌谣，编成一部国民心声的选集。该刊为征集和讨论的机关，目前征集歌谣差不多二三千首，遍及二十二省。因材料太少和整理困难，不出专书，而出周刊。（《发刊词》，《歌谣周刊》第1号）且随北大日刊发行，暂不零售。周作人、常惠任编辑，有关声音和文字的审查，由钱玄同、沈兼士负责。1925年出至第97号之后，并入《国立北京大学研究所国学门周刊》。

12月19日　钱玄同从青云阁购得章太炎演讲、曹聚仁笔记的
《国学概论》。（杨天石主编：《钱玄同日记》整理本上册，第485页）

12月21日，钱玄同论清代整理国故学者有浙东、徽州、常州
三大派别，价值相等。其日记载："清代整理国故之学共有三派，
他们的价值是相等的"。分别是：甲、"浙东学派"，乙、"徽州学
派——即所谓汉学或朴学"，丙、"常州学派——即所谓今文派"。
"这三派中成绩最大的都是最后的那个人，即——甲派——章学诚，
乙派——章炳麟，丙派——康有为。"（杨天石主编：《钱玄同日记》整
理本上册，第486页）

12月24日　东南大学、南京高师国学研究会举行第九次学术
演讲，邀请江亢虎讲"中国古哲学家之社会思想"。（《国学研究会记
事》，《国学丛刊》第1卷第1期）

12月25日　章太炎受浙江省教育会邀请演讲国学，题目名为
"浙江之文学"，期以史学纠正浙人见小遗大之弊。

先是，章太炎在上海演讲国学之初，浙江省教育会就邀请前往
讲学。迟至12月24日，章太炎因母冥寿，才乘车赴杭践约。12月
25日下午三时，在浙江省教育会演讲。"听讲者千余人，先由该会
副会长致欢迎词。"章太炎演讲大意为：

> 学文各处不同，例如江苏方面，因读书人多，交通便利，
> 故偏于客观者多，主观者少。浙江则却与之相反，偏于客观者
> 少，主观者多。以言乎文才，诸君试观近年来有文才者几人乎。
> 依我观察起来，值得我折服如曾国藩、张之洞等，委实无之。

民国以来，政治人物不知是非、不知利害，实因不知讲求学问所致。浙江自唐陆宣公以后方有文学各派产生，实基于史学，足为全国模范。中国学问的根本即历史。"或谓历史不过是过去的纪载，无甚名贵，此皮相之论也。历史是棋谱，读史如下棋，故视其可用者则用之，不可者即舍之。此全赖读者之智慧也。""现今之一般所谓法律专家，实与前之刑名老师无异，不过有一种刀笔吏之才具而已，无补国事也。又有一般自命不凡者，见洋人如何便如何，将来之成败利钝不顾也，可谓与王荆公同病矣。此乃宗教家，实非文学家也。"康有为不喜欢人读史，"实与宗教上之不喜欢教徒读哲学无异"。历史不宜讲："历史书册繁多，学校中未便一一研究，抽其一二而研究之，则病割裂。故学生欲研究历史，可于课外自修之。好在历史非古文，尚易了解也。"历史为中国学问的根本：

> 浙人往往见小遗大，故尤宜努力于史。明时浙江人才虽多，然可与张之洞、曾国藩比肩，实无有也。曾之学问，得力于《文献通考》，张则在于《方舆纪要》。今浙人之所失者，即在无历史学问。其他所得者，亦即在历史的学问。清代浙江之学者，专致力于词章之学，实则若辈所作诗、词、骈文，亦不甚出色也。是以今有人谓"江浙都无用"。江苏诚"无用"矣，然予浙人士，知小遗大，亦不能谓"有用"也。前江浙两省，文学为最好，今则为最下矣。浙人前以经学著名者甚多，如俞樾等是也，今则浙人已迷失其根本矣。外人嘲我国可羞，吾浙人欲雪斯耻，实不必他求，只求固有之历史的学问足矣。（《章

太炎在杭州之演讲》，《民国日报》，1922年12月28日，第2张第6版）

吴虞日记摘引其中一段演词，并评论道："太炎近日论调如此，殆亦悟其徒多致力于音韵字义，有用少乎者。"（中国革命博物馆整理，荣孟源审校：《吴虞日记》下册，第75页）

钱玄同似乎认可章太炎的基本观点，翌年3月24日晚为《之江日报》纪念号（4月1日）撰《浙江人和历史学》一文，在日记中述其大意是：

> 治学、办事最要有历史的观念，养成历史的观念须研究历史，浙江自宋以来至今，代有历史家，其他如心学、考证学、文学，浙江人研究它们的也于历史发生密切的关系，如心学之黄黎洲，考证学之太炎师，文学之二章（实斋、太炎）是，故浙江人实长于治史。

希望今后浙江再出许多历史家，尤其希望浙江人治学、办事，大家都注重历史的观念。（杨天石主编：《钱玄同日记》整理本中册，第523页）

不过，研究历史主要目的在养成进化观念。"研究历史，才能求得政治变迁学术废兴等等的因果关系，才能了然于政治学术都是因时制宜而不是一成不变的。把这些道理弄明白了，则对于停顿不前的'维持现状说'，倒行逆施的'复古说'，以及'中国以孝治天下''孔子立万世人道之极'等等议论，自然可以渐渐的觉悟它们的荒谬了。"从赵宋时代起，浙江研究历史的人出了很多，宋代如陈傅良、叶适，明末如黄宗羲，清代如万斯同、全祖望、邵晋涵、章学诚、龚自珍、宋恕，现代如夏曾佑、章太炎等。其中，伟大创作如黄宗羲《明儒学案》，精密理论如章学诚《文史通义》。章学诚、龚自珍、章太炎都主张"六经皆史"，固然于实际不尽符合，但却是推倒神怪和迂阔的大话的猛剂，亦足以证明"浙江人直接对于历史上的贡献，间接对于别种学术上和政治上的贡献，便有不可磨灭的大功"。浙江人对各种学问都有贡献，"最后总是走到历史这条路上来的"。心学大师如王守仁、王畿、刘宗周、黄宗羲，考证学虽然是安徽和江苏的名产，但最后几个大师俞樾、黄以周、孙诒让、章太炎都是浙江人，文学虽二章皆有独到见解，都以历史为基础。总之，"浙江人的性质是很长于研究历史的"，希望"浙江的青年学子善用其长，将来有许多用新的方法研究历史的人"，"尤其希望大家对于治学办事都有很好的历史的观念"。（钱玄同：《浙江人和历史学》，《之江日报》，1923年4月1日，十年纪念增刊，第2版）

翌年5月，浙江省教育会和第一中学曾邀请章太炎讲学。7月，章发表"专心国事之通启"，称："国事蜩螗，人思拨乱，鄙人虽端居里巷，而不能不以此撄心。凡以学校事状相商、专家著述相示者，请暂时停止。自愧精力衰颓，不能如王姚江、曾湘乡诸公于人事扰攘之中，从容讲学，天实限之，亦望人之恕我也。"（汤志钧编：《章太炎年谱长编》增补本上册，第415页）浙江省教育会副会长李杰到上海为浙江暑期学校敦请讲师，国故概要一课"本请章太炎讲，因章乏暇"，转请邹景安。（《浙暑期学校在沪聘定讲师》，《申报》，1923年7月25日，第4张第14版）

12月27日 北京大学研究所国学门通告感谢达古斋惠赠骨镞，

及近购碑石、日文杂志。

达古斋惠赠骨镞大小三根。近购碑萧梁全套，十五张；居庸关石刻，二张。日本杂志《东亚之光》第十七卷十二号，《东洋哲学》第二十九篇十二号，《考古学杂志》第十三卷四号。(《研究所国学门布告》一、二，《北京大学日刊》第1142号，1922年12月28日，第2版)

12月29日 北京大学研究所国学门整理档案会因预备开展览会，所有一切整理事宜，暂时停止。展览会初过，诸事尚未结束完毕，拟俟明年开课后，再开会讨论继续进行事宜。(《整理档案会通告》，《北京大学日刊》第1143号，1922年12月29日，第2版)

△ 清华学校国学课程委员会接校长曹云祥函，承命加紧拟订课程改革。(《学校方面一年来大事记》，《清华周刊》第九次增刊，1923年6月，第22—25页)